本书为全国优秀博士学位论文后期资助项目"中国科举考试及其现实观照研究"（编号：201409）成果之一

高等考试制度：历史与现实

刘希伟　著

吉林大学出版社

·长　春·

图书在版编目（CIP）数据

高等考试制度：历史与现实 / 刘希伟著 . ——长春：吉林大学出版社，2019.10
ISBN 978-7-5692-5836-3

Ⅰ.①高… Ⅱ.①刘… Ⅲ.①科举制度－研究－中国 ②高考－教育改革－研究－中国 Ⅳ.① D691.3 ② G632.474

中国版本图书馆 CIP 数据核字（2019）第 248580 号

书　　名	高等考试制度：历史与现实

GAODENG KAOSHI ZHIDU：LISHI YU XIANSHI

作　　者	刘希伟　著
策划编辑	朱　进
责任编辑	卢　婵
责任校对	朱　进
装帧设计	美印图文
出版发行	吉林大学出版社
社　　址	长春市人民大街 4059 号
邮政编码	130021
发行电话	0431-89580028/29/21
网　　址	http：//www.jlup.com.cn
电子邮箱	jdcbs@jlu.edu.cn
印　　刷	三河市嵩川印刷有限公司
开　　本	787mm×1092mm　1/16
印　　张	13.25
字　　数	200 千字
版　　次	2019 年 10 月第 1 版
印　　次	2023 年 4 月第 2 次
书　　号	ISBN 978-7-5692-5836-3
定　　价	42.00 元

版权所有　翻印必究

目　录

上篇

文化自觉与科举学研究 …………………………………………… 3
科举制的历史合理性与合法性 …………………………………… 12
辽、金、元科举制宏观比较 ……………………………………… 19
明代异地科举考试政策探论 ……………………………………… 27
清代异地科举考试政策探论 ……………………………………… 41
清代科举考试中的冒籍问题及其现代启示 ……………………… 55
论近代留学教育的兴起对科举制的冲击 ………………………… 67
科举废止后江南贡院处置过程钩沉 ……………………………… 74
中国近代文官高等考试的历史演进 ……………………………… 87
中国近代博士学位制度探索历程考论 …………………………… 101

下篇

高考文理分合的历史与反思 ……………………………………… 123
高考40年：科目改革探索历程 …………………………………… 127
联合招考还是统一招考：博弈脉络与现实思考 ………………… 132
2006—2009年"985工程"高校招生区域公平问题研究 ………… 144
新时期高考移民身份判定的三重困境 …………………………… 151
"高考移民"的新动向与治理策略 ………………………………… 158

"高考户籍制"的历史镜像、现实困境与反思 …………… 168
论流动人口随迁子女异地高考政策的新进展 …………… 176
新试点高考招生制度：价值、问题及政策建议 …………… 183
关于浙江新高考改革的若干思考 …………………………… 195
浙江省新高考综合改革：问题与建议 ……………………… 203
后记 ……………………………………………………………… 206

上篇

文化自觉与科举学研究

在当今各国普遍注重文化输出、注重提升文化影响力与辐射力的时代背景下,中国必须注重提升文化自觉,必须理性对待传统文化,这其中理性评价科举亦应包括在内。纵观一个多世纪以来科举研究的演变脉络,可以发现其总体上走过了一个从冷寂到热门,从"险学"到"显学",从非理性到理性的发展过程,一个从"文化自在"逐渐走向"文化自觉"的过程。

一

从广义上说,"文化自觉"的理念在清末民初即已隐约出现,但在当时由于民族救亡压倒了文化启蒙,同时又缺乏政治实力与经济实力的后盾支撑,因此难以引起人们的共鸣与认同。近十多年以来,"文化自觉"已经成为文化学界乃至社会各界普遍关注与认同的一股文化思潮。学术界通常认为,"文化自觉"这一概念是由费孝通先生于1997年最先提出的。关于"文化自觉"这一文化命题探讨的不少论文都如此持论。但实际上,许苏民在其1990年出版的《文化哲学》一书中即正式使用了这一概念,并且进行了阐释。"所谓文化自觉,乃是指这样一种文化心态:它是通过文化反省的途径来认识旧文化的没落和新文化的产生的必然趋势,从而清醒地意识到自身的历史使命,并付诸实践。"[①]同时,许苏民还对文化自觉的广度与深度分别进行了阶段或层次的划分与探讨,即在广度上可以划分为"多余的人"的文化

---

① 许苏民. 文化哲学 [M]. 上海:上海人民出版社,1990:305.

自觉、"在沙龙中呼唤风暴"的文化自觉,以及实践的文化自觉,在深度上则可以划分为表层的文化自觉、中层的文化自觉和深层的文化自觉。①而按照费孝通先生的解释,"文化自觉,意思是生活在既定文化中的人对文化有'自知之明',明白它来历、形成的过程、所具有的特色和它发展的趋向。自知之明是为了加强对文化转型的自主能力,取得决定适应新环境、新时代文化选择的自主地位。"②

对于传统文化的任何深刻、全面的"觉知",以及传承与传播、批判与创新,都离不开对于外来文化或说"他者"文化的参照与借鉴。故此,费孝通所倡导的文化自觉实际上并非仅仅局限于传统文化,同时也必然要涉及某些外来文化。许苏民与费孝通两人对于"文化自觉"的阐释,实际上存在着诸多的共通之处,甚至可以说大致上是相通的,其基本点都是倡导理性对待民族文化。在经过了几年的学术探讨之后,文化自觉的理论已经获得了一定的发展,"文化自觉"也有了更加丰富的内涵。文化自觉既包括对于文化的自信、自觉、自知的文化心态,也包括这种文化心态下的文化实践;既包括自信、自觉心态下的文化传承与传播,也包括这种心态下的文化批判与文化创新。

文化自觉的意蕴即在于,从现代社会的立场与需要出发,怀着一种文化自信的心态,对于传统文化采取一种批判性的思维与方法,达到对其全面合理的认知;对于其中某些与现代社会理念不相契合,甚至是完全对立的元素采取批判的态度,乃至彻底摒弃;同时,对于传统文化中所缺失的现代社会的一些共同价值与理念,通过借以"他者"文化进行借鉴、吸收。文化自觉的目的与旨趣在于,通过对于传统文化的批判、认识与梳理,并以"他者"文化为借鉴与参照,以此实现"古为今用,洋为中用",推进传统文化的现代转型与发展。

文化自觉不是传统文化的简单复归,而是必须从现代性的立场出发,在批判性眼光的观照下,承继传统文化的精华,促进传统文化的现代性转换与发展。在当今各国普遍注重提升文化自觉,注重提升各自文化的辐射力与影响力的时代背景下,对于中国而言,文化自觉在相当的意义上来说就是重新发现、认识中国传统文化,这既是对于近一个世纪以来中国传统文化被深度

---

① 许苏民. 文化哲学[M]. 上海:上海人民出版社,1990:305-309.
② 费孝通. 中华文化在新世纪面临的挑战[J]. 炎黄春秋,1999(3):2-4.

否定,甚至蚕食的一种自然反弹,同时也更是现实社会的一种迫切需求。自1978年以来,中国社会发展的重心更多地聚焦在经济领域,文化主体意识、价值理想、人文理性等被相对边缘化了。为了推进文化大国的建设,我们应当对中国精神库存加以整理,提升自己的文化自信和文化自觉。近年来的国学热、传统影视热、"百家讲坛",乃至于某些流行音乐中的"中国风",实际上都是传统文化在当下的展现,都是文化自觉的现实表达。

二

中国传统文化中的不少经典与精华,在近代社会遭受到了不公正的待遇,经过了一定的时空距离之后,这种不公正性在今天已经显现得清晰无疑。科举制在近世的遭遇便是其中至为鲜明的一例。梳理一个多世纪以来科举研究的演变脉络可以发现,其总体上走过了一个从冷寂到热门,从"险学"到"显学",从非理性到理性的发展过程,一个从"文化自在"逐渐走向"文化自觉"的过程。

自鸦片战争开始,中国社会进入了一个多灾多难的时代,昔日的天朝帝国顷刻间陷入了"数千年未有之大变局"中,内忧外患使得早已千疮百孔的清政府日益失去了统治的合法性。在这一大的时代背景下,启蒙与救亡成了近代中国社会的两大主题。在启蒙与救亡中,洋务派、维新派、资产阶级革命派等都将近代中国积贫积弱的原因归咎到了中国传统教育,尤其是科举考试上。龚自珍、魏源、王韬、郑观应、康有为、梁启超、严复等人曾对科举考试,尤其是八股取士,进行了激烈的抨击。改革科举成为清末社会改革的一项重要内容,在"教育救国"思潮的推动下,科举制最终于1905年被停废。伴随着科举制的终结,中国社会进入了"后科举时代"。从整体上看,民国时期人们对于科举的看法基本上是停留在清末那种激烈抨击的余绪中,这一基本格调在整个20世纪上半叶,甚至直至"文革"结束都未曾有多大的改变。

之所以出现这种集体非理性对待科举制的民族心态,其背后有着深层的社会原因。近代中国社会是一个令所有中国人饱受凌辱的时代,是一个中国文化失去尊严的时代;同时由于传统权威的丧失,也是一个中国文化十分迷茫、十分彷徨的时代。中国文化在近代遭遇到了前所未有的挑战与危机。在近代中西文化的碰撞与冲突中,自由、科学、民主、法治等一些具有共同性的现代社会价值、理念与思潮在中国思想文化界激起了热情的讴歌。近代中国思想史上的进化论思潮、民族主义思潮、科学主义思潮、自由主义思潮，以及激进主义思潮等诸多社会思潮，都对中国传统文化进行了深度批判。科举制在近代社会已经不能顺应时代变革与发展的要求，在"教育救国"思潮的影响下被彻底否定与废止。因此，近代停废科举应该说具有一定的必然性。在这一宏大时代背景下，任何迷恋于传统文化、为传统文化唱赞歌的言论都将为以上思潮所反对。同样，任何非彻底否定科举的言论都难以引起时人的共鸣与认同。正是在这一意义上，黄运藩、梁启超、杜亚泉、孙中山等人虽然看到了由于科举制的废止而带来的社会动荡与文化断裂，看到了科举制的某些合理因素，但他们对于科举的某些肯定性言说终究未能引起人们的共鸣，更不用说广泛认同了。

20世纪上半叶，有少数学者对于科举制进行过学理层面上的探讨，如章中如、陈东原、邓嗣禹等人都曾先后出版过一些科举研究论著，但这一时期的科举学研究总体上看比较薄弱。[①]科举制作为一种曾经的"抡才大典"基本上被尘封在历史的博物馆里，处于一种很少有人问津的"自在"状态。换言之，在科举制背负着时人的骂名进入了历史之后，基本上是"自在"于人们的视野之外，尽管有少数学者对之进行过一定的学术探讨，但从整个民族的心态上看，这种探讨十分有限。就整个民族的文化心态而言，是一种典型"非文化自觉"的表现。作为整体否定科举制的集体无意识，如果说是对于科举制的一种"觉知"，那么，充其量也只是一种片面的非理性"觉知"，而这样一种对待传统文化的心态，也绝非是一种理性的文化自觉。从根本上说，文化自觉是理性对待传统文化，对待传统文化的任何非理性思维方式都称不上文化自觉。但是这种"非文化自觉"的"科举遗忘"，或说"集体无意识式否定"是可以理解的，从时人的立场与角度出发，不能对之进行过于苛刻的要求，毕竟近代中国是传统文化失去尊严的时代，是一个民族救亡更为迫切的时代。在这一时代背景下，为科举制唱赞歌的任何表达，甚至客观冷静地评判科举都不可能获得认同与共鸣。能够引起人们认同与共鸣的，能够动员起人们激

---

① 从刘海峰《科举学导论》一书所附"科举学著作目录"来看，民国时期真正具有学术研究性质的科学举论著仅有十余部。这一目录虽不能穷尽所有的科举研究论著，但从中大致可以看出民国时期科举研究是比较沉寂与薄弱的。

情的,只有救亡的言说。

追及新中国成立以至"文革"结束期间,中国大陆科举研究更加受到冷落,共计有四部科举研究专书出现,而在海外却成为研究热点。[①]尤其是在"文革"期间,学术研究受到了严重的影响,形成一个历史断层期。在全民动员的非理性癫狂中,学术研究被彻底颠覆。此时,不但文化自觉无从谈起,即便是文化"自在"的权利都被彻底否定了,传统文化遭受了史无前例的浩劫。受"文革"时期政治、文化与学术环境的整体影响,大陆科举学研究基本上是处于一种沉寂状态,虽有韩国磐、唐长孺等学者发表过几篇科举专论,但几乎没有一本相关的著作出版。"总的说来,此时期大陆将科举视为帝制时代反动的取士制度,很少有专门的研究。"[②]吴晗于20世纪60年代初期对于科举制进行了严厉的抨击,认为"明清两代五六百年间的科举制度,在中国文化、学术发展的历史上作了大孽,束缚了人们的聪明才智,阻碍了科学的发展,压制了思想,使人脱离实际,脱离生产,专读死书,专学八股,专写空话,害尽了人,也害死了人,罪状数不完,也说不完。"[③]

三

历史从来都不曾完全消亡,总是以某种形式或潜或明地存在于现实中。在抽象的意义上,历史作为现实的过去,现实作为历史的延伸,二者往往具有惊人的相似之处。正因为如此,史学的意义除了史实探讨本身之外,同时还在于对于现实的观照之中,即所谓"执古之道,以御今之有"。在经过了一定的时空距离之后,同时伴随着良性文化环境与学术环境的逐渐建立,人们发现科举制对于中国社会的影响实在是既深且巨,探讨中国古代社会的历史怎么也绕不过这一社会建制,而现实社会的诸多问题更是脱离不开科举史的观照。因此,已经作古的科举制逐渐进入学者们的视线,学术界对于科举制的探讨逐渐开始活跃起来。尤其是自20世纪80年代以来,科举研究开始逐渐升

[①] 刘海峰. 科举学导论[M]. 武汉:华中师范大学出版社,2005:46.
[②] 刘海峰. 科举学导论[M]. 武汉:华中师范大学出版社,2005:47.
[③] 吴晗.《明代科举情况和绅士特权》,见吴晗《灯下集》,北京:生活·读书·新知三联书店,1960:94.

温,研究中心也开始回归大陆。①

科举作为中国传统社会中的一种重大制度文明,是传统文化中最具有渗透力的一项内容,甚至从一定意义上来说,科举存在的社会就是一个"科举社会",而且越往后期越是如此。一般说来,只要传统文化没有被从整体上彻底否定,那么对于科举制的相关探讨一定不会缺位。从近三十多年以来的科举学研究著作,我们也可以看出科举研究在传统文化研究中的重要性。

"文革"期间,同中国传统文化的整体命运相一致,科举也处于无人乐于,更无人敢于问津的状态,甚至其历史遗存,如科举文献、科举文物也被大量销毁。与之形成鲜明对比的是,随着"文革"后政治环境与文化环境的逐渐宽松,科举研究逐渐呈现出了一片繁荣的迹象。如从最近三十多年以来中国大陆的科举研究著作数量或者从科举研究的博士与硕士学位论文数量,都可以看出科举研究不断升温的迹象。可以说,科举学研究已经越来越成为中国学术界的一门显学。从"无人问津",从"险学"到"显学",既是对于之前科举制被彻底否定的一种强烈反弹,又是还科举制以本来面貌、客观复原科举运行史的必然选择,同时也更是对于现实需要的一种必然回应。伴随着中国经济自信与政治自信的逐渐建立,文化自觉、文化自信也逐渐为国人所关注。同时,这种经济自信与政治自信也为理性评价科举提供了不可或缺的现实基础,否则,从非理性科举观向理性科举观的转向将是异常艰难,甚至是不可想象的。

但是,科举观由非理性到理性的转向与变迁,仅仅有了政治、学术环境的逐渐宽松,以及经济实力的日渐提升还不够,因为一个多世纪以来的"否定性"科举观实在是根深蒂固,要想对之进行拨正并不容易。要澄清科举评价中的认识误区,既需要怀以文化自觉的心态,又需要相当的学术积累与学术涵养;既需要相对宽松的学术环境,也需要相当大的学术勇气,尤其在整个民族基本上彻底否定科举这样一个大的国民心境下更是如此。否则,这种澄清性的学术研究要么不可能引起人们的关注与认同,而成为孤立无援的呐喊;要么可能不仅不能得到认同与共鸣,甚至可能"断送"自己的学术领地。因此说来,为科举制平反必须以最大力度、最具学理上的说服力,并且还必须

---

①刘海峰."科举学"的世纪回顾[J].厦门大学学报(哲学社会科学版),1999(3):15-23.

以一种能够为社会大众易于接受的言说方式来展开叙述。刘海峰教授《为科举制平反》①一文,犹如一股怡人而又深具学理性的清风吹动了迷失了的国民心态,并引发了激烈的学术探讨与争鸣,科举制百年祭的2005年也因此而成为一个"科举年"。在《为科举制平反》一文中,刘海峰教授对于以往科举评价中的一些似是而非的误区进行了深刻有力的辨析,拨开了被强行附加于其上而本身并不属于科举的无辜的罪恶面纱。比如对于"科举无法选拔真才""科举造成中国科技落后""考试作弊说明科举制黑暗""科举考试不公平""妇女无权参加科举说明科举很不平等""科举造成官本位体制""科举导致官场腐败"等等一系列彻底否定科举的观点,刘海峰一一进行了反思与论证,认为这些观点都经不起仔细推敲与辨析,其中渗透着严重的非理性思维倾向。这些论证,至今也无人能够推翻,因为符合历史事实的真相。

科举不仅仅是一种历史,时至今日,它还以某些变异的形式存活于我们周围,其影响也在相当程度上渗入了现代社会,并且现实社会仍然存在着一定的科举文化风俗。但科举制毕竟离我们越来越远了,普通民众的科举观,整个民族对于科举的心态,在很大程度上取决于学者们能否以一种客观的立场来对之进行理性的评判。换句话说,学术界能否理性评价科举,还科举以本来面貌,在相当大的程度上决定了作为一个群体的中国人能否理性对待科举。从更为广阔的意义上说,则是一个关涉到整个民族能否理性对待传统文化的问题。就此而言,为科举制平反、理性评价科举可以说是整个国家与民族提升文化自觉的必然要求;而舍弃了科举学研究的文化自觉则是不完整的,毕竟科举是中国文化史上一份厚重的文化遗产,是传统中国社会的一种重大制度文明。

随着时间的推移,尤其自构建"科举学"的这一学术理念提出以来②,科举研究日渐系统、深入,"科举学"作为专门探讨古代科举制运作历史及其影响的一门专学正逐渐形成。2005年8月,刘海峰教授《科举学导论》

---

① 刘海峰. 为科举制平反[J]. 书屋,2005(1):1-8.
② "科举学"理念最先由刘海峰教授首次提出。参见刘海峰. 科举学刍议[J]. 厦门大学学报(哲学社会科学版),1992(4):89-95.

一书的正式出版可以视为"科举学"创立的正式标志。[①]为科举制平反理念的出现,是科举评价与科举研究由非理性转向理性化的关键一环;而科举学理念的提出与科举学的出场,则为科举研究提供了可靠的理论基础与研究平台,是科举研究走向更深层次的文化自觉的必然结果与表现方式。

四

科举学的兴起具有必然性,这既与科举制自身在历史上所曾经扮演的重要社会角色有关,同时也是文化自觉的一种必然诉求。在科举制废止之后的近一个世纪中,由于文化激进主义的影响,中国作为这一人类重大制度文明的本土发源地,对于科举制的探讨颇为沉寂,基本上定格在清末科举废止前夕激进的否定性评判中。但一切终将成为历史,历史终将进入人们的视野,即便是文化激进主义再盛行一百年,已经作古的科举制也必将进入中国学术界的视野之内。

科举制作为一种极其复杂、精细的考选制度,其中蕴含着普适的价值,比如公平公正的理念、择优选才的理念等等;同时对于传统中国的政治、历史、文化、文学、社会等诸多方面也都产生了重大而深远的影响。对于科举制的评价不是以简单的"好""坏"二元方式就能够涵盖的,而"简单否定"的思维方式更不可取。退一万步而言,即使科举制万恶而无一益,也不应该被中国人所彻底遗忘。荷兰人对于海盗文化的保护做法,韩国、越南每年举行大规模科举模拟考试纪念活动的做法,都很值得引起我们的反思。何况科举制绝不是万恶而无一益的历史恶制,何况隋唐之后的中国文明史在一定意义上可以说是一部"科举文明史",更何况中国是科举这一重要制度文明的本土发源地,而且更为重要的是,现实社会的诸类大规模考试实在是脱离不开科举学的观照。

对于百余年来科举评价片面性与独断性地拨正,科举研究的逐渐升温、

[①] 学术界一般将刘海峰所著《科举学导论》一书的出版视为科举学成立的正式标志。杨学为在《对科举的再认识——读刘海峰著〈科举学导论〉》(《中国教育报》2005年12月14日)认为,该书的出版"标志着科举学的正式确立"。

科举学理念以及为科举制平反理念的出现、科举学的出场,既是理性观照学术研究的必然结果,也是现实社会的必然需求;既是当下社会文化自觉的必然要求,同时也是文化自觉的典型表达。彻底否定科举制这一中国文化遗产,是对中国历史与中国文明的一种简单而无知的否定;不正视科举制,是对中国传统文化缺乏最起码的尊重,是一个民族的悲哀。科举渗入了中国古代社会的肌肤之内,并以一种"文化基因"的方式遗传至现代社会,是中国社会的一种文化特质。实际上,彻底否定科举,不仅仅否定了中国的传统文化,同时也将会对于现代社会的诸多考选景象感到扑朔迷离与无所适从。因此说来,必须全面、理性地对待科举、研究科举、评价科举。需要指出的是,怀以"文化自觉"的心态进行科举学的研究,绝非简单为科举唱赞歌,也应当从现代性的立场出发,对于其中的消极性因素作出理性评判。这在今天对于过去彻底否定科举的价值反弹中尤应加以关注,也是科举学的科学品格所在。换言之,这是科举学研究所必须正视而不能忽视,更不该刻意回避的一个内容,是科举学研究的应有之义。

时至今日,科举学研究在系统化、精细化、组织化方向上已经迈出了可喜的步伐。自2005年始,一年一届的"科举制与科举学"学术研讨会相继举办,不断地将科举研究推向深入。另外,"科举文化专业委员会"的相关筹备工作也正在进行中,可以想见,这一学会的正式成立必会将科举学研究推向更新的高度。

本文发表于《社会科学战线》2010年第1期

科举制的历史合理性与合法性

自 20 世纪 80 年代以来,科举研究开始逐渐升温,经过二三十年的沉积与发展,于今已蔚然成学。伴随着科举研究的日渐深入,为科举制平反、理性评价科举的观点已经越来越得到学术界的认同,但还是有不少人对于科举制的认识比较模糊、片面,甚至十分偏颇。因此,探讨科举制的历史合理性与合法性及其近世危机,既是为科举制平反、理性评价科举的必然诉求,同时也具有重要的理论意义与强烈的现实意义。

一

"合理性"这一概念最初来自韦伯从社会行为来剖析现代性与现代化问题的沉思与探讨。韦伯把"现代性"等同于"合理性",将"现代化进程"等同于"理性化"过程。相应地,韦伯提出了工具合理性和价值合理性两个概念。所谓工具合理性是指通过以对外界事物的情况和其他人举止的期待为手段以取得预期成果的选择理性,而价值合理性则是指社会行为与某些价值理念相契合。一般认为,在韦伯那里,工具合理性与价值合理性是存在着严重割裂与对立的两个概念。但实际上,价值合理性与工具合理性的区别与划分只是"理想的类型",它们并未以纯粹的形式在现实中实现过,任何实际的行为都包含着价值合理性和工具合理性两个方面。[①]韦伯关于合理性行为类型化的思想和观点,不仅为分析社会行为提供了一个有效的理论工具,而且为分

---

① 苏国勋. 理性化及其限制——韦伯思想引论 [M]. 上海:上海人民出版社,1988:89-90.

析其他社会现象提供了富有启发性的理论框架。①借由工具合理性与价值合理性这一划分,可以对科举制的价值属性问题进行二元剖析,并以此来探讨科举制的合理性问题。我们可以发现,科举制在其存在的大多数时段内不但具有工具合理性,同时也具备完全的价值合理性。

从根本上说,科举制的工具合理性主要来自其科学性,即作为一种传统帝制社会的选官制度,可以选拔出具有真才实学的士子进入到国家官僚系统。科举制的价值合理性,在于其作为一种文官考选制度符合了传统社会或者说儒家的精英治国理念,同时也保证了儒家学说的正统地位。

科举制作为中国传统社会的一项文官考选制度,之所以具有工具合理性,是因为其通过考试机制,能够科学有效地选拔真才。否则,如果科举制不能够按照相应的标准选拔真才,其科学性便无从谈起,而缺失了科学性的科举制便也失去了工具合理性。科举制在其存在的1300年间选拔出了大量的政治、文学、历史人才,以及其他一些医学、算学人才。"范进、孔乙己当然也反映了历史真实,但归根到底总是文学人物,而科举曾选拔了从文天祥到林则徐这样的民族英雄,从白居易、柳宗元、刘禹锡到欧阳修、苏轼、辛弃疾这样的文学家,从王安石、包拯到海瑞、张居正这样的政治家,从韩愈、朱熹到蔡元培、黄炎培一类的教育家,甚至还有沈括、宋应星、徐光启这样的古代科学家。"②当人们持"科举不能选拔真才"这一论断时,不知其是否意识到了范进、孔乙己等都是文学作品虚构出来的典型,而以上所举诸类人物则是科举所选拔出来的实实在在的真才。可以肯定的是,没有人能够否认科举所选拔的这些真才都是社会精英。如果不能否认,就必须承认科举制的确选拔了大量的社会精英。从本质上说,科举制首先是一种文官考选制度,其次也是一种教育考试制度。衡量科举制工具合理性的标准,应看其是否能够科学有效地为国家选拔合格或者优秀的文官。以上所列科举所选拔的诸类人才大多进入了国家文官系统,而曾一时风云于近代社会的张之洞、严复、康有为、梁启超等人也都是科举出身。因此说来,科举制能够科学有效地选拔帝制社会的文官,就此而言,科举制便具有了工具合理性。

---

① 谢鹏程. 论法律的工具合理性与价值合理性:以法律移植为例 [J]. 法律科学, 1996(6): 13-18, 52.
② 刘海峰. 为科举制平反 [J]. 书屋, 2005(1): 1-8.

科举制的价值合理性,在于其实现了儒家精英治国的哲学理念,在于其将儒家学说制度化从而保证了儒家学说的正统地位。儒学向来是科举考试的主要内容之一。自中唐以迄宋末,科举考试内容中存在着经术与文学之争。但从王安石改革科举试以经义之后,特别是明清科举考八股制义以后,儒家经学在科举考试的内容中占据了主导地位。科举制将考试内容主要限定在儒家经典中,通过这种制度化运作最直接有力地保证了儒家意识形态的统治地位。[①]从整个科举史与儒学传承演变史来看,正是科举制使得儒学制度化,从而保证了儒学在传统中国社会中的正统地位。事实上,这不仅迎合了统治阶层的政治需求,同时也迎合了传统社会中普通民众的社会心理与信仰。无论就统治阶层还是就一般社会民众而言,科举制近乎完美地实现了传统社会的政治信仰与化治天下的儒家社会理想。科举制通过工具合理性,由科学有效地选拔真才而实现了儒家精英治国的理念,并借助于其考试内容而维护了儒学的正统地位,科举制也因此而具备了价值合理性。

二

关于"合法性"问题,在不同学者那里有着不同的理解。韦伯为学界所公认的合法性理论的奠基者。韦伯认为合法性就是指对一种政治秩序或统治的信仰与服从。哈贝马斯也持有类似的观点,认为"合法性意味着某种政治秩序被认可的价值。"阿尔蒙德把合法性看作是一种体系文化,它表现为对政治体系的认同与对政治秩序的自觉遵守。亨廷顿则明确指出了合法性对统治者和对被统治者的不同含义:对统治者而言合法性意味着统治的权利,对被统治者来说则表现为服从的义务。[②]从以上学者对于合法性的阐释来看,合法性主要是指人们对政治统治的一种认可与认同感。科举制作为传统社会的一种政治制度,其合法性主要是指人们对于其作为传统社会的一种文官考选制度的认同与认可问题。如果人们认同科举制,则意味着科举制的存

---

① 刘海峰.科举制与儒学的传承繁衍[J].中国地质大学学报(社会科学版),2009(1):7-13.

② 赵海立.政治合法性理论及其分析架构[J].厦门大学学报(哲学社会科学版),2004(5):2-48.

在具备了合法性；否则，如果人们并不认同甚至反对科举制，则意味着科举制的合法性出现了问题，甚至可能导致合法性危机的出现。

那么，科举制的合法性究竟在哪里？大致说来，科举制的合法性主要来源于其合理性，同时也来源于合利益性与合道德性。科举制的合理性与合法性密切相关。如果科举制不能科学有效地为传统社会选拔文官精英，则其工具合理性便不能够得以实现与彰显；如果科举制不能够有力地维护儒家学说的正统地位，便会因此而不具备价值合理性。缺失了工具合理性与价值合理性，科举制便不能够获得统治阶层以及普通民众的心理认同。因此，正是科举制的合理性使其获得了合法性的依据。但仅仅如此还并不够，除了合理性之外，科举制的合法性还表现在合利益性与合道德性两个层面上，并且其合利益性与合道德性也是紧密相连的。如果科举制能够大致"覆盖"社会各个阶层的利益，但却不具有公平公正性，则很难获得社会各个阶层，尤其是那些不易获得"科举利益"的社会群体的普遍认同，相应地其合法性便要打上折扣。如果科举制仅仅具有形式上的公平性，或者说仅有程序公平而无实质公平，则同样难以引起人们的广泛认同。科举制作为传统社会一个主要的社会流动渠道，基本上"覆盖"了社会各个阶层的利益，而更为重要的是这种"覆盖"是以公正公平的理念为前提的，即科举制的合道德性。除工具合理性与价值合理性之外，合利益性、合道德性是科举制合法性的两项重要内容。

科举制集政治资本、经济资本、文化资本等诸类社会资本于一域，是一个无形的"利益场"，其中的利益分配是通过公平、公正的考试机制而实现的。科举制不但有着严格的程序公正，而且具备实质公正，社会各个阶层都可以通过这种公平、公正的考试机制来获得科名以及附加在科名之上的各种社会利益。有论者以为，科举制仅仅具有形式上的公正，并不具有实质上的公正。这种说法是模棱两可而经不起推敲的。且不说大量研究支持社会流动派的观点与结论，即便是以"中间派"来看科举制下的社会流动，也必须承认科举制是社会不同阶层，包括上层与下层之间实现良性流动的主渠道。而科举与社会关系"非流动派"的观点显然与大量贫寒子弟通过科举跻身社会上层的史实不符——对此缺乏起码的解释力与说服力。沈登苗在对于科举"流动派"与"非流动派"的论ების、研究方法进行了深入比较、辨析之后认为："科举社会的流动率，若从近距离看，犹如在地球上观察地球——它没有动；但从长时段看,如同在太空上望地球——它在不停地运转。"①实际上,科举制是否真正具备合利益性与合道德性,即其是否是以公平、公正的考试机制实现"科场利益"的分配与划分,可以诉诸民众理性。在科举社会中,流传着大量关于借助科举而实现社会流动的格言,"此类说法典型地反映出陷入贫穷状态的人指望依靠科举改变命运的心理与希冀,也充分反映出科举促进社会阶层流动的社会事实。"②科举制能够覆盖社会各个阶层包括中下阶层利益,其合利益性与合道德性是无法否认的,同时这也是其合法性的重要基础。

科举制的合理性与合利益性、合道德性,相互叠加便构成了科举制的合法性。在传统社会下,中国人对于科举是如此高度地认可与认同,甚至带有了某种社会性的"科举崇拜"心理,因此可以说,科举制在其存在的大多数时段内都具有高度的合法性。

三

在历史的流逝中,真正能够长期存在的事物必定具有合理性与合法性,由此才能得以经受起历史的检验与淘汰。科举制能够在中国历史上存在千余年之久,必然有其存在的合理性与合法性。如果科举制从来就不具有制度的合理性与合法性,又何以能够存在如此之久?历史上,科举制曾经历过六次大规模的存废之争③,但总体上"并无废科目之虞"。

不过,至明代中后叶,伴随着中国社会出现了一些资本主义萌芽的迹象,部分人士敏锐而犀利地触及了科举制的合理性与合法性问题,对于科举制进行了深刻的批判。顾炎武与黄宗羲即是两位最为典型的代表。其中,顾炎武对于科举制的抨击主要还是针对八股文,而黄宗羲则主要是批判科举考试内容过于狭隘,尤其是看到科举制基本上不涉及自然科学等"绝学"而主张多途取士。在科举时代,顾、黄二人能够具有如此高度的理性认识与深刻洞见着实难能可贵。就二人的批判而言,应该说是已经涉及了科举制的合理性与合法性问题。这种批判是具有深刻远见的,然而就当时的中国社会而言,科举制的

---

①沈登苗.关于科举社会流动讨论中的几个问题(概述)[J].教育与考试,2008(2):40-43.
②刘海峰.科举学导论[M].武汉:华中师范大学出版社,2005:243.
③刘海峰.科举制长期存在原因析论[J].厦门大学学报(哲学社会科学版),1997(4):1-6.

合理性与合法性尚不存在多大的问题,更谈不上有什么真正的危机。

　　抛开个别时段不论,在16、17世纪之前,无论是仅仅以中国社会自身而言,还是选择"他者"文明为参照,科举制的合理性与合法性危机总体上说几乎都不存在。如果仅就中国传统社会自身而言,可以说直至清末中西文明冲突,科举制的合理性与合法性问题才完全暴露。而如果从更为广阔的视野出发,实际上当西方进入近代社会时,科举制的合理性便发生了潜在的危机,只是尚不能够完全得以彰显。因此,如果我们以外来文明(主要是近代西方文明)为参照系,来探讨科举制的合理性与合法性危机,那么可以看到实际上是西方近现代文明的发展,给主要以人文知识为主与考官考学功能合而为一的并一以贯之的科举制带来了真正的危机。换言之,科学内容缺失,以及"考官"与"考学"合而为一的科举制,当遇到了近现代西方文明,其原有的工具合理性便出现了危机。清末中西文明冲突带来了科举制工具合理性的危机,而这种工具合理性危机又导致了其价值合理性危机与合法性的危机。

　　自鸦片战争开始,中国社会进入了一个多灾多难的时代,昔日的天朝帝国顷刻间陷入了"数千年未有之大变局"中,内忧外患使得早已千疮百孔的清政府日益失去了统治的合法性。在这一大的时代背景下,启蒙与救亡成了近代中国社会的两大主题。在这种启蒙与救亡中,洋务派、维新派、资产阶级革命派等都将近代中国积贫积弱的原因归咎到了中国传统教育,尤其是科举考试上。龚自珍、魏源、王韬、郑观应、康有为、梁启超、严复等人对于科举考试,尤其是八股取士,进行了最为激烈的抨击。改革科举成了清末社会改革的一项重要内容,在"教育救国"思潮的推动下,科举制最终于1905年被停废。从规模上看,当时批判科举制的启蒙人士只占中国知识分子总体的一小部分,但他们对于科举制的批判异常激烈,在抨击的深度与力度上可以说是史无前例的。由此,科举制合理性与合法性危机便相当严重。更为重要的是,这些具有国际视野的启蒙人士不少高居社会上层,甚至政府高层。这样,虽然绝大多数士子与普通民众对于科举制的认同感并没有发生多大变故,甚至根本没有出现某种"不认同感",但科举制的合理性与合法性危机却真正出现了。换而言之,科举制在近代并没有遭遇到来自绝大多数中国人的"认同危机",对其合法性危机的认识主要来自少量士子,即近代启蒙人士的抨击,而其废止则由决策上层或者说政府上层所主持。实际上,当时的绝大多数士人不但没有认识到科举制的合理性与合法性危机,反而在科举制停废之后相当长的一段时期内难以适应"没有科举制"的生存与生活方式。

总的来说,科举制的合理性包括工具合理性与价值合理性;而科举制的合法性则来自其合理性,同时也来自其合利益性与合道德性。科举制的合理性与合法性对于科举制的存在与运作缺一不可,脱离了合理性的合法性与脱离了合法性的合理性都是不可想象的。科举制在其"历史存在"的绝大多数时段内具有合理性与合法性。清末中西文明冲突带来了科举制的合理性危机,而这种合理性危机又导致了其合法性危机的出现。在其合理性与合法性遭受严重危机的近代境遇下,科举制由于其巨大历史惯性未能实现自身的现代性转换而终被废止。如果没有近代中西文明冲突,科举制的合理性与合法性几乎是没有任何问题的。但历史是不能够假设的,近代中西文明冲突的发生,给科举制的合理性与合法性带来了严重的危机,在尝试但却未能及时化解这种危机而实现自身现代性转换的情况下,科举制便遭受到了万劫不复的境遇。

科举制的近世命运,终结了一个时代,同时也开启了另一个时代。这种终结与开启的历史意义,是任何一个无论多么富有远见与洞察力的人都始料不及的。但需要注意的是,我们不能因为清末科举制的合理性与合法性危机而将其在中国历史上绝大多数时段内所具有的合理性与合法性一概否定,对于科举制的合法性与合理性应分不同时段分别进行辨析。

本文发表于《中国地质大学学报(社会科学版)》2009年第4期

辽、金、元科举制宏观比较

自隋以迄清末,在中国历史上曾经存在了1300年之久的科举制,对于中国乃至整个东亚社会都产生了广泛而深远的影响。就科举史研究的总体概况而言,仍是制度史研究居多,且更多的是集中于唐、宋及明清几代,辽、金、元三代科举制度的研究则相对薄弱。科举制对于辽、金、元三代的影响虽不及唐、宋、明、清,但也异常深远,其对于当时北方社会的教育发展、文化演变、政治稳定等均起到过重要作用,推进了当时北方少数民族的社会发展与变迁。

一、辽、金、元三代在科举功能认同度上之差异

从开科早晚上看,辽代与金代颇为相像,两代开科都很早,基本上可以认为在建国不久即设科取士,尽管开科时间较为不定,尚未形成规制。早在辽太宗会同初年(938年或939年),辽代即有契丹人室昉"登进士第"了。①据《辽史》帝纪所载,辽景宗保宁八年(976年),下诏在南京(幽州)"复礼部贡院",重新设置了专司科举的机构和考试场所。后来经过中间几次不定期的开科最终在圣宗统和六年(988年)正式"诏开贡举",由此科举制在辽代得以正式确定。金代在建国之初已开设科举,"其设也,始于太宗天会元年(1123年)十一月,时以意欲得汉士,以抚辑新附,初无定数,亦无定期。"②金代科举由初期根据南北士人素习之业施行的"南北选",发展到了后来的"南北通选",不仅如此,金代还专为女真族开设了独具特色的"女真进士科"。而元代的开科较之辽、金两代要晚得多,金代进士出身的中书令耶

---

① (元)脱脱,等. 辽史·卷79·室昉传[M]. 北京:中华书局,1974:1271.
② (元)脱脱,等. 金史·卷51·选举志(一)[M]. 北京:中华书局,1975:1154.

律楚材认为"守成者必用儒术",并敦请元太宗凭儒选士,于是在元太宗至元九年(1237年)下诏诸路考试,以论、经义和词赋三科取士,史称"戊戌选试"。①但这次开科尚未实行中央一级的会试。此后又经历过多次的开科尝试,直到元仁宗皇庆二年(1313年)下诏"崇学校为育才之地,议科举为取士之方",并于延祐二年(1315年)正式录取进士56人,至此元代科举制才正式建立。元代科举不仅在始行上受到了异常强大的阻力,而且这种阻力一直延伸至科举正式实施以后相当长的时间,元统三年(1335年)经过激烈的争辩科举被停罢,直到顺帝至元六年(1340年)才再次恢复。然而元代关于科举存废利弊之争至此并未完全终了,每三年一榜所取进士虽多不足百名,在元代入仕者中居于少数,但一些蒙古和色目贵族以及大量吏员出身的官僚为维护自身的既得利益,还是反对实行科举。

从科举面向对象来看,基于"藩汉不同治"的原则使得辽代科举长期主要是向汉人开放,只是到了辽末对契丹人应举的禁规才被解除。金代统治者深谙利用科举制促进教育、文化发展之理,故其科举考试几乎向所有人开放,并且专为女真族创立了"女真进士科"。元代在科举制的正式实行之后,也几乎是向所有人开放的,尽管元代科举制中的民族歧视色彩非常明显。

总的看来,辽、金、元三代统治者在对科举功能的认识与认可上存在着一定的差异。金代最为认可,元代最为排斥,而辽代则介于金、元之间,重视程度比金代较低,但却比元代要重视得多。尤其是到了后来,随着汉文化在契丹人中的不断渗透与传播,辽代统治者逐渐认识到科举的敦教促学功能,对契丹人应举的禁令也渐渐放宽直至废除,这表明了辽代统治者对科举功能的认识已不再仅仅局限于作为统治汉人的工具价值,而触及了科举制的文化传承与发展功能。金代统治者直接开科取士,创设了女真进士科,历史上也号称"得人最盛"。元代在科举的开设上虽然阻力重重,但还是在儒臣的奏请下最终开科。相比较而言,科举制在元代既不太稳固,地位也不太高。

---

① (明)宋濂. 元史·卷81·选举志(一)[M]. 北京:中华书局,1976:2017.

二、辽、金、元三代在科举程式、所设科目与内容及登科人数上之差异

（一）三代在科举程式上的差异

大致说来，辽代科举程式以重熙五年（1036年）为界可以分为前后两个时期。重熙五年以前，辽代科举采行的是三级考制，即乡试、府试和省试三级。《契丹国志》云："有乡、府、省三试之设。乡中曰乡荐，府中曰府解，省中曰及第。"乡试即县试，中选者称乡荐；府试的录取者称府解；省试的合格者则称为及第。在《辽史》中有过圣宗举行廷试的记载：一次是统和二十七年（1009年）"御前引试刘二宜等三人"[1]，另一次是在之后的两年即统和二十九年（1011年）又御试高承颜等二人。[2]但圣宗朝的殿试还只是临时之举，没有形成定制，至重熙五年（1036年）辽兴宗采纳了中书令张俭的奏议，开始施行皇帝御试进士之制，[3]自此御试进士成为辽代科举之定制，科举程式也相应地增加至乡试、府试、省试、御试四级了。金代科举程式亦为四级考选制，据《金史》卷51《选举志》载："凡诸进士举人，由乡至府，由府至省，及殿廷，凡四试皆中选，则官之。"乡试合格后，没有任何出身名称，只有获得乡荐参加府试的资格。乡试榜首称为"乡元"或者"解元"。解元一度还可免府试而参加会试。后有司认为乡试形同虚设，遂于金章帝明昌元年（1190年）罢之。府试合格者也无正式的出身名称，但习惯上称之为"乡贡进士"。元代科举考试分为乡试（行省考试）、会试、殿试三级，层层选拔，依次推进。可以看出，三代科举考试的程式是存在一定差异的，尤其值得注意的是，三代虽都设有"乡试"，但其在三代的所指有所不同。

（二）三代在所试科目与内容上的差异

辽代科举，"程文分两科：曰诗赋，曰经义，魁各分焉……圣宗时止以词赋、法律取士，词科为正科，法律为杂科。"[4]在考试内容上，起初范围很狭

---

[1]（元）脱脱，等.辽史.卷14·圣宗纪（五）[M].北京：中华书局，1974：164.
[2]（元）脱脱，等.辽史.卷15·圣宗纪（六）[M].北京：中华书局，1974：170.
[3]（元）脱脱，等.辽史.卷18·兴宗纪（一）[M].北京：中华书局，1974：217-218.
[4]（宋）叶隆礼.契丹国志.卷23·试士科制[M].上海：上海古籍出版社，1985：226-227.

窄,只考诗词、文赋和法律,后来增加了明经、茂才异等和其他科目,到了最后,则以诗赋和明经两科为常科,其他科称为特科。金代科举科目较之辽代要丰富得多,除了进士科的词赋、经义科以及女真进士科之外,还有律科、经童科和制科。其中制科包括贤良方正、能言极谏、博学宏材、达于从政等科,且试无定期。金章宗明昌元年(1190年),曾下诏从"六经"、"十七史"、《孝经》、《论经》、《孟子》以及荀、杨、老子内出题,由此把金代科举考试的内容和范围大大地扩展了,将单单从《四书》《五经》中寻找答案扩大到经史、百家之言,并且要在题下注其本传。这不仅是对辽宋旧制的一个发展,也对士子提出了更高的要求,促使他们广泛阅读,开阔眼界,因而学识也更为广博。

元代将《四书》《五经》定为了科目正典,这对后世科举有着极为重要的影响。元仁宗皇庆二年(1313年),群臣商议恢复科举制。李孟建言:"人才所出,固非一途,然汉、唐、宋、金,科举得人极盛。今欲兴天下贤能,如以科举取之,犹胜于多门而进,然必先德行经术而后文章,乃可得真材也。"[①]当时的一批儒臣皆持先经术而后文学的观点。程钜夫与李孟、许师敬等人在具体研议设科办法时说:"朱子《贡举私议》,可损益行之,又言取士当以经学为本,经义为用,程朱传注。唐宋词章之弊不可袭。"[②]元仁宗采纳了这一建议,《四书》《五经》成了后来科举考试的正统内容,朱熹的章句集注也成了考评考生答题的主要标准,诗赋文学则基本上被排除在了科举考试的内容之外。这使得宋代理学的传播和教育得以与科举制结合,使得中原文化在全国的推广与普及更为得力。

(三)三代在登科人数上的差异

据刘海峰、李兵合著的《中国科举史》所附"历代登科表",辽代开科次数最多,金代次之,而元代最少。辽代前期的历科登科人数很少,自统和六年戊子科开始至开泰二年,共开科20次,录取人数除了统和二十四年和统和二十六年分别为23人和13人以外,其余的18次开科的录取人数极少,有9次居然只有2人,5次只有3人。还有两次登科人数皆为1人。但从开泰三年始,登科人数大幅增加,除了个别年份登科人数在二三十人以外,其余年份

---

① (清)毕沅. 续资治通鉴·卷198[M]. 北京:中华书局, 1957:5397.
② 新元史·卷189·程钜夫传[M]. 转引自刘海峰. 科举考试的教育视角[M]. 武汉:湖北教育出版社, 1996:85.

皆在40多人至100人不等,而且咸雍六年和寿昌元年的登科人数分别达到了138人和130人。辽代登科人数总计为2479人。金代科举的开科次数较之辽代要少一些,其中很多年份的登科人数已经缺失而无可考证,遂不得其详。元代由于开科阻力强大,开科时间较晚,而且由于元代的存在时间很短,所以元代开科次数较之辽、金两代要少得多。每次登科之名额,两榜总数最多也就100人,最少50人。对于辽、金、元三代,尤其是金代登科人数的探讨相当薄弱,因此,有很多值得探讨之处,这还有待于相关史料的发掘与应用。

三、辽、金、元三代在"科举与学校教育关系"上的比较

辽代因科举主要面向汉人开设,契丹贵族子弟不能够参加科举,因此国子学与科举基本上是分离的,而汉族官僚子弟居多的太学则与科举密切相关。[1]此外,民间私学则像唐宋一样,教学皆以应举为目的。金代统治者十分重视学校教育,"学校所在,风俗之所在也"。其学校教育分为汉人和女真两个系统。京师官学有国子学、太学、女真国子学、女真太学及司天台、太医院,合称京师六学。相应的,金代的地方官学也比较完备,主要有府、州、节镇学、防御学等,并由女真国子学相应发展到诸路女真府学。金代的学校养士数量十分庞大,虽不及盛唐与北宋,但也达三千余人。[2]较之辽代,金代的私学不仅在数量上超过了辽,而且内容也更为丰富,涉及经、文、史、法律、科学知识等诸方面。[3]金代号称科举得人最盛,学校教育的发展远远超过了辽代,官学以应举为目的,金代学校养士的多少与科举选士的盛衰息息相关。元代初建之时,即把发展教育、开设学校提到重要议程上去,并着手实施。但是元代开科较晚,因此在正式实行科举取士之前,科举与学校的关系是分离的,开科之后学校教育与科举的关系则十分密切。元代的学校教育在金代的基础上又有所发展,全国范围内的中央和地方学校、书院以及各种私学都受到了科举制的广泛而深入的影响,因此,学校教育与科举制的关系也是颇为密切的。

---

[1]刘海峰.科举考试的教育视角[M].武汉:湖北教育出版社,1996:165.
[2]薛兆瑞.金代科举[M].北京:中国社会科学出版社,2004:79.
[3]程方平.辽金元教育史[M].重庆:重庆出版社,1993:40.

四、辽、金、元三代科举在"民族"维度上的比较

（一）辽：由"面向汉人"最终到"面向汉藩"

辽代科举具有浓厚的民族色彩，主要向汉人开放是其一大特点。契丹统治者奉行的是"以国制治契丹，以汉制待汉人"的统治政策，科举制是汉制中的一项重要制度，因此，辽代开科取士的目的是为了"登汉民之俊秀者"。基于"藩汉不同治"的原则，辽代在建国初期严令禁止契丹人应举，其用意在于在笼络汉族士人的同时，防止契丹人汉化，以保持骁勇善战的武士习性而更长久地把握兵权，维护其民族的统治地位。辽代甚至有子举进士第而其父受刑的记载。①在民族日趋融合、汉文化和科举制的影响力逐渐增强的大趋势下，辽代后期禁止契丹人应举的规定有所松动，不仅一些契丹士人"隶进士业""以属文举进士中第"，而且像耶律俨、耶律大石这样的皇室子孙也考中了进士，科举最终演变成为"面向汉藩"。

（二）金：由"南北选"到"南北通选"与女真进士科

金代初期的科举制在效仿辽、宋的基础上，据南北士子所习素异设词赋进士和经义进士两科取仕。天会五年（1127年），金灭北宋，"以河北、河东初降，职员多阙，以辽、宋制不同，诏南北各因其素所习之业取士，号南北选。"南选指为新攻占的原属北宋朝廷所控制的中原地区士人所开设的科举，北选则是为原辽代所辖地区（相对原宋代属地为北）士人所开设的科举，且南北选中存在着一定的民族歧视。到了金熙宗时期，南人习词赋者渐多，南北两地的差异日益缩小，南北分选考试不同的科目已逐渐不适应当时的实际，于是在天眷元年（1138年），诏南北选各以经义、词赋取士，南北选逐渐向南北通选过渡。据《金史·选举志》，"金完颜亮天德三年（1151年），并南北选为一，罢经义策试两科，专以词赋取士。"②

设置策论进士科是金代科举的一大特点。策论进士科又称女真进士科，是专为选拔以女真族为主的少数民族人才而开设的科目。女真进士科于大定十一年（1171年）建立，十三年（1173年）始定每场试策一道，限500字以上，初设科时应举者免乡试、府试，直赴会试、御试。在科举的影响下，女真士

---

① （元）脱脱，等.辽史·卷89·耶律蒲鲁传[M].北京：中华书局，1974：1351.
② （元）脱脱，等.金史·卷51·选举志（一）[M].北京：中华书局，1975：1134.

人的文化水平迅速得以提高，大定二十年（1180年）女真进士科增加了诗赋。大定二十八年（1188年），又增加试论，以诗、策合格为中选，而以"论"定其名次，女真进士科从此又称为策论进士科。女真进士科的创立，"在中国科举史上第一次为少数民族开辟了竞争参政的制度化管道,对元代的蒙古进士榜和清代的八旗科举皆有影响。"①

（三）元：南北分榜而试与左右两榜之分

元代科举在"民族"这一维度上的特征主要表现为南北分榜而试与左右两榜之分。在乡试和会试中，蒙古人和色目人只试两场，而汉人和南人则须试三场，倘若蒙古人和色目人愿试汉人和南人的科目，则中选者可加一等注授官职。在殿试中，蒙古人和色目人只需考试第一场即可。元代规定全国乡试合格者300人赴会试，其中蒙古人、色目人和汉人、南人各录取75人，虽然名额是在四类人之间平均分配，但是因为汉人和南人的人口数量是蒙古人和色目人的数倍不止，因此科第名额的分配实际上对于汉人和南人来说是非常不公平的。殿试的结果则分为左榜和右榜，因元代以右为尊，故蒙古人、色目人为右榜，汉人和南人为左榜。

辽、金、元三代的科举带有十分强烈的民族色彩，导致这一历史现象的最根本原因在于维护统治者统治地位的需要。辽代科举主要"面向汉人"的做法是为了保持契丹族人英勇善战的习性从而可以更长久地掌控兵权，同时利用科举笼络"汉民之俊秀者"。金代统治者认识到了科举制维护统治之功能和促学促教之文化功能，所以对待科举十分重视，取士方式也颇为用心，能够依"南北士人素习不同"而先后施行"南北选"和"南北通选"，设立了女真进士科并使之成为与词赋科和经义科相为并列的三大进士科。但金代科举制中却存在着一定的民族歧视，尤其是在初期的南北选时比较明显。元代科举中的民族差异政策最为明显，已经表现为严重的民族歧视，这表现在四类人在乡会试、殿试中的科目、录取率以及左右张榜之分上。当然蒙古人、色目人和汉人、南人的文化程度不同，若采取统一命题将对蒙古人和色目人不利。

综上所述，在辽、金、元三代科举制上，差异性与相似性兼而有之。其差异性主要表现在科举功能认同度上、科举程序、科目与内容上，登科人数上也存

---

①刘海峰.科举考试的教育视角[M].武汉：湖北教育出版社,1996:79.

在着相当的差异。在"民族"维度上,三代科举制亦各有独特的民族色彩。三代在科举制与学校教育之关系上更多地表现为一种相似性:辽、金学校教育受到了科举制的广泛影响,元代在实行科举制的时期内学校教育所受科举之影响更为普遍与深刻。另外,在"民族"维度上三代虽各有特色,但又具有某种共通性。辽代科举虽最终"面向汉藩",但长期主要"面向汉人"的政策表现出了契丹人自身尤其是其统治者不屑科举的一面,金、元两代则直接凸显出了强烈的民族歧视色彩。科举制作为中国历史上一项重要的社会建制,对于古代中国社会的各个领域均产生了广泛而深刻的影响。相对于这种影响以及其他断代科举研究而言,辽、金、元三代科举制的研究仍比较薄弱,因此,对于三代科举制尚有待于进行更为深入的发掘与探讨。

本篇曾以《辽、金、元科举制比较研究》为题,发表于《中国地质大学学报(社会科学版)》2008年03期

明代异地科举考试政策探论

异地高考作为中国当代一大教育与社会问题，至今应该说取得了一定的进展。然而，由于考试公平与区域公平这一基本矛盾，高考户籍制改革面临一种两难选择。在流动人口"不流动"成为一种常态社会背景下，高考移民与异地高考日益呈现出复杂的交织状态。其实，在古代科举考试中即已存在"高考移民"与"异地高考"的"历史原型"。明清时期，随着人口流动的增加，合法与非法异地科举考试现象日益增多。前者可称为附籍应试、入籍应试或寄籍应试，后者通常多称冒籍应试。与清代相比，有关明代异地科举考试问题的探讨还比较薄弱，探讨的深度与广度都还不够。发掘明代异地科举考试政策，应该说不仅具有明显的学术价值，而且也有一定的现实观照意义。

一、明代科举分区取士与异地应举需求

明代科举考试，包括童试、乡试、会试与殿试几个阶段。地方府州县以及卫所的学额数，因行政级别而有所区分。①在乡试一级，明代沿袭元代做法，实行分省定额录取制度。各省举额系依据其户籍多寡和文风高下确定，很大程度上反映出文化发展水平的省际差异。至于会试一级，起初完全是以自由竞争的方式决定录取。在此规制下，南方士子因文化水准较高而在多数科年中占据显著优势。洪武三十年（1397年），"南北榜"案爆发，这一事件典型地反映出区域均衡在作为一种政治制度的科举制中的重要性。不过，"南北榜"事件之后的二十余年，会试所实行的一直为自由竞争的录取办法。为改变进士地区分布过于不均的状况，宣德二年（1427年）形成了"分大区"录

---

①吴宣德. 明代地方教育建设与进士的地理分布[J]. 教育学报，2005(01)：76-89.

取制度,即南北卷制度。后来,景泰元年(1450年)诏令不再按区域比例分配进士名额,停止南北分卷制度。南北卷制度仅中断了一科,景泰五年(1454年)即得以恢复。此后,明代基本上沿用南卷55%、北卷35%、中卷10%的会试录取比例。但在实际录取时,南方省份取中的比例往往略高于规定,北方省份取中的比例则略低一些。[1]

科举分区定额录取机制若要获得实质意义,必须有一种工具能够将人口相对固定下来,否则,在各地录取难易程度不一的背景下,势必造成考生流向容易录取地区应试的问题。户籍恰好具有这一功能。于是,科举便与户籍紧密捆绑,原籍应试成为科举制的一种重要规定。当然,科举制作为"乡举里选"之法的延续与发展,本来即是一种由"地方"向上推举、选拔人才的社会制度,故其与户籍间必然有着某种关联。进而言之,某一地区一旦出现外来人口,尤其是在迁入时间尚短的背景下,十分容易发生本地人口与外来人口二者入选机会的冲突与博弈问题。另一方面,不是先有科举考试的分区定额录取机制,后有户籍制度。相反,户籍管制本是一种客观存在,历史上户籍制度的出现也早于科举制度。

理论上说,分区定额与原籍应试主要适应于静态人口。一旦出现人口流动,尤其是较大规模人口流动现象,分区定额与原籍应试规定就要无可避免地遭遇来自流动人口的挑战。明代对于户籍管制十分严格,总体上对人口流动实行严格管控的基本政策,而由于自然灾害、战争、垦荒、实边、经商等原因,人口流动包括大规模人口流动现象势不可免。当然,还有一类人口流动,本身即是由于有意至相对容易录取地区应试而引发。无论何种缘由的流动人口,只要其在未满足相关政策规定的背景下参加异地科举考试,都应当判定为非法应试,即冒籍应考。而如果是满足了相关政策规定,则当判定为合法应试,即所谓寄籍或附籍应考。由于人口流动现象,异地应举成为明代科举制一个无可避免的重要问题。

二、明代异地冒籍应举现象

在明代异地科举考试中,一大类别为考生非法冒籍应试。

关于明代科举冒籍现象,首先值得关注的一个区域即为京师地区。应该

---

[1] 刘海峰. 科举取才中的南北地域之争[J]. 中国历史地理论丛,1997(01):157-173.

说,历代京师地区都存在非法异地应举问题,而且往往比较严重。明代的应天与顺天同样是冒籍应试问题的高发地。今天我们所见到的关于明代科举冒籍的不少记载都是发生在顺天地区。明末人沈德符称,"国初冒籍之禁颇严,然而不甚摘发。唯景泰四年,顺天举冒籍者十二人,时礼部主事周骙,请照例论罪。已中式者斥不录,未中式者终身不许入试。既而言者以为过刻,始令斥回者仍许再试。其中汪谐者,次科即联捷亦。"①中式此科解元的江西人罗崇岳,因是冒籍而被斥革,其后又在原籍江西乡试中得以中式。"时顺天乡首解为吉安罗崇岳,以冒籍黜,充原籍学生。至丙子,复荐江西。"②又如王谐,也是冒籍顺天应举被黜,之后再回原籍浙江中式举人。

明代顺天地区的科举冒籍者中,不少为官员子弟。例如,成化四年(1468年),吏部左侍郎章纶之子章玄应冒籍京闱中式,明宪宗一面将其黜革,一面准之再应浙闱。这种处罚,应该说并不严厉。嘉靖二十二年(1543年),李念上疏奏劾工部侍郎陆杰从子陆光祚、太仆寺卿毛渠之子毛延魁、鸿胪卿陈璋之子陈策冒入京卫、顺天二学中式,以及郑梦纲等多人冒籍顺天应试。后来的处置方案为,"孙镃、孙钂、王宸、陆宏共四人,系锦衣卫太医院见任官亲子侄,当存留会试;郑梦纲、陶大壮、沈谱、丁子载、陆可承、翟锤玉共六人,俱诈冒籍贯,当发回原籍入学肄业,仍得应其省试。陆光祚、陈策、毛延魁虽称随任,终属冒籍,亦当一体发回。""得旨:孙镃等、郑梦纲等,俱依拟,陆光祚等姑准存留,不许对制,陆杰、陈璋、毛渠俱贷之。"③这里,又有官员子弟冒籍入学、中式,而且处罚也无非是黜革、发回原籍肄业而已。

在顺天科举冒籍问题中,曾有一个案例发人深省,即王国昌冒籍案。王国昌原是徽州籍人,后成为余姚籍人胡膏养子。王国昌先以余姚县生员参加顺天乡试,中式后被以冒籍除名。之后,以徽州本籍应考应天府乡试,同样又被攻为冒籍。王国昌屡次至京为己申辩,称"谓既斥于顺天之浙籍,再斥于应天之徽籍,姓胡既不可,姓王又不容,则天壤之间,当置臣何所?"而且,王国昌还自云"随其养父戍河南时,先已中式一次"。沈德符对此感慨道:

---

① (明)沈德符.万历野获编(中)[M].北京:中华书局,1957:374.
② (清)查继佐.罪惟录[M].卷十八,科举志.北京:北京图书馆出版社,2008:567.
③ 明世宗实录.卷二十九.见王天有.中国考试史文献集成(明代卷)[M].北京:高等教育出版社,2003:308.

"其为浙产？为中州？为徽人？"①这一个案，虽然涉及因收养而带来的人口流动问题，但仍典型地反映出人口流动对于科举考试原籍应试规定所形成的冲击。

关于顺天科举冒籍问题，礼科给事中陈棐指出："其中奸宄之徒，或因居家之时，恃才作奸，败伦伤化，削籍为民，兼之负累亡命，变易姓名，不敢还乡者有之；或因本地生儒众多，解额有限，窥见他方人数颇少，遂逃入京，投结乡里，交通势要，钻求诡异者有之；或以顺天乡试多四海九州之人，人不相识，暮夜无知，可以买托代替者有之。"②作为明代京师所在地，顺天作为冒籍渊薮，可以说是天然所成。而中额相对较宽、外来人口杂多，显然是其重要背景或原因。

顺天之外，其他地区有的因文教落后，土著读书应举者少，故外地士子纷纷冒籍其中，政府则不得不经常出台禁止科举冒籍的规定。例如，明代香山县，"有他县人冒籍与科贡者举人一人马鹏（顺德人，冒本县儒士，中成化丙戌科）"。③又如崇祯年间，为防止外来士子冒籍应考钦州庠学，知州杨为祯请求提学曾化龙"详分土附"，结果规定"土著七分，寄籍三分"。④万历四年（1576年）题准，"广西、云南、四川等处，凡改土为流州县及土官地方建有学校者，令提学官严加查试，果系土著之人方准考充附学，不许各处士民冒籍滥入。"⑤《大明会典》亦载称，"广西、云、贵、湖、川等处，冒籍生员食粮起贡，及买到土人倒过所司起送公文，顶名赴吏部投考，若已授职，依诈假官律。"⑥再如，明代山西平阳府地区曾存在府内冒籍应试问题。"万历中，冒籍群起，府属以内夺贡岳阳者屡屡数十人焉，外之人趋利而来，麾之不去。此之人间有利，其来而召之者。以故，私门盛则公室衰，邪径成则正道坏。"⑦

---

①（明）沈德符.万历野获编（中）[M].北京：中华书局，1957：420-421.
②明世宗实录.卷二十九.见王天有.中国考试史文献集成（明代卷）[M].北京：高等教育出版社，2003：308.
③（明）邓迁，黄佐.香山县志[M].卷之六，嘉靖二十七年刻本.
④转引自李富强.中国壮学（第1辑）[M].北京：民族出版社，2006：321.
⑤（明）王圻.续文献通考[M].卷六十，学校考.
⑥（明）李东阳等.大明会典[M].卷一百七十四，刑部十六.台北：新文丰出版社，1976：2412.
⑦杨世瑛.重修安泽县志[M].卷十五，除冒籍碑."民国"二十一年铅印本.

即便文教发达的其他省份,也同样存在此类问题。叶春及《石洞集》卷八之"不奉改学"称,"蒙许金铎改学当差,盖生员百二十人,本县二十,外县一百。始则冒籍以干进,终则改学以自便。是闽清一学,不过为冒籍之人登垄之所耳。"①由此可见,当时福建福清地区的外来冒籍应试问题一度相当严重。成化二年(1466年)礼部尚书姚夔等奏"修明学政十事"②,冒占卫籍应试"学政十事"之一,说明这类问题具有一定的普遍性。

至于明代顺天地区与边远省份,究竟哪里的冒籍问题更严重,其实并不易判断。今天所能看到的有关明代冒籍应试的资料,的确很多都是发生在顺天地区。然而,这一方面在于顺天地区的冒籍问题确实比较多见,另一方面也是因其为京师,加之很多冒籍者属于高官子弟,故格外受关注,而记载也相对较多。像沈德符关于明代科举冒籍的记载,不少都为顺天地区的高官子弟冒籍应试现象。这些记载也成为我们研究明代科举尤其是冒籍应试问题的重要与常用资料。其他地区,尤其是边远省份,也存在很多冒籍应试问题,只不过大多情况下没有被详细记载下来而已。史料没有记载冒籍应试的地区,不等于当时并不存在这一问题,也不等于说当时的问题不严重或者说不普遍。相反,其恰恰也可能是冒籍应试问题比较严重的地区。

从区域的角度来看,明代科举冒籍既包括跨省冒籍应试,也包括省内跨府乃至府内跨县冒籍应试。针对科举冒籍问题,明代政府曾采取廪生担保、考生互相担保等治理机制,同时也规定相关官员的防治责任。然而,月盈则亏,法久终弊。冒籍防治机制很多情况下成为有名无实的空头规章,甚至异化为不法廪生渔利的工具。加之,明代很多时候并不将冒籍应试看作特别严重的问题,所以,相关处罚通常情况下都较轻。这也是造成科举冒籍问题不易防治的重要原因所在。

三、明代流动人口异地附籍应举政策

以往关于明代科举冒籍的研究,大多是笼统或简单地说"某某考生冒称户籍"考试。作为一种抽象表达,这种说法的确具有较强的概括性。凡是科举

---

① (明)叶春及. 石洞集[M]. 卷八,不奉改学. 景印文渊阁四库全书本,第1286册. 台北:商务印书馆(台湾),1986:540.
② (明)俞汝楫. 礼部志稿[M]. 卷七十,修明学政十事,清文渊阁四库全书本.

冒籍现象，都可以说是违反或未达到科举考试在户籍方面的规定与要求，因此，只能冒充户籍或者是被判定为冒充户籍考试。但问题是，明代科举考试在户籍方面的规定究竟如何？尤其是针对流动人口的异地科举考试政策如何？进一步说，明代国祚长达270多年，针对流动人口的异地科举考试政策前后是否有变及有何变化？再者，是否存在某些特别性政策规定？

  在明代，户籍制度的规定十分严格。一再强调"人户以籍为定"，明确规定：凡军、民、驿、灶、医、卜、工、乐诸色人等，并以籍为定。若诈冒脱免、避重就轻者，杖八十。其官司妄准脱免，及变乱版籍者，罪同。若诈称各卫军人，不当军、民差役者，杖一百，发边卫充军。①户籍的管理，不仅直接影响赋役征派，而且体现出政府社会控制力的强弱，因此，明代政府十分重视户籍制度。户籍统计完成，户籍簿册造好，也就意味着不能再随意变更户籍。换言之，明代政府总体上对人口流动实行的是一种限制政策。这样，对于士子而言，也就意味着要求在户籍地或者说原籍地报名参加科举考试。并且，科举考试在户籍方面的规定，也是政府十分重视的一个问题。正统元年（1436年）提学敕谕十五条、天顺六年（1462年）提学敕谕十八条、万历三年（1575年）提学敕谕十八条中，均有关于禁止冒籍应考的条文。②这反映出冒籍应试的确是当时一个很重要并具有一定普遍性的问题。但是，问题的关键在于，人口流动终究是无法避免的一个问题。前文所言，天灾人祸、经商垦荒等原因势必造成人口流动，也就必然涉及流动人口的户籍问题以及异地科举考试问题。

  明初的大量移民是在政府组织下进行的，属于官方移民。曹树基先生指出，"政府组织的移民基本在迁入地入籍，成为土著。"③按此，明初这种官方组织的移民可以入籍流入地。赋役征派需以户籍为基础，故官方移民可以甚至必须在流入地区附籍。至于这种背景下的流动人口异地科举考试政策，是否存在入籍年限方面的要求，笔者尚未看到相关的文献记载，同时也暂未见到其他学者做过这方面的研究。其他自发移民或者说自发流动人口，无论称"流民"还是"客民"，自然面临一个户籍问题。究竟是发回原籍还是允许在入籍异地，直接影响到其科举考试资格问题。若是发回原籍，流动人口必须

---

① （明）申时行. 大明会典，卷一百六十三，刑部五，万历刻本.
② 郭培贵. 明史选举志考论[M]. 中华书局，2006：136.
③ 曹树基. 中国移民史[M]. 福州：福建人民出版社，1997：375.

回原户籍地应举。否则，则是入籍流入地，参加异地科举考试。明初自发流动人口，其异地科举考试政策如何，目前学界还没有相关研究，笔者也尚未见到相关记载。同时，也尚未见到明初因由流动人口入籍应试引发的土客冲突的记载。基于此，或许可以认为，在当时异地科举考试还没有显现为一个特别重要的问题。但这只能说是一种简单的推断。

到了明代中期，自发性移民再度大量出现。"毕竟封建的土地兼并是中国封建社会的痼疾，一旦社会经济略有起色，土地兼并便随之而来。加上各地自然灾害和苛捐杂税的盘剥，大量百姓为了逃避差役，不得不迁徙流亡，从而形成明代中叶的逃户和流民现象。"①针对流民问题，国家根据实际情况或是召回原籍，或是允许其入籍异地。正统十四年（1439年）规定："各处递年先附籍逃民，所司务依恩例存恤，毋令失所，其有未附籍者，果居住已成家业，仍照例收籍，一体优免。愿回原籍者，待秋遣回。"②天顺五年（1461年）奏准："各处流移人户，及军民官员事故遗下家人，先年编成里甲开垦荒地为业已久者，各府委官丈量，俱照轻则，每亩起科秋粮米三升三合，草一斤，造入黄册，纳粮当差。如仍寄籍，及不附籍者，解原籍复业，田产入官。"③嘉靖九年（1530年）规定："令各省乘大造之年，查勘各属流民，置有产业住种年久者，准令附籍当差。其余俱各省令回籍生理。如或曾经为盗为非，事露改易姓名越境潜住者，许地方里老举首拿问。"④可以肯定的是，曾有诸多士子在流入地落户，进而以附籍方式参加异地科举考试。

那么，明代中期及后期，流动人口异地科举考试政策是否存在入籍年限要求？具体要求如何？同样，笔者尚未见到关于当时流动人口入籍应举年限要求方面的资料，其他学者似也未曾涉及这一问题。但嘉靖二十二年（1543年），礼部出台了禁止流动人口落户应举的规定。"乞于明年会试严加核究，但系先年冒籍，尝经恩赦者，许其首正。其他籍贯不明，妄报中卷、北卷者，本部指名参退。仍行两京各省，凡遇乡试开科，提学考选生儒，不得将流移附籍之徒，一概滥收，以玷科目。违者奏请治罪。报可。"⑤此文名为《禁流移附籍

---

①卞利.明代户籍法的调整与农村社会的稳定[J].江海学刊,2003(05)：130-136,207.
②（明）佚名.皇明诏令[M].卷十一,南京殿灾宽恤诏,明刻增修本.
③（明）王圻.续文献通考[M].卷二十,户口考.万历三十年松江府刻本.
④（明）王圻.续文献通考[M].卷二十,户口考.万历三十年松江府刻本.
⑤（明）俞汝楫.礼部志稿[M].卷七十一,禁流移附籍入试.清文渊阁四库全书本.

入试》。需要注意的是,对于流动人口而言,所谓"附籍"其实也就是在流入地落户。"禁流移附籍入试",也就是说流动人口即使已经附籍某一地区,也不能在这一地区参加科举考试。如此,附籍与科举考试资格、权益相分离。然而,随着人口流动越发普遍,异地应举渠道不可能也不应该完全封堵。适度放开异地应举限制,成为一种必然的趋势。

再看以下资料:

古者募民以实塞,今者中盐以垦田。率皆招各省各流,久之而成土著。即今云贵二省出仕者多,谁为土著之户? 非随征安置即乔寓相羁,尤多蜀产。其初或避兵避荒而远徙,或游学游宦而忘归。如云冒籍,则家食其土者将百年,丘垄相传者已数辈。祇今以文学起家,以功曹入仕,往往会于都下叙家人礼臣等因。是而知占籍、冒籍自是两端。为兵为民,原可一视。盖空隙边地,开垦屯田,有愿受一廛之远人,可当编氓之一助,招之不可不广。惟令明开原籍之贯址,叙及新入之岁时,年终报部可凭查考,生子育孙应与土人一体肄业求举,此为占籍之定例。如有干碍行止罢学之徒,不得于此,侥幸于彼,假以开屯营求出身,斯为冒籍,始当严禁。大约占籍十年而入学者,不得指为冒籍。五年而入学者,不得执为占籍。占籍之多,学校之盛,即广额无伤,斯边塞实而得寓兵于农之意。①

此为万历十九年(1591年)兵科给事中张应登所上《滇事未见平定及时应议战守疏》中的内容。其中关于冒籍与占籍的区别并不全面,与实际情形不尽相符。"干碍行止罢学之徒",仅为冒籍应试的情形之一。除此之外,还包括有意利用录取机会多寡、难易不同的地区差异而冒充户籍应试者。前文已涉及此一问题。嘉靖二十二年(1543年),礼部指出,"奈何法久禁疏,遂有游学矫诈之徒,见他方解额稍多中式颇易,往往假为流移冒籍入试。至有脱逃罪犯,变易姓名,奔走营求,靡所不至。"②"罢学之徒",或其他被科举制排斥在外的人,未获得应试资格而到其他地区冒充户籍考试,并不是科举冒籍判定标准的全部。即使非此类人等,或者说具有应试资格者,只要其不满足科举考试户籍方面的规定,也都属于冒籍。其中,所谓"大约占籍十年而入学

---

① (明)吴亮.万历疏钞[M].卷四十二,滇蜀类,滇事未见平定及时应议战守疏.万历三十七年刻本.

② (明)俞汝楫.礼部志稿[M].卷七十一,禁流移附籍入试.清文渊阁四库全书本.

者，不得指为冒籍"，可能是当时某些地区一种不成文规定。若此，等于告诉我们，明代至少某些地区曾实行落户十年可以异地应举的做法。

万历时，贵州提学沈思充在《申饬学校事略》中提道："社置一册，于蒙童入社之始，稽其里贯世次录之，非土民则核其流住岁月，取里邻结而载之册，俟本道巡校，提调官试其可进者取结类送，一体考校，取入附近儒学。有以冒籍者，即按社籍为左券，查照先年题准事例，凡三十年已上不为冒籍，未及年者姑俟之。其游手游食，时去时来，赋役不办于官，声音特异于俗者，乃为冒籍，不容入社，宁容入学？此法立，而真冒籍自无所容，非冒籍者自有所辨。"①沈思充自万历二十四（1596年）至二十五年（1597年）担任贵州提学佥事。据此可知，在此之前明代曾规定流动人口入籍三十年可以参加科举考试。

比沈思充略迟几年，贵州巡抚郭子章在《题设新贵、黄平等学疏》中提道："黄平州学，除土司土著子弟照旧取考外，其新民子弟须照礼部题准近例，三十年后方准收考。""今据司道府会议，黄平等州县乃新造之邦，土著鲜少，礼义不知。新民子弟，目前准其收考。文理平通者，止许入学，不许观场。待三十年，方许入试。"②郭子章是在万历二十七年（1599年）开始任职贵州巡抚。万历三十年（1602年）升安顺州为安顺军民府，与普定卫同城，遂将普定卫学改为安顺府学。所谓"照礼部题准近例，三十年后方准收考"，也就是说当时规定流动人口入籍三十年才可以参加乡试。其中，所请限于乡试，入学则并不受此限制。

两则史料，所说流动人口入籍并参加异地科举考试的年限要求相同，均为三十年。由此可以断定，大约在万历三十年之前，明代曾规定流动人口在流入地落户三十年，可以就地参加科举考试，而不属于冒籍。这种规定，一度成为一种定例要求。而所谓"近例"，则意味着这种规定在当时出台的时间可能并不是特别长。然而，就在万历三十年，这种年限要求开始出现变化。

明人冯琦在《为遵奉明旨开陈条例以维世教疏》中奏称，"人户以籍为定，律有明条。士子初进，岂容诈冒？……如祖、父入籍二十年以上，坟墓、田

---

① （明）贵州通志[M]．卷十九，申饬学校事略．明万历二十五年刻本．
② （清）邹汉勋．安顺府志[M]．卷之四十四，题设新贵、黄平等学疏．咸丰元年刻本．

宅俱有……同胞保结不扶,并无违碍者,方许赴试。如有上纳锦衣卫等衙门职衔者,子弟不准妄开京师籍贯,以开徼幸之端。"①所奏获准。上疏时间为万历三十年(1602年)。由此可知,明万历三十年(1602年)出现了入籍二十年可以应试的规定。也就是说,流动人口在某地一区落户二十年即可以合法地参加异地科举考试。相比之前,异地科举考试落户年限要求变得相对宽松。

那么,是否有可能是万历刻本《宗伯集》中的《为遵奉明旨开陈条例以维世教疏》记载不准确,将"三"误作"二"呢?笔者以为这种可能性不太大。众所周知,清代科举制很大程度上是沿袭明代科举制而来,尤其是明末清初的科举规制极为相似。而清初如顺治二年(1645年)即规定,"生童有籍贯假冒者进行斥革,仍将廪保惩黜。如祖、父入籍在二十年以上,坟墓、田宅俱有……方准应试"②。基于此,清初所规定的寄籍应试年限,应当就是沿袭万历三十年所开始施行的政策。有没有可能是沈思充与郭子章不熟悉年限规定要求,或者是相关史料记载有误,误将"二十"记作"三十"?笔者以为,当非如此。因为一来,两人一为提学,一为巡抚,两人不可能不熟悉国家层面或者说礼部所出台的规定。二来,两人同时弄错的可能性不大。基于此,可以断定的是,明代后期曾实行过流动人口异地落户二十年可以就地参加科举考试的政策规定。

四、明末屯学:另外一种异地应举政策尝试

明末为屯田而曾设屯学,即以学额刺激屯田。天启二年(1622年),左光斗出理屯田,在天津至山海关一带开田。在屯田的同时,设立了屯学。其实际上是一种招徕外地人口垦田,并以学额助垦的做法。"屯学武生,文艺优长,遇考试之年,欲送文试者,免府县二试,径送本院,卷面明书'屯'字号,文理一视,文童资质可进者,准与入学。前件本道复议。得屯生愿赴文试者,该厅造册径送,相应免其二试,中有文理可进者,与充附学。"③"南北远方,有非河间人而愿入屯学占籍,准令收试入学,附籍屯庄。比照本地人,或加种数

---

① (明)冯琦. 宗伯集[M]. 卷五十七,为遵奉明旨开陈条例以维世教疏. 四库禁毁书丛刊. 北京:北京出版社,1998:4-5.
② (明)陈子龙. 明经世文编[M]. 卷四百九十五,题为议开屯学疏. 崇祯平露堂刻本.
③ (明)陈子龙. 明经世文编[M]. 卷四百九十五,题为议开屯学疏. 崇祯平露堂刻本.

亩,以免地方占籍之争。前件本道复议得为屯田而开学,人之南北非所拘也。加种以苦远人,断断不可。人既种田,即为土著。河间之人,万不得以冒籍启争也。"①左光斗不仅认为应当允许外来人口附籍入学,且反对针对他们的加额耕种要求,同时要求本地人不得以冒籍为借口抵制外来开垦者子弟入学。

再如,崇祯三年(1630年),徐光启在上奏有关京东屯田的制度设计中,也涉及科举考试,建议以垦田多寡而定入学及考试机会之多寡,同样是以科举考试刺激屯田。试看以下资料:

"耕垦武功爵例。二人耕水田十亩,入米一石;二十人耕百亩,入米十石,为小旗内以五石为本名,粮余半纳官。小旗给帖,许立籍广种。五十人耕二百五十亩,入米二十五石,为总旗。内以十二石五斗为名粮,余半纳官,……一名考县童生。一百人耕五百亩,入米五十石,为试百户。内以二十五石为俸,余半纳官。试百户许县考童生二人。……四百人耕二千亩,入米二石为指挥使。内以一百石为俸,余半纳官。指挥使许县考童生八人。"

"生员入学,俱于附近卫府州县总计。与考童生二十名,进学一名。生员五名,科举一名。科举满二十五名,题准加额中式一名。俟本学生员满二百名,别立屯学。"

"乡场中另立屯字号,不论京省,每科举二十五名,中式一名。会场不必遽加甲科之额。会场脚色要见在某处屯卫,原籍某处,朱墨卷要照原籍地方开填,南北中字样,不得用屯卫地方开写,骤侵北土之额。后果乡试中式数多,听候临期另行题请定夺。"②

针对徐光启以科举促屯田的制度设计,有人评论称:"如礼臣所谓招诱之法,一虚一实。虚者,如武职之空衔。照依垦田多寡,颁给指挥千百户等札付。实者,登进仕籍。遇州县生童考试,许其附籍游泮,以鼓舞之微,权收耕耨之实益。其言凿凿可行,人未有不竞趋者也。"③的确,真正对于屯田起到激励作用的是允许耕种者可以直接入籍参加科举考试。假如不是通过科举考试刺激垦种者的积极性,屯田势必难以取得切实效果。但以科举促屯田,容易引

---

① (明)陈子龙. 明经世文编[M]. 卷四百九十五,题为议开屯学疏. 崇祯平露堂刻本.
② (明)陈子龙. 明经世文编[M]. 卷四百九十,屯田疏. 崇祯平露堂刻本.
③ (明)毕自严. 度支奏议(堂稿)[M]. 卷十五,遵奉圣谕议修屯政疏. 崇祯刻本.

发冒籍应试。以耕种多寡定与考人数,徐光启的这一"量化"制度设想,应该说在一定程度上有助于防治冒籍应试问题。

明末设立屯学,本身是官方组织移民背景下的一种思想与实践。因此,在之前国家已经规定流动人口入籍二十年才可参加异地科举考试的前提下,其承垦即可入籍应试的做法,可以视作流动人口异地科举考试政策的一种特别变通。当然,"一法立,一弊生",在科名的诱惑下明末屯学引发了冒籍应试问题,并因此而受到时人甚至是最高统治者的批判。"南方娴于文学,往往入赘以图进取。若应募占籍,许试有司,则冒百亩而业诸生,其费更省。是上本借士以劝农,下实假农以售士,未可知也"①"案查天启六年六月内,该屯田御史何廷枢,题为屯务有维新之机等事"②,"圣旨:屯田自有正额,会典开载甚朗,喜事之徒不肯考究典章,清查额数,惟务开垦虚名,纷纷扰害,甚至买田而屯,成何政体?招来屯童,致滋冒籍,尤属非法。"③屯学开办后,入籍屯童赴天津开垦荒地,"人争趋如流水"。这样,便引来了大量考生冒籍应试。而徐光启的制度设计,也恐难以避免科举冒籍问题。

此外,还有资料记载其他特别情形的异地科举考试。"严禁冒籍,杜绝狐鼠。若系取土妇生子,附有籍贯者,保结收录。"④"府志载:江振禧,上杭人,移居瑞金。崇祯四年,流贼数千人,攻围县。振禧言于众曰:吾能杀贼,则许我入籍于此,子弟应试,何如?邑绅士皆许诺。"⑤部分地区考生,由于地理位置原因,曾规定他们到邻近地区应试。兹不赘述。

五、结语

以分区定额与原籍应试为基本规定的科举制,在人口相对静态的背景下可以平稳运行。但其无法规避的一种风险是部分考生可以利用考试竞争的区域差异,在原籍之外的地区冒充户籍考试。由于科举配额所分配的是区域间的教育与政治利益,因此,不同地区对于本地学额与中额均高度重视。于是,在外来人口冒籍应试,甚至是正常入籍应试的过程中,十分容易出现土客冲

---

① (明)章潢. 图书编[M]. 卷三十五,京东水利. 清文渊阁四库全书本.
② (明)毕自严. 度支奏议(堂稿)[M]. 卷十五,题覆屯田经历赵鉴免赃复官疏. 崇祯刻本.
③ (明)毕自严. 度支奏议(堂稿)[M]. 卷十五,题覆屯田经历赵鉴免赃复官疏. 崇祯刻本.
④ (明)太平府志[M]. 卷之三,建立学校议. 万历五年刻本.
⑤ 张汉. 上杭县志[M]. 卷三十六,民国二十八年铅印本.

突问题。

明人赵南星《赵忠毅公诗文集》之"明故邠州学正王公暨配两赵孺人墓志铭"中载称,"邻邑士有冒籍入学者,诸生群殴之,几死"。①王同轨《耳谈类增》卷三十八"雅谑篇下"之"冒籍寇"条载,"顺天府青衿有惯攻打冒籍之名,犯者往往击死。会报海寇数多,而实中土奸人附之,增虚声耳。此冒籍寇也。一时献策陈言者纷然,一生独曰:策皆非奇,唯有令顺天府青衿攻打便了矣。(赵常吉谈)"②在明代,官方对于冒籍应试的处罚一般相对较轻,而本地考生的群体性惩处行为却可能十分残酷。后者为一部笔记小说,但其所谓顺天府士子"攻冒籍"的问题,终究是对当时历史的一种反映。

与此同时,在人口流动特别是较大规模人口流动背景下,明代科举制又面临着流动人口异地应举的需求。随着人口流动得越发普遍,这种异地应举诉求也必然愈加多见。在这样一种背景下,自然会出现将科举考试与户籍进行松绑的意见。"国家取士,从郡县至乡试,俱有冒籍之禁。此甚无谓。当今大一统之朝,有分土,无分民。何冒之有?即夷虏戎狄,犹当收之。况比邻州县乎?且州县有土著人少而客居多者,一概禁之,将空其国矣。山东临清,十九皆徽商占籍,商亦籍也。往年一学使苦欲逐之,且有祖父皆预山东乡荐,而子孙不许入试者,尤可笑也。"③"承平日久,四海一家,或因迁发填实空旷,或因商宦流寓地方,占籍既久,桑梓是怀。"④徐光启指出:"闻有分土,无分民。苟践吾土,食吾毛,而受吾役,即吾民也。安问土著、客户哉?……况每奉宪檄,招拊流移。流移尚许占籍,乃有力垦种者,独不之许乎?"⑤张凤翼《处实堂集》续集卷六记载称,"客有向予谈冒籍事,有中式二次复拟问革者。予谓圣世立贤无方,不应有此。如李斯谓四君皆客之功,则敌国之人,皆可用矣。况堂堂一统,莫非王臣耶?且若乐毅自魏,剧辛自赵,百里奚自虞,亦可以非土著而弃之乎?孔子之齐、之楚,自是道大莫容,非以冒籍见摈也。客大

---

① (明)赵南星.赵忠毅公诗文集[M].卷十六,明故邠州学正王公暨配两赵孺人墓志铭.四库禁毁书丛刊,集部,第68册,北京:北京出版社,1998:472.
② (明)王同轨.耳谈类增[M].卷三十八,雅谑篇下.续修四库全书本,子部,第1268册,上海:上海古籍出版社,2003:233.
③ (明)谢肇淛.五杂组[M].卷十四,万历四十四年潘膺祉如韦馆刻本.
④ (明)陈全之.蓬窗日录[M].卷四,清军之弊.嘉靖四十四年刻本.
⑤ (明)徐光启.农政全书[M].卷八,农事,开垦上.崇祯平露堂本.

笑。"①再如,沈德符认为,"夫外省冒籍诚宜禁。若辇毂之下,则四海一家。且祖制,土著百名之外,中三十五名,其三十名胄监,而五名则流寓。及各衙门书算杂流,旧录历历可考,何冒之足云!""窃以故元用蒙古人为状元,而中华人次之,此陋俗何足效。善乎世宗之言曰:天下皆是我秀才,何云冒籍?圣哉!"②确实,以上这些说法,也并非全然没有道理。尤其是如果某一地区外来人口本身比较多,在此情况下严禁他们应试也有一定的不合理之处。

传统科举制内嵌着一个究竟是"凭才取士"还是"分路取士"的基本矛盾,或者说一个考试公平与区域公平的基本矛盾。早在北宋时,欧阳修与司马光关于这一问题的争论就达到了炽热化程度。明初血腥的"南北榜"事件,其背后同样是考试取士与区域均衡的博弈。明代中后期,科举冒籍问题越来越常见,正常的异地入籍应举诉求也越来越普遍。然而,只要实行分区定额取士,冒籍应试就难以完全避免;而"真正"流动人口在异地应举的入籍年限要求方面不可能太低,否则,必将造成大量考生"合法地"利用竞争的区域差异而流动至更易录取地区参加考试的混乱局面。因此之故,明代后期将流动人口异地科举考试的入籍年限要求设定为三十年、二十年,也是一种不得已的选择。只不过,无论这一年限要求设置为多少年,冒籍应试问题都在所难免。正是从这一意义上说,异地冒籍应试不啻是科举分区取士的一项顽症。

本文曾以《明代流动人口异地科举考试政策探论》为题,发表于《教育研究》2015年第4期

---

① (明)张凤翼. 处实堂集[M]. 续集,卷六,戊己稿.
② (明)沈德符. 万历野获编(中)[M]. 北京:中华书局,1957:425.

清代异地科举考试政策探论

20世纪90年代后期以来,中国流动人口随迁子女高考问题渐次浮出水面。进入21世纪之后,异地高考诉求越发普遍,成为一项涉及面广、影响重大但又异常棘手的教育难题。早在传统科举考试中,也存在流动人口异地科举考试诉求。如果我们将研究视野投向科举时代,探讨当时的异地科举考试政策规定,无疑可以为当代异地高考问题的认识与解决提供一种有益的历史参照。

一、清代户籍制度:科举制的重要认识视角

科举制作为"乡举里选之法"的延续与发展,呈现出与户籍紧密捆绑的特征,分区定额与原籍应试是其两项基本原则。按原籍应试原则,考生通常情况下必须在户籍所在地参加科举考试。对于流动人口而言,若要在流入地区参加考试,则必须首先获得这一地区的户籍。《清史稿》"户口"部分记称:"凡民之著籍,其别有四:曰民籍;曰军籍,亦称卫籍;曰商籍;曰灶籍。其经理之也,必察其祖籍。如人户于寄居之地置有坟庐逾二十年者,准入籍出仕,令声明祖籍回避。倘本身已故,子孙于他省有田土丁粮,原附入籍者,听。军流人等子孙随配入籍者,准其考试之类是也。"[①]在"户口"部分,直接指明科举考试资格的获取条件,可见科举考试与户籍之间存在着密切的关联。进而言之,科举考试是附着在户籍制度上的一项重要社会权利,而户籍制度则是认识科举考试的一个重要视角。

---

① 赵尔巽. 清史稿(志一百二·食货一)[M]. "民国"十七年清史馆本.

作为一项重要社会制度,清代户籍制度呈现出一定的复杂性。从登记类别来看,清代户籍主要包括民籍、军(卫)籍、商籍、灶籍等。《嘉庆会典》称:"诸色人户,非系军、商、灶籍者,皆为民籍。"① 其中,军籍或说卫籍,是各地卫所曾经使用的户籍类别;灶籍是制盐户的户籍。商籍,则是专为盐商及其子弟设立的应考科举的户籍类别。除此之外,大多数人的户籍类别都是属于民籍。由于清代又有满族户口,包括宗室、觉罗户和八旗户,故所谓"非系军、商、灶籍者,皆为民籍"的说法,并不包括满族户口。总体上看,清代绝大多数人的户籍,如一般平民、一般地主、一般商人等等,都是属于民籍这一类别。

清代户籍编制主要包括里甲制与保甲制两种形式。里甲制偏重于赋役征派,故以其为基础而编造的户籍簿册也主要是登载人丁状况,而不是人口的全部,所编审人户与实际居住的人户存在很大差别。在清代官、私文献中一般称纳粮户为"花户",各户立有户长,一户丁粮系于户长名下,且历年不变;户下的丁既可为一人,亦可为一家或多至数家。② 在里甲制下,不但"户口"的开设可以只是单纯的土地赋税的登记单位,而不是一定的家庭的户籍登记单位,甚至连里甲的设立也可纯粹根据田地赋税而不是一定的村落社区编成。③ 保甲制则意在稽查人口,维护治安,强调"排门编户"。保甲册的统计对象为所有人口,不仅包括各地区本地人口,而且也包括流动人口。

自清康熙朝以后,州县以下基层组织处于一种里甲、保甲并行,或寓保甲于里甲,或寓里甲于保甲之中,兼及其他,以保甲为主的状态。④ 尤需注意的是,尽管里甲户籍所登载内容仅为人丁,但这种户籍对于科举考试来说却是不可缺失的一项重要凭证。光绪《凤县志》载称,"境内土著甚少,其先年丁名虽产业变卖殆尽,仍留丁名,不肯除籍,为子孙应考计。丁名亦不常分,有同户分居多年共一丁名者,亦有偷卖丁名于邻邑,为隔县冒籍之渐。"⑤ "人们在纳税、土地登记、参加科举考试以及其他需证明自己身份的场合,一般都用

---

① (清)托津,等. 大清五朝会典(嘉庆会典一卷一一)[M]. 北京:线装书局,2006:140.
② 孙海泉. 清朝前期的里甲与保甲[J]. 中国社会科学院研究生院学报,1990(5):77-80.
③ 刘志伟. 在国家与社会之间:明清广东地区里甲赋役制度与乡村社会[M]. 北京:中国人民大学出版社,2010:189.
④ 王晓琳,吴吉远. 清代保甲制度探论[J]. 社会科学辑刊,2000(3):94-100.
⑤ 朱子春. 凤县志(卷三赋役·户口)[M]. 光绪十八年刊本.

里甲系统中的'户'来作为自己的户籍。"①考生在被怀疑冒充户籍参加考试时，往往都需出具所属某里某甲中的"户"来作为合法应试身份的证明。

如前所述，由于科举考试与户籍紧密捆绑，考生在某一地区参加考试必须首先获得当地户籍。在清代，流动人口"落户"一般称为"入籍"。作为一个法律概念，入籍意味着承粮当差，意味着要为入籍地区承担赋税徭役；同时也正因此，其也意味着可以享受入籍地区的社会权利与社会福利。而在这种社会权利中，参加科举考试无疑是最为重要的一项内容。所谓"入籍"，在很多情况下就是指"入籍考试"。一般说来，清代流动人口入籍某一地区，必须置有田产、房产等且通常需满二十年，才可以向流入地申请落户。不过，置有产业满二十年，虽然是国家层面关于流动人口落户的一般性规定，但一定意义上其也只能说是一种必要条件，而非充分条件。因为通常流动人口还必须承粮当差，即承担赋税徭役；且有时还需要向流入地捐资。而更有甚者，即使流动人口承粮当差、置有产业满二十年，也可能在落户上遭遇当地人口的共同抵制。在分区定额之下，本地人口一旦允许流动人口落户，也就意味着后者将竞争原本专属前者的有限教育资源，因此也就不难理解本地人口"集体抵制"外来人口落户的群体性行为。②

以上分析表明，户籍制度在清代科举考试中起着十分重要的作用。然而，户籍具有很大的抽象性，仅仅定居于某一地区，并不等于具有这一地区的户籍，更无法获得附着在户籍之上的科举考试权利。同样，即使某地保甲户籍册中载有某人姓名，也并不等于其已经入籍到了这一地区。在清代科举考试中，应试者一般需要以里甲系统中的"户"来作为自己的户籍证明，同时保甲户籍册对于识别、清查考生户籍也具有重要作用。

二、清代定例性的异地科举考试政策

一般认为，清代总体上实行限制人口自由流动、自由迁徙的基本国策。但事实上，由于经商、承垦、佣工以及战乱、灾荒等原因，清代人口流动现象具有

---

①刘志伟. 在国家与社会之间：明清广东地区里甲赋役制度与乡村社会 [M]. 北京：中国人民大学出版社，2010：186.

②刘希伟. 清代人口流动背景下的教育机会冲突——关于土客学额纷争的考察 [J]. 社会科学战线，2013(3)：238-242.

相当的普遍性,并且越到后期越频繁。越发普遍的人口流动现象,决定了其异地应举需求的普遍性。

科举时代,异地科举考试一般称为"寄籍"应试或"入籍"考试。所谓"寄籍"应试或"入籍"考试,是指流动人口满足异地应考规定而参加科举考试的情形,也就是说属于合法的行为。相反,对于不能满足相关要求却在异地应考科举的现象,一般称之为"冒籍",即冒充户籍参加考试。与寄籍应试相对,冒籍应试属于违法行为。

早在顺治二年(1645年)即规定,"生童有籍贯假冒者进行斥革,仍将廪保惩黜。如祖、父入籍在二十年以上,坟墓、田宅俱有确据,方准应试。"①简单说来,在清代落户满二十年且着实无法返回原籍考试,才可以在取具相关担保证明的基础上向流入地政府申请参加异地科举考试。此为清代"定例性"也就是一般性异地科举考试政策。具体说来,包含四个基本方面:第一,在年限上落户至少需在二十年以上。第二,由于落户需要以置有田产或房产为必要条件,因此异地应举也必须以置有田产或房产为必要前提条件。除此之外,有时又格外强调以流入地置有祖、父坟墓为前提条件。但坟墓凭证,似乎并非一种普遍性规定。以上两方面要求密切相关。在年限上,或者以田产纳粮之日为始,或者以房产契税之日为始,扣满二十年者可以申请异地考试。第三,异地应试一般必须以"着实无法返回原籍应试"为前提。第四,考生必须取得族邻所提供的所谓身家清白、不存在冒籍情弊等担保证明,正式向流入地政府申请"寄籍应试",否则,即使年限、田产或房产等条件已经达到,也将被判定为非法冒籍应试。②

清代异地科举考试政策的定例性要求,同时包括了以上诸条。一般说来,应试者必须同时满足,否则将被认定为冒籍应试。不过,应该指出的是,其第三方面规定虽亦被强调,但刚性显然不如前两条。甚至在某些情况下,可以看到并未被执行的情形。此一方面的规定,其刚性究竟如何,往往取决于实际负责官员的具体态度。

---

① (清)昆冈,等.钦定大清会典事例(卷三百九十一礼部·学校·生童户籍)[M].上海:上海古籍出版社,1995:239.
② 刘希伟,刘海峰.清代科举考试中的冒籍问题及其现代启示[J].教育研究,2012(1):141-147.

上述清代定例性异地科举考试政策，表面看来似已较为清晰，但若深究下去还要更为复杂。在此，我们再从以下几个方面进行更为深入的讨论。

（一）异地科举考试与捐资要求

正如当今投资落户或捐资落户一样，清代流动人口在流入地落户时有时也需要进行捐资。如此，流动人口参加异地科举考试，有时便需向流入地捐资。

例如，贵州省湄潭县曾统一制定落户捐资规则："公议入籍定规分上、中、下三户。上户置产银一千两以上者，出银一百两；如产业加倍者，亦倍之。中户置产银五百两以上者，出银六十两；置产银数十两以至二百两以上者，出银四十两。如查实在贫穷者，以二十两止。"①据此，该县落户时的捐资数额，系根据当事人实际财产多寡而定。即使"实在贫穷"，也需要捐银二十两。不仅如此，还特别规定："入籍须先将帮款银数交清，方准考试，不得请人担保俟考后始缴，以免掣轇。"也就是说，必须先完成捐资才可参加科举考试。又如，光绪时所修《续修天柱县志》中"入籍"部分记载：原籍福建上杭县的李桂东捐银一百二十两入籍，原籍江西南昌府丰城县的徐正福捐银二十两入籍，原籍湖南宝庆府的萧东森捐银一百两入籍，原籍江西抚州府的萧长青捐银三十两入籍，原籍江西抚州府金溪县的彭万才捐银一百两入籍。②湖南《新化县志》载：同治十一年（1872 年），凌美珍捐入籍钱三百千，曾毓华捐入籍钱二百千。③而在清末所出版的《广西民事习惯调查报告》一书中，记载了广西桂林府、平乐府、梧州府、柳州府、庆元府、太平府、浔州府、泗城府等各属州县的入籍条件。④从中可以发现，清代广西各地的入籍条件存在诸多差异，除了不动产与年限方面的要求外，大部分地区都要求捐资；而在捐资额度上则不尽一致，有的比较固定，有的系由士绅临时商定。

以上所列地区，既然要求捐资才能落户，也就等于说是流动人口先行捐资才可参加异地科举考试。当然，是否需要捐资以及捐资额度在国家层面没有统一要求，呈现出更多的地方性特征。所谓定例性与变通性异地科举考试政策，

---

① 吴宗周. 湄潭县志（卷三）[M]. 光绪二十五年刊本.
② 佚名. 续修天柱县志（卷七）[M]. 光绪二十九年刻本.
③ 关培钧. 新化县志（卷八）[M]. 同治十一年刊本.
④ 李闰华. 移民垦荒与广西经济转型（1644—1949年）[J]. 中国社会经济史研究，2007（3）：24-33.

是笔者根据年限进行的一种划分,而不同地区在执行国家定例性异地科举考试政策基本规定时也时常涉及捐资,故笔者将其置于此一部分进行讨论。

(二)异地落户与科举考试"权利宽度"问题

此一问题是指如果某一个体落户某一地区,那么其所可获得应举权利包括哪些亲族范围?换言之,这种通过落户而获得的异地应举权利是仅限于其嫡属子孙,还是也包括其兄弟乃至于疏族兄弟及其子孙?这也是异地科举考试政策的一个重要方面。

根据相关文献可以发现,清代通过落户而获得的异地科举考试权利有时仅限于落户者嫡属子孙。如上引光绪《湄潭县志》卷三"入籍章程"部分特别指出:"公议入籍之户,文武童生只准其嫡属子孙承继考试,乏嗣者止;倘有亲族合例,必须另行立案入籍,不得藉称亲支兄弟叔侄,乘机冒考。并异姓入嗣,指称祖、父,均不得考试。倘有扛帮党援估考者,将冒考之人请官严究。"①又如,军流人犯子弟能否随行参加异地科举考试,也要看其是否是嫡属子孙,只有嫡属子孙才有这种机会。

不过,异地科举考试"权利宽度"究竟如何,还要看各地具体规定。例如,广西泗城、镇安等地区在雍乾之交时实行的异地科举考试,规定"其嫡亲子男弟侄同时入籍有名者,俱准一体考试。其册籍无名,亲族不得借名混考。"②显然,这种异地科举考试权利并非仅限于入籍者本人及其嫡属子孙,其同胞兄弟之子弟也包括在内。而且,关键在于是否"册上有名",即以落户时的名册为准。

再如,清末左宗棠所奏《甘肃垦荒民户请变通入籍应试疏》曾拟定,"今议将各厅州县招垦新户就所领之地扣算承粮在一石以上者,即以领照之日作为入籍之年,按册内注明之兄弟子侄准其一体应试。领地承粮在四五斗以上者,按册照内注明之本户及子侄,即于下次科试准其报考。领地承粮在二三斗者,按册照内注明之本户及子孙,俟下次岁试准其报考,并行文原籍扣考。"③据此,异地科举考试权利宽度,直接根据流动人口"领地承粮"多寡

---

①吴宗周.湄潭县志(卷三)[M].光绪二十五年刊本.
②(清)素金鋑.广西通志(卷一百十三)题覆四府入籍考试疏[M].台北:商务印书馆(台湾),1986:395.
③葛士浚.清经世文续编(卷三十三)[M].光绪石印本.

而定,"领地承粮"越多,异地科举考试权利范围越宽,流动人口的更多亲族子弟就越可以获得异地科举考试的资格。

(三)如何判断"着实无法返回原籍地区考试"

关于异地科举考试政策,还有一个关键的问题,即究竟应该如何认定"着实无法返回原籍地区考试"?何为"实无原籍可归"?乾隆三十八年(1773年),广东布政使姚成烈上奏乾隆帝探讨这一问题。姚成烈奏称,"原籍有可归与无可归,例内尚未分析详尽。""盖移居他籍之人,其原籍地方或现有嫡亲伯叔弟兄并实有田庐可守、现完粮册可凭,则诚为有原籍可归;或原籍虽有宗族,已属疏远,虽有户名,已无田庐,而于寄籍地方则已创业成家,置有田房,生有子息,是仅存原籍之名,实无可归之业,似难责令其舍现居之乐土而退回无业之原籍也。""今寄籍之土民,或因其原籍烟户册内犹载原籍某县字样,相沿未改,或访其原籍犹有远祖旧茔,户籍未除,随执例内原籍可归一语,群相攻讦。"①由此可见,"原籍是否可归",有时还是一个比较棘手的问题。

姚成烈认为,同为寄籍之人,也应根据实际情形作出不同区分。如果落户已在二十年以上,其子孙为初次在落户地应试,则应首先呈明地方政府并关会原籍。如果原籍仍有嫡亲伯叔兄弟,且本人名下仍有田产、房产,则应认定为"实有原籍可归"。如果原籍仅有疏远之祖,本人亦无田产、房产,寄籍满二十年以上者,应该视为"实无原籍可归",准许参加异地科举考试。同时,也必须关会原籍地方政府,不得两处跨考。应该说,这种看法比较合理、务实。后同年议准,"童生应试,……嗣后除寄籍未久原籍尚有嫡亲伯叔、兄弟及本人名下确有田产、室庐可倚者,仍照例拨回原籍,不准在寄籍地方冒考报捐,既已捐贡、监,俱饬令改回外,若原籍仅存疏远族属,本人名下并无田产、室庐,其入籍年份已与定例相符者,该地方官查明确实,申详督、抚、学臣立案,准入于寄籍地方应试、报捐。"②可以明显看到,这一规定基本上完全采纳了姚成烈的意见。

---

① 中国第一历史档案馆. 乾嘉时期科举冒籍史料[J]. 历史档案,2000(4):13-33.
② (清)素尔讷,等. 钦定学政全书校注(卷三十清厘籍贯)[M]. 武汉:武汉大学出版社,2009:116.

（四）流动人口是否必须长期"实际"居住流入地的问题

这一方面，在国家层面上长期未做出具体解释。也恰恰因为没有出台明确的规定，所以很多考生便通过多地置买田产、房产而多处跨考，即通过"空挂户籍"而多处应试。由此，甚至造成"两地入学、两处食廪"，即在多个地区重复享受国家经济补贴的现象。有鉴于此，不少官员强调必须长期"实际"居住于流入地，否则不能以置有房产、田产等满二十年而参加异地科举考试。实际上，这一点与前一方面密切相关，如果某一考生并不"实际"居住某地，那么便意味着"原籍可归"，因此便也不能申请参加异地科举考试。

从以上探讨可以发现，清代定例性异地科举考试政策，其最基本规定可以说即是异地落户满足二十年。当然，还需要置有房产或田产等作为落户前提及年限扣算凭证。在此之外，异地科举考试政策有时还涉及向落户地区捐资、异地科举考试"权利宽度"，以及究竟如何判定"原籍是否可归"等重要问题。在清代落户满二十年且着实无法返回原籍地区，才可以在提供相关担保证明的基础上向流入地政府申请参加异地科举考试，这就是定例性的异地科举考试政策。以上分析表明，由于具体实践的复杂性，有时政府也面临着某些两难问题。而恰恰正是这种复杂实践的需求，不断推动着异地科举考试政策的发展与完善。

三、清代变通性的异地科举考试政策

除定例性政策外，清代异地科举考试政策还存在某些变通规定。清代定例性异地科举考试政策的最低落户年限要求为二十年，而其变通情形则既包括不拘落户年限者，又包括其他年限要求者。以下根据笔者目力所及，分别介绍不同社会背景下的变通性异地科举考试政策。

（一）明清易代之际的变通性异地科举考试政策

笔者目前见到顺天（今北京）地区曾实行过此类变通政策。在顺治元年（1644年），顺天地区曾设有寓学，"远方士子游学者，取的当保结，准附顺天府学考试"。顺治二年（1645年）题准，"寓学诸生，本年乙酉乡试，准暂分监生中额三名，嗣后俱发回本省"。①《钦定学政全书》将这一内容归入

---

① （清）素尔讷，等.钦定学政全书校注（卷二十九寄籍入学）[M].武汉：武汉大学出版社，2009：108.

"寄籍入学"部分,显然是将之视为一种寄籍应试。由于这些游学京师者并未落户顺天,也没有年限上的限制,因此从定例要求来看,这种做法可以说是一种非常特殊的变通。也即在改朝换代背景下,为优恤京城外来士子而进行的特别变通。"嗣后俱发回本省",寓学只是昙花一现,顺治二年之后便停止了。

自此之后,顺天作为全国的政治、经济、文化中心,尽管万方辐辏,生活着大量的外来人口,但几乎再也没有放宽过异地科举考试政策,所执行的都是一般性规定,即必须落户且满二十年以上才可以就地应举。不仅国家层面未曾要求顺天地区松绑其异地科举考试政策,而且顺天地区自身也从未放宽异地科举考试的资格限制。其原因在于外来人口规模庞大,一旦放开考试资格,外来人口尤其是江浙籍士子必将大量占用原本属于顺天本地人口的入学名额和乡、会试名额,从而造成一种区域不公。终清一代,顺天地区一直是通过户籍制度控制外来人口的应举问题。

(二)战乱、灾荒背景下的变通性异地科举考试政策

纵观清代科举史,可以看到战乱、自然灾害等背景下的变通性异地科举考试政策。从年限角度看,这种变通既有不拘落户年限者,也有其他年限要求者。

例如,明末清初,四川由于战乱、灾荒人口大量消亡,田地荒芜。为尽快恢复经济、社会发展,政府大力组织官方移民。而在这一过程中,取消异地科举考试的年限限制便是当时移民政策的重要内容之一。康熙二十九年(1690年),"定入籍四川例。四川省民少而荒地多,嗣后流寓之民情愿在川省垦荒居住者,即准其子弟入籍考试。"①又如,康熙时期,杨瓒在任浙江宣平知县时,也曾实行落户不拘年限即可应试的政策。"邑经兵燹,户口凋敝,瓒请于上官,令邻民能垦田三十亩者,准入籍附考,自是荒芜渐关。"②同样,也是招垦入籍不计年限便可应试的情形。

光绪时期,甘肃省由于受到战乱、灾荒的影响,在招垦过程中对落户应举年限进行了变通处理。光绪三年(1877年)议准,"甘肃通省州县地亩,……其外来垦户,又距原籍窎远,归考綦难,及无籍可归,而身家清白,并无违碍事故者,自领地承粮之日为始,扣足十年,呈明入籍报考。仍查系垦户

---

① (清)官修.清文献通考(卷十九·户口考)[M].文渊阁四库全书本.
② (清)陈澧.香山县志(卷十四)[M].光绪刻本.

嫡属,方准应试。"①其中的变通之处,在于落户十年即可应试,而非通常意义上二十年的规定。但需注意的是,如果应垦之户距离原籍较近,则仍照定例办理,也就是仍然执行落户二十年才可应试的政策规定。

再者,安徽省宁国县也在清末时对入籍考试政策进行了松绑。"惟所请以光绪五年分烟户粮册为断之处,未免漫无限制,核与成案亦有未符,臣等共同商酌,所有宁国县垦荒客民,据请查照广德建平成案,仍以同治十三年分烟户粮册为断,由地方官查明现在就耕者若干户,有志应考者若干丁,果系身家清白别无违碍准取结造册立案,入于宁国县应试,并移明原籍不准复回跨考"。②这一奏请发生在光绪六年(1880年),若以光绪五年为断,则理论上最多落户一年即可应试;若以同治十三年(1874年)为断,则至少需要经过六年方可就地参加科举考试。而无论如何,都不是通常二十年的限制。然而,只要是光绪六年(1880年)之后来此承垦土地,则一律执行落户扣满二十年才可参加科举考试的规定。

在清代变通性异地科举考试政策中,因由战乱、灾荒等所引发的一类最为多见。以上所列案例,均是属于这一大类。又需指出的是,即使此种背景下,政府对于异地科举考试政策的变通也表现出一种谨慎的态度,并非都是不拘年限可以即时落户应考。像清末甘肃变通性异地科举考试政策的年限要求是落户十年。同时,清末甘肃与安徽宁国县的变通性异地科举考试政策,都有着严格的限制。前者要求"距原籍窎远",也就是意味着"无法返回原籍应试",否则便要执行定例要求;而后者则严格以时间节点进行限制,否则也要执行定例性政策规定。由此说明,政府在异地科举考试政策的变通上是比较审慎的。

(三)为促进落后地区文教发展的变通性异地科举考试政策

在清代变通性异地科举考试政策中,尚有一类十分特殊,即为提升、促进落后地区文教发展而实施的特别变通。广西、云南、贵州作为科举小省,教育发展水平明显落后于科举大、中省份。甚至在科举考试中,或者难以足额录取入学生员,或者名额多被其他省份士子非法冒籍占用。有鉴于此,某些地方官

①(清)昆冈,等.钦定大清会典事例(卷三百九十一礼部·学校·生童户籍)[M].上海:上海古籍出版社,1995:258-259.
②杨虎.宁国县志(卷十四)[M].民国二十五年铅印本.

员提出对策，奏请外地士子可以入籍一些文教落后地区且不拘年限即可应试，希望借此提升这些地区的文教发展水平，并借助于外来士子与本地士子间的切磋、交流消除冒籍应试问题。

例如，康熙四十二年（1703年）题准："贵州童生，照滇省例，许同省各府之人应考，俟人文充盛再行禁止。"①根据这一规定，考生可以在省内自由跨考，而不拘落户年限。云南省早在康熙四十二年之前便实行这种政策，贵州则是援引云南之例而实行此法。

再如，雍乾之交时，广西泗城、镇安等地区也均实行过特别的异地科举考试政策。雍正九年（1731年），广西巡抚金𫓧鉴于太平、庆远、泗城、镇安四府所属州县"人极椎鲁，不事诗书，兼之地僻山深，见闻鄙陋，以故蛮苗愚悍之风骤难化导"，而且存在着严重的冒籍应试问题，因此奏请实行"移家入籍应试之法"。②这一方法规定，只要携家入居便可落户且不拘年限便可应试。另外，通过相关史料可知，云南的某些地区也曾援照广西泗城、镇安等成例而实行过此种"移家入籍应试之法"。

以上广西泗城、镇安以及云南广南、丽江、普洱等地区所实行的异地科举考试规定，应该说都是属于变通性政策。不过，由于这种方法不仅未能有效提升落后地区的文教发展水平，反而滋生了诸多"名为寄籍"而"实为冒籍"的弊端，因此不久便被停止了。乾隆三年（1738年）议准，"广西泗城、镇安二府，及庆远府属之东兰州、荔波县，太平府属之宁明州，自令外省之人入籍考试以来，窜名冒籍者纷纷不绝，其实并未尝身在地方安居久住，土著士子何从受其教益，应将泗城、镇安等府属准令外省入籍考试之例即行停止……"。③这一点提醒我们，作为当今高考洼地的边疆省份，在异地高考政策上必须审慎，否则十分容易造成教育发达地区考生非法"移民"应试的问题。

（四）其他变通性异地科举考试政策

除以上几大情形外，清代还存在其他某些变通性异地科举考试政策。例

---

① （清）素尔讷，等. 钦定学政全书校注（卷二十九寄籍入学）[M]. 武汉：武汉大学出版社，2009：108.

② （清）金𫓧. 广西通志（卷一百十三）题覆四府入籍考试疏[M]. 台北：商务印书馆（台湾），1986：394.

③ （清）素尔讷，等. 钦定学政全书校注（卷二十九寄籍入学）[M]. 武汉：武汉大学出版社，2009：109.

如，顺治时期，针对辽阳地区招垦乏力的问题，吏科左给事中王益朋曾在《请定辽阳规制疏》中奏请放宽入籍考试的年限限制。[①]顺治十四年（1657年）题准：直省俊秀，愿充辽生者，许全家移住，令该府收入版籍，一体考试。[②]当时只要"真正入住"这一地区便可应试，并不存在落户要求及年限限制。这种政策，值得特别注意之处，在于其承平时期官方组织移民的背景。不过，此种情形在清代科举考试中十分少见。

又如，在台湾嘉义县《严禁冒籍应考条例碑记》中曾载有如下规定：过继最易给□，嗣后以娶妻为入籍已定者，准与试；新娶限□年，户册可凭，为入籍已定，方得与试；内地搬眷限□年，户册可凭，为入籍已定，方得与试；过县迁移限三年，户册可凭，为入籍已定，方得与试。[③]虽然第二三条中有关年限的字迹不易辨认，但由于所缺仅为一字，因此均应该不是"二十"。据此可知，"新娶"与"内地搬眷"，在"户册可凭"的情况下最多经过十年便可得以应试。而若是"过县迁移"，则经过三年即可应试。当时台湾地区尚处于早期开发阶段，落户条件相对宽松，因此异地科举考试政策也较为宽松。

此外，根据前引《广西民事习惯调查报告》可知，广西桂林府、平乐府、梧州府、柳州府、庆元府、太平府、浔州府、泗城府等各属州县，有的地区异地科举考试没有年限限制，而有的则要求落户在三十年或三代以上。所谓"三十年"或"三代以上"的要求，显然较之国家定例性规定还要更为严苛。这一类承平时期的变通性异地科举考试政策，主要存在于边远省份。

清代异地科举考试政策的变通，大多是在战乱或自然灾害背景下为恢复社会经济发展而采取的特别举措，抑或是属于边远省份某些地区的特别作法。在整个清代，在全国各地这一宏大时空范围内，可以看到不少变通性异地科举考试政策。然而，变通性政策相对于国家层面的定例性政策，终究是一种变通。尤需注意的是，像上述光绪时期甘肃省以及安徽宁国县，尤其是前者，尽管有着战乱及灾荒的社会大背景，且政府大力倡导移民，然而在落户年限方面也还是存在一定的要求。至于承平时期的民间自发移民，除了像广西、云

---

① 佚名. 皇清奏议（卷十）[M]. 清刻本.
② （清）素尔讷，等. 钦定学政全书校注（卷二十九寄籍入学）[M]. 武汉：武汉大学出版社，2009：108.
③ 汪毅夫. 闽台缘与闽南风[M]. 福州：福建教育出版社，2006：129-130.

南等省份所曾短期实行的"移家入籍应试之法"外，国家极少放宽异地科举考试限制。而边远省份落后地区的变通作法，更多地呈现出某些地方性特征。同时，这种变通政策也仅存在于少数个别省份，全国绝大多数地区所执行的都是定例性异地科举考试政策。

四、现实观照

在科举制分区定额之下，必须辅以原籍应试原则。否则，仅有分区定额而无原籍应试原则，分区定额便没有实质意义。在"避难趋易"这一普遍人性的驱动下，势必出现考生流向竞争力弱、更容易录取地方应试的现象。考生的这种普遍"流动应试"，将造成整个考试秩序的混乱。即使能够达到某种理论上的"录取率平衡"，也还是将会因为各地考生文化水准与科场竞争力的差异而无法实现最终的"竞争平衡"，如此，科举考试的运行乃至整个社会的稳定运行都是无法想象的。故此，科举考试必然与户籍紧密捆绑。

在清代，对于流动人口而言，如要参加流入地的科举考试，则必须首先获得当地户籍。由于人口流动现象，国家面临着诸多异地科举考试的诉求，但出于分区定额与区域公平优先的考量，绝大多数情况下都是执行定例性政策规定，只在很少情况下进行变通。除个别特殊情形之外，有关寄籍应试、防止冒籍应试的条文规定基本上都体现了定例要求，而与寄籍、冒籍有关的考试案件也主要是按照定例规定进行裁决。

鉴古可以知今，知今亦有助于通古。清代乃至整个科举时代的考试实践活动，可以为我们认识当代随迁子女异地高考问题提供一种有益的启示。高考制度与科举制度同为大规模考试，而且均是以分区定额与原籍应试为基本原则。如此，二者均呈现与户籍制度紧密捆绑的特征，从而分别形成"科举户籍制"与"高考户籍制"。

"科举户籍制"与"高考户籍制"在一定意义上可以说完全同构，二者本身所内含的基本矛盾也高度类似。传统科举制度，既面临着考生有意冒充户籍到相对更容易录取地区应试的问题，又面临如何解决流动人口异地科举考试的问题，也即面临着冒籍与寄籍应试之间的矛盾问题。同样，现代高考制度，既需要防治高考移民问题，又需要解决流动人口随迁子女异地高考问题。而且尤其棘手的是，在基本架构不作出根本性变革的情况下，对于冒籍问题或者是高考移民问题的防治，势必影响到异地科举考试或者是异地高考问题的解决。这也正是当代流动人口随迁子女异地高考问题不易解决的重要缘由所在。

近几年来,中央高度重视流动人口随迁子女高考问题,教育部等部委以及各地相关部门通力协作,共同探讨随迁子女高考问题的破解策略。经多年努力,2012年终于成为异地高考的"破冰之年",各省纷纷出台相应报考政策,高考户籍制总体呈现松绑态势。在某些省份,已经取消高考户籍制。根据最新规定,黑龙江、安徽、山东、福建、四川等十余省份,流动人口随迁子女高考政策明显松动,其控制方式从"高考户籍制"发展到"学籍凭证制"。然而,不难发现,在海南、新疆,为限制高考移民问题,高考户籍制几乎没有丝毫松动,甚至还呈现出一种"内卷化"趋势,即提高准入门槛且愈发严苛。而京津沪粤等流动人口最为集中的省市,高考户籍制同样十分棘手,进展较为缓慢。海南、新疆以及京津沪粤等地,之所以短期内无法完全取消高考户籍制,原因即在于一旦放开,势必引发大规模高考移民的涌入。这种现象,在清代科举考试中早已出现过,前文所述的广西泗城、镇安等地区即曾发生过这种问题。

高考户籍制的制度根源与其说在于户籍,毋宁说在于分省定额录取。这一点,与科举户籍制问题高度类似。只要实行分省定额投放招生指标,便形成一种区域间的博弈,如此,即使取消高考户籍制,那么也必须寻找到另外一种控制工具以便实现真正的分省定额。这种控制工具,尽管可能不称为"户籍",但其所发挥功能却正与当今户籍的控制功能相一致。

中国科举考试以及高考发展史表明,分区定额在中国具有根本的必要性。[①]在经济与教育发展呈现明显地区差异的社会背景下,短期内难以取消分省定额录取机制,故流动人口随迁子女高考问题很难找到一种完美的解决方案。现阶段还难以简单地以"一刀切"彻底终结高考户籍制,只能根据各省具体情形因地制宜,逐步推动随迁子女高考问题的解决,并在此基础上,加强高考移民的防治,切实维护高考的公平与秩序。

本篇曾以《异地高考的历史参照:清代异地科举考试政策探论》为题,发表于《教育研究》2015年第2期

---

① 刘海峰. 高考改革论[M]. 杭州:浙江教育出版社,2013:126-127.

清代科举考试中的冒籍问题及其现代启示

伴随着 20 世纪末中国高等教育大众化政策的全面开启,高考移民问题不仅没有消停,甚至曾一度出现愈演愈烈的趋势。近五年来的高考移民现象虽然较之前有所减缓,但仍是屡禁不绝。高考移民问题可以说是现行高考制度下的一项顽症。鉴古可以知今,科举时代的冒籍应试现象与现代高考移民问题具有诸多的相似之处,因此若能将研究的视线向前延伸至科举时代,对于其中的冒籍问题展开相关的探讨,无疑可以为当今高考移民问题的认识与解决提供一种有益的历史参照。

一、清代科举制的分区定额、原籍应试原则与变通

清代科举的学额(学校生员名额)与中额(考中科举录取名额)的配置,就全国而言分区定额是其基本原则。从科举考试的层级来看,在童试一级学额具体分配到府州县学,乡、会试中额则具体分配至各个省份。同时,无论科举学额还是中额的配置,都存在在分区定额这一基础上再为某些特殊考生群体配置专额的现象。这种为特殊考生群体配置专额的做法,通常是通过在试卷封面另编字号的技术手段实现,其中有的是在某一地区学额与中额之内为各群体或者是单独为某些特别群体的考生配置专额;有的则是在某一地区的学额与中额之外,再单独为某些特别群体的考生配置专额。但总体上而言,无论是府州县学学额,还是乡、会试中额,分区定额均是其一项基本原则。

关于分区定额的基本依据,主要包括各地文风高下、赋税轻重,以及人口多寡几个方面。科举乡试中额如此,各地学额也同样是根据这三个因素而定。会试则在清初经历了一个从凭文取录到分卷制,再到分省定额取录的发展过

程。各省会试中额数,表面上看似乎主要与其最终应考人数有关,但实际上各省会试人数本身也与文风、赋税,以及人口规模有关,或者说其本身也与各省乡试中额数有关,而后者又是根据文风、赋税,以及人口规模而定,因此可以说会试中额也与这三个因素有着比较密切的关系。不过,对于边远地区的科举小省而言,其学额与中额的配置,均包含了政府的一种特别照顾之意在内。以乡、会试为例,云南、贵州、广西虽是按照科举小省配置乡、会试中额,但其中额数均明显超过了单纯按照文风、赋税,以及人口规模所应配置之数。这可以说体现了清代政府照顾边远地区文化教育发展的一种用意。

与分区定额原则密切相关的是原籍应试原则。原籍应试原则要求考生在原籍所在地以本身所属户籍类别参加考试。这一原则包括两方面要义,其一为"原籍所在地",亦即"原籍地";其二为"本身所属户籍类别",亦即"籍类"。在原籍应试原则中,考生必须同时遵行原籍地与籍类两个方面的规定,否则违反任何一个方面都可能构成冒籍应试。就地域维度来看,原籍应试原则意味着考生必须在其原籍地应试入学。具体说来,府、县试一般在考生原籍所属之府、县境内进行,乡试在考生所属省份的贡院进行。对于会试而言,由于其举行地点绝大多数情况下是在京城的顺天贡院,因此对于"非顺天籍"的应试者而言,应试地当然并非其"原籍地"。但是,应试者也必须以原籍所在地本身所属户籍类别应试,否则同样将可能造成跨地域或跨籍类的冒籍应试问题。

不过,考生在原籍所在地以本身所属户籍类别应试,仅是原籍应试原则的一般情形。事实上,在童试的各级考试中,包括府、县试以及院试,均存在原籍应试原则的例外或特别情形。如府、县试中均存在"借考异地"的情形,而院试也存在"调考""借考异地"的情形。由于在异地借考、调考中,考生一般仍是以原籍地所属户籍类别报考,且多数情况下仍是在其原籍地学额内录取,只是考试地点与通常意义上在原籍地应试不同,因此可以视为原籍应试原则的特别情形。此外,从乡试来看,某些特殊科年也会因为战乱等原因而存在某一省份考生整体借闱他省的情形,这同样也是原籍应试原则的一种特别情形。

在原籍应试原则之外,清代科举考试中又存在针对流动人口实行的寄籍应试之法。所谓寄籍应试之法是指某一考生或其祖、父入籍(亦即"落户")至原籍之外的另外一个地区,该考生以这一地区的户籍参加考试的方法。寄籍应试大致说来需要满足如下几个方面的条件。第一，在年限上入籍至少在二十年以上。第二，由于入籍需要以置有房产或田产为必要条件，因此寄籍应试也必须以置有房产或田产为必要前提条件。除此之外，往往又格外强调以寄籍地置有祖、父坟墓为必要前提条件。但此一方面的要求，并非是一种普遍性规定。以上两方面要求是密切相关的。在年限方面的规定，或者以田亩纳粮之日为始，或者以庐舍契税之日为始，计足二十年以上者可以申请寄籍应试。第三，寄籍应试一般必须以"实无原籍可归"为前提，这主要是为治理多处冒籍跨考而作出的要求。第四，寄籍应试的考生必须在取具"族邻甘结"之外，向寄籍地政府呈明其为"寄籍应试"，否则，即使年限、房产或田产等条件已经达到，也将被判定为冒籍应试。①这四个方面是清代有关寄籍应试的一般性规定，或者说是一种"定例"要求，除此之外还存在某些变通之处。但在清代科举考试中，寄籍应试在多数情况下都是按照以上几方面规定进行的。

二、清代科举冒籍的类别、动因与社会影响

（一）清代科举冒籍的类别

不同的分类标准，形成不同的分类结果。从清代户籍的类别来看，清代科举冒籍包括一般类别即冒占民籍与特殊类别即冒占商籍、卫籍与旗籍等。事实上，清代科举法典《钦定科场条例》中的"冒籍例案"部分便是根据这种角度进行的分类。从科举考试的层级来看，包括童试冒籍与乡、会试冒籍。如果从省域的角度来看，则可以分为省内冒籍与省际冒籍。另外，还可以将科举冒籍划分为有意冒籍与无意冒籍两种情形。有意冒籍比较容易理解，无意冒籍主要是由于考生不熟悉某些规定，或者是由于疏忽所致，或者是某些制度规定本身不够明晰所致。例如，某一外来士子已经入籍某一地区且达到了相关年限要求，同时置有田产、庐墓等不动产，但仅仅由于报考时未向寄籍地政府呈明属于寄籍应试而被判定为冒籍的情形，便是属于无意冒籍。又如，雍正前后曾因制度安排不够明晰而造成的部分"旧汉人"等误入满洲额内被判

---

① (清)杜受田，等. 钦定科场条例 [M]. 卷三十五，冒籍，冒占民籍例案. 上海：上海古籍出版社. 续修四库全书本，1995：2687.

为冒籍的情形,也是属于一种无意冒籍。①当然,在清代科举冒籍问题中,绝大多数情形是属于有意冒籍一类。若综合考虑区域与籍类两个因素,则清代科举冒籍又可分为单纯地跨区域冒籍、单纯地跨籍类冒籍与同时兼跨区域与籍类的"混合型"冒籍。清代科举冒籍绝大多数是单纯跨区域性的,以下试举数例来探讨此类冒籍问题。

  清代按乡试考生与录取举人的数量多寡将所有省份分为科举大、中、小省,而无论是在科举小省、中省内部,还是在科举大省内部,均普遍存在冒籍应试问题。其中,科举小省与科举中省存在比较普遍的冒籍应试问题,是我们关于清代科举冒籍的一般印象之一。例如,乾隆二十五年(1760年)广西学政鞠恺称该省"惟冒籍之弊最甚",不仅存在本省内部相邻府县互相冒籍应考的问题,而其他省份如浙江、江西、湖广、广东等省之人冒考广西者尤多。②嘉庆十二年(1807年)上谕提到通政司副使阎泰和奏请清查外省冒籍一折,"据称山西省近年以来,南省士子接踵冒籍考试,入学补廪者,相继而起,其中获登科第身任职官者,亦不乏人,请饬交山西巡抚,严令地方官实力查禁等语。冒籍混考,希图幸进之弊,不独山西为然,各直省恐亦在所不免,自应一体饬禁,以杜弊混。"③山西作为一个典型被直接提及,其冒籍问题的严重性由此可见一斑。

  事实上,在清代科举大省内部也同样存在比较普遍的冒籍问题,且主要是发生在童试一级。例如,乾隆十年(1745年)的一道上谕指出:"冒籍顶名,例有严禁。况岁科考试,为士子进身之始,尤宜加意清厘,以肃学政。今江苏地方童生应试,率皆彼此通融互考。且有一人冒考数处,或多做重卷数名,以为院试时售卖之地者。"④又如浙江,康熙九年(1670年)巡抚范承谟称:"冒籍之弊虽他省亦有之,而无如两浙之甚且肆也。……至于台、温、处郡,额多中下,地在偏隅,……而刁黠者利其残僻,群拥齐挤,致使本地儒童十仅

---

①(清)杜受田,等. 钦定科场条例[M]. 卷三十五,冒籍,冒占旗籍例案. 上海:上海古籍出版社. 续修四库全书本,1995:2694.
②中国第一历史档案馆. 乾嘉时期科举冒籍史料[J]. 历史档案,2000(4):13-33.
③钦定大清会典事例[M]. 卷三百九十一,礼部,学校,生童户籍. 上海:上海古籍出版社,续修四库全书本,1995:254.
④(清)昆冈,等. 钦定大清会典事例[M]. 卷三百九十一,礼部,学校,生童户籍. 上海:上海古籍出版社. 续修四库全书本,1995:247.

得其一二。"① 可见，江苏、浙江作为清代科举最为发达的两个省份，其各自内部也均普遍存在冒籍应考问题。同时，值得注意的是，如果某一考生在童试入学时属于冒籍，则如果再在此基础上参加乡试便等于是"带着童试冒籍的身份"应考乡试了，故发觉后也同样将被判定为冒籍。因此，在科举大省内部，乡试冒籍在很大程度上可以说是童试冒籍的一种后续影响。

此外，既有科举大省流向科举中小省份、科举中省流向科举小省的跨省冒籍问题，又有科举大省之间、科举中省之间与科举小省之间的跨省冒籍应试问题。科举大省之间冒籍应试的典型表现之一，便是江浙地区的考生纷纷冒籍至顺天应试。关于这一点学界已有较多探讨，在此不必赘述。

（二）清代科举冒籍的动因与社会影响

一般说来，科举竞争的区域差异是冒籍问题最为重要的原因之一，这也是我们关于科举冒籍动因的一种通常印象。清代同样如此，科举竞争的区域差异是其冒籍问题的重要动因之一。乾隆九年（1744年），直隶总督高斌曾奏称："盖儒童小试，与生监科举有别。今定以入学一名，州县取六十名，府取三十名。如大县入学二十五名，则州县应取一千五百名，府取半之。在北五省，尚恐不及此额，仍无可为去取。南省如福建、江西、江南、浙江，则一州县儒童常至盈万，少亦数千，照应取名额，则得应学政试者，才十之一二，不能与试者，且十之八九。"② 从高斌所奏可以看到，在科举大省与科举中省之间应考童生的规模差异极为显著，由此童试录取率便存在着十分明显的差异。科举大省与中省之间童试的竞争差异如此，中省与小省之间亦是如此，而大省与小省之间的差异就更为显著了。

同样，科举大省与小省、中省与小省之间的乡试竞争也存在着明显的差异。如顺治十七年（1660年）贵州的乡试人均中试率是江南地区的78倍之多，康熙二十三年（1684年）为91倍之多，雍正元年（1723年）为67倍之多。又如，同样是在此三科乡试中，贵州的人均中试率分别为浙江的72倍、72倍、45倍之多。③ 较之于山东、山西、河南、广东几个科举中省而言，贵州

---

① （清）董钦德. 会稽县志[M]. 卷十三, 学校, 县学. 台北: 成文出版社, 1983: 305.
② 王戎笙. 中国考试史文献集成（清代卷）[M]. 北京: 高等教育出版社, 2003: 337.
③ 此处数据系据刘希伟《清代前期山东乡试竞争之研究》一文所列相关数据计算而得，见《东方人文》（台湾），2008年第2期。

的这种乡试人均中试率也基本上都要高出几十倍。总体上而言,科举小省的乡试人均中试率与科举大省、科举中省存在着巨大的差异,这种差异往往在几倍,甚至几十倍。

在各地科举考试存在明显录取率差异的背景下,加之各地考生的科场竞争力不同,由此便导致了普遍的冒籍跨考现象。如果科举大省的考生冒籍至科举小省,则不但其录取率在瞬间得以提高,而且关键是冒籍者的文化水准往往明显高于科举小省的考生,因此比较容易录取。

不过,清代科举冒籍问题的动因与缘由比较复杂,除科举竞争的区域差异以外,还包括科举竞争的籍类差异、各地童试之间存在的"时间差"等等。一般来说,商籍考生童试的录取率明显高于民籍考生①,卫籍考生较之于民籍考生也相对更容易录取。因此,民籍考生冒充商籍、卫籍应试的现象便比较普遍。此外,从更为广阔的视野出发,越发普遍的人口流动现象也是探讨科举冒籍原因不应忽略的一个重要方面。例如,乾隆时期四川的科举冒籍问题便与"湖广填四川"有关②。清末苏州地区的科举冒籍与当时太平天国战乱所造成的人口流动问题密切相关③,同一时期甘肃的冒籍应试问题也与当时的回民战乱,以及之后因由招垦政策而引发的大规模移民问题有着千丝万缕的联系④。

关于清代科举冒籍问题的社会影响,以往有不少论者认为其在一定程度上可以提升落后地区的文教发展水平。的确,如果冒籍者能够在其冒入地居住一段时间,且能与所冒入的落后地区士子进行切磋与交流,则的确可以产生一些熏陶、提升作用。不过,对于临时"飞来冒籍"而言,很难说其对于冒入地的文化教育发展究竟能够带来多大的提升作用。乾隆元年(1736年),江南道监察御史谢济世称,"至于云、贵、川、广人才寥落,冒籍多一人,则土著更少一人"。⑤乾隆二十五年(1760年),广西学政鞠恺奏道,"至其所冒

---

① 刘希伟.清代科举考试中的"商籍"考论——一种制度史的视野[J].清史研究,2010(3):83-89.
② (清)昆冈,等.钦定大清会典事例[M].卷三百九十一,礼部,学校,生童户籍.上海:上海古籍出版社.续修四库全书本,1995:247.
③ 中国第一历史档案馆.光绪朝朱批奏折[M].北京:中华书局,1996:844-845.
④ 中国第一历史档案馆.光绪朝朱批奏折[M].北京:中华书局,1996:993-994.
⑤ 中国第一历史档案馆.乾嘉时期科举冒籍史料[J].历史档案,2000(4):13-33.

籍之地，虽土著文风未盛，而就地取才士子犹可渐自濯磨。若尽被冒籍占据，则土著进取为难，文风日就颓废，攻讦势难宁息。以国家论秀育才之地为若辈行私舞弊之场，以彼地寡廉鲜耻之徒妨此地向学进身之路，于文教所关匪细。"①科举冒籍无疑妨碍了土著士子进身，而土著"攻冒籍"的问题也多有发生，以至于地方政府不得不处理大量由于冒籍而造成的土客争讼。事实上，在清代由于科举冒籍引发的土客冲突问题并不鲜见。乾嘉时期湖南靖州通道县"十八姓"与当地"原土著"之间的学额冲突②与嘉庆时期贵州黎平府的科场土客冲突案件③，均与冒籍应考问题有着十分密切的关联。清代科举冒籍现象作为对于分区定额与原籍应试原则，以及寄籍应试之法的一种破坏，其最重要的社会影响便是侵占了被冒入地的学额与中额，同时也对科举考试的区域公平原则与取向形成了一种冲击与破坏。

三、清代科举冒籍的治理机制与治理效果

清代为治理科举冒籍问题，设置了多层次的防范网络。从童生互保到廪生保结，从族邻出结到教官出结，从州县出结到知府出结，从地方官出结到同乡京官出结，从初试到复试，每一层次都包含了相关的冒籍防范机制。

童生互保，是指在童试一级考试中，要求五名童生互相担保身家清白没有冒籍等问题。如果一人存在这些舞弊情形，则其他互保童生也将一同遭受处罚。从冒籍防治来看，这实际上是通过设定"连带责任"以期最大限度地减少冒籍问题的一种做法。廪保机制则又包括认保与派保两个方面。认保是指童生应试时必须以一名廪生作担保，从而保证其没有冒籍等弊端。一般说来，童试时廪保必须"到场识认"，确保无误后方准童生入场考试。为杜绝认保廪生舞弊又有"派保"机制。亦即，在府试与院试时先将选定廪生名单张榜贴于各衙署前，考生请榜中之人加保。④此外，在乡、会试中还要求各省士子取具同乡京官印结以作担保，而乡、会试复试制度也对于防治科举冒籍问题具有一定的作用。对于商籍考生而言，又需要有"甲商""引商"为之担保。

① （清）杜受田，等．钦定科场条例[M]．卷三十五，冒籍，冒占旗籍例案．上海：上海古籍出版社．续修四库全书本，1995：2676．
② 中国第一历史档案馆．乾嘉时期科举冒籍史料[J]．历史档案，2000(4)：13-33．
③ 中国第一历史档案馆．乾嘉时期科举冒籍史料[J]．历史档案，2000(4)：13-33．
④ 杨学为．中国考试大辞典[M]．上海：上海辞书出版社，2006：341-342．

童生互保机制、廪保机制、官员担保机制等都是全国性的普遍要求,各个地区都必须遵行。这些防治机制,都在于确保考生户籍清白而不存在冒籍情形。

在某些地区,为治理科举冒籍问题还实行了一些特别防治措施。如在顺天大兴、宛平等地区曾实行审音制度,即根据考生口音来判别其是否为本地人、是否存在冒籍情形。再如,清代江西万载、萍乡分别于嘉庆、道光年间编修了《萍乡十乡图册》与《万载都图甲户册》。①就科举冒籍来看,两县是试图通过此种做法划清土著与客民之间的界线,从而借以防治外来士子冒籍应试的问题。光绪初时,广东番禺县在全面统计各地居民姓氏的基础上编修了《番禺册金录》,也同样是针对这一地区的科举冒籍问题而采取的一种专门应对措施。②

清代对于科举冒籍问题不可谓不重视,相关防治条文相当密集,但其实际治理效果却又比较有限,冒籍应试始终是科举考试中的一项顽症。这其中最重要的原因之一在于对冒籍应试者本人处罚力度过轻。一般说来,这种处罚通常或者只是黜革,或者只是要求改归原籍。而被黜革者甚至还可以进行捐复,即通过捐银而重新"买回"因冒籍而被剥夺的某一科名。由于处罚力度过轻,禁止冒籍应试的条文规定无法产生有效的震慑效应。除此之外,廪保机制与地方官担保机制在实际运行中也常常难以奏效。在此,我们对于这两种防治机制的局限性略做剖析。

在清代科举冒籍的治理机制中,最为根本的便是廪保机制一项,然而这一机制却经常无法得以有效实施,甚至完全走向了"异化"。雍正十一年(1733年)规定,"府州县考试童生原有点名定例,嗣后府州县有徇情滥纵,不肯点名,及地方豪绅劣衿有倡纵闹场之处,该学政访闻即会同该督抚指名题参。至童生院考,该学政严察保廪,如有假冒枪手等情,即将保廪照例斥革究治。"③乾隆二十九年(1764年)议准,"向来府州县考试廪生多不到

---

① 关于《萍乡十乡图册》与《万载都图甲户册》,请参见郑锐达. 移民、户籍与宗族:清代至民国期间江西袁州府地区研究 [M]. 北京:生活·读书·新知三联书店,2009:85-102;谢宏维. 和而不同——清代及民国时期江西万载县的移民、土著与国家 [M]. 北京:经济日报出版社,2009:161-189.

② 黄佛颐编纂,仇江、郑力民、迟以武点注. 广州城坊志 [M]. 广州:广东人民出版社,1994:691-715.

③ (清)素尔讷等纂修,霍有明、郭海文校注. 钦定学政全书校注 [M]. 卷二十二,童试事例. 武汉:武汉大学出版社,2009:77.

案,有名无实,应令府州县考前教官先将廪生预造一册申送府州县,于点名时将廪生亲到与否填注册内,申学臣查核。至府州县考毕,将已取名册发学,即将某廪认保某童造册亦申学臣查核。"①可见,廪保到场识认的要求经常有名无实。而更重要的问题则在于,为冒籍者作保有时反而成了廪保的渔利工具。道光末时吏科给事中赵东昕曾奏称,"大兴宛平之廪生,半系冒籍,所保童生,非本籍者,十有八九。童生之冒考,皆廪保之利薮"。②清末举人钟毓龙也称"廪生惟一之收入,为岁科考时童生之保结费。廉谨者,循例取之而已;贪婪者,则或保冒籍,或保枪替,或保身家不清之人,刁难需索,无所不至"。③此外,由于廪保人数相对过少,而考生群体则往往比较庞大。在尚无现代摄影技术的条件限制下,即使廪保能够实力履行担保职责,也难以保证其能够有效识别那么多的考生,毕竟二者比例经常相当悬殊。

地方官在为考生"出结"上,也常委托胥吏或是幕友代为进行,而其并不亲自参与。对于幕友子弟以及胥吏子弟冒籍应试,地方官经常明知故纵,因二者之间存在着很大的相互依赖性与共生性。而地方教官对于冒籍入学问题往往并不十分关切,甚至在明知入学者存在冒籍情形时,故意收取更多的"注册费"。另外,地方官甚至有时为其辖地的一些冒籍考生求情开脱,在某些极端的情况下,甚至还存在学政故意收考、录取冒籍考生的不法行为。④

科举冒籍的防范机制如同一把"双刃剑"。如果廪保以及地方官等能够认真履行其担保职责,则无疑可以有效地减少此类问题的发生。但廪保机制经常异化为廪保的渔利工具,各负责官员也多是"虚应故事、视如具文",故科举冒籍的防范机制经常无法得以奏效。而如果跳出这些防范框架来看,则总体上而言以上这些机制最多只能"治标",而无法有效"治本",因为清代科举冒籍最根本、最重要的原因在于科举录取率的区域差异,在于士子科场竞争力的区域差异。如果不能有效调整不同地区科举录取率的差异,不能有效提升落后地区士子的竞争力,则显然难以从根本上杜绝冒籍应试的问题。

---

① (清)素尔讷等纂修,霍有明、郭海文校注.钦定学政全书校注 [M].卷二十二,童试事例.武汉:武汉大学出版社,2009:80.
② (清)杜受田,等.钦定科场条例 [M].卷三十五,冒籍,冒占民籍.上海:上海古籍出版社.续修四库全书本,1995:2690.
③ 钟毓龙.科场回忆录 [M].杭州:浙江古籍出版社,1987:50.
④ 魏象枢撰,陈金陵校.寒松堂全集 [M].卷三.北京:中华书局,1996.

不过，必须承认的是，清代对于科举冒籍问题的防治也终究是有一定效果的，因为如果没有了童生互保、廪生担保机制、地方官担保机制等，冒籍问题无疑将更为普遍、高发。但另一方面，正如上文所剖析的，这种治理效果又是比较有限的，因为冒籍问题始终是清代科举史上的一项顽症。因此，清代对于科举冒籍问题的治理效果，只能说是在有效与无效之间。

四、清代科举冒籍对于当今高考移民问题的启示

与清代科举制的分区定额、原籍应试原则相一致，现行高考制度也是实行分省录取，并且要求考生必须在户籍所在地报考。在高等教育入学机会尤其是优质高等教育入学机会存在明显省际差异的背景下，一些"高考大省"的考生通过非法变更户籍，力图移民到录取率较高、考生竞争力较低的省份参加高考，从而形成了现代高考移民问题。

20世纪80年代以来，高考移民问题开始浮出水面[①]，而伴随着高等教育大众化政策的全面开启，这一问题非但没有减缓，反而曾一度呈现出愈演愈烈的趋势。例如，2004年山东省高考缺考人数为10248人，其中多数缺考者被认为移民到了其他地区参加高考。[②]又如新疆，每年都曾查处一批高考移民者。其中，2003年查处了2600余名，[③]2008年为891名，2009年清理出了至少570名。2010年仍有466名高考移民者被查处。2008年，190名高考移民在青海被查处而失去高考资格，[④]内蒙古则查处了3700多名高考移民者[⑤]。时至今日，海南、内蒙古以及新疆等地区，每年都有一批高考移民者被查处，在一定意义上，可以说高考移民问题是现行高考制度下的一项顽症。

对于高考移民，一部分人大加鞭挞，认为其非法占用了海南、内蒙古等边远省份的招生名额；另一部分人则为之鸣不平，认为其是对于现行高等教育入学机会地区分配不公的一种反抗。二者虽价值判断迥异，但却都各有一定

---

①刘海峰，樊本富．论西部地区的高考"移民"问题——兼论科举时代的"冒籍现象"[J]．教育研究，2003(10)：76-80．

②郑燕峰．山东高考"移民"成风凸现考试体制漏洞[N]．中国青年报，2004-06-28．

③吴亚东．新疆2010年清理查处466名"高考移民"[N]．法制日报，2010-06-09．

④韩萍．青海190名"高考移民"被取消报考资格[N]．法制日报，2008-06-10．

⑤新华网：http://news.xinhuanet.com/newscenter/2008-07/15/content_8550320.htm[OB/OL]，2008-07-15．

道理。的确,现行高考之所以进行分省投放名额,最重要的一个考虑便是为了照顾区域公平,尤其是照顾文化教育相对欠发达地区的录取名额,高考移民无疑冲击、破坏了这一初衷。不过,另一方面,分省定额录取首重区域公平的初衷,也由于北京、上海等大城市的录取率远远高于河南、山东等"高考大省"而大打折扣。无论是对之鞭挞,还是为之辩护,高考移民行为终究是对于现行高考户籍制的一种冲击与破坏。高考移民不仅冲击了高考分省定额录取的制度规定,而且也滋生了牟取暴利的某些"中介组织",并引发了诸多的社会腐败与法律争讼问题。

当今高考移民问题与清代科举冒籍都是通过冒充户籍移民至文化教育相对落后的地区参加考试从而增加被录取的机率,在动因及社会影响方面也具有高度的相似性,同时两者都存在普遍性、反复性、高发性的特点。当然,由于向北京、上海、天津等录取率高的直辖市进行高考移民,其成本及难度较移民至海南、内蒙古等地要高得多,因此,流向这些地区的高考移民人数相对要少一些。

那么,清代科举冒籍能够对于当今高考移民问题提供何种有益的历史观照?解决高考移民问题的基本策略又如何?从理论上说,如果完全实行自主招生而不考虑区域公平的问题,不为教育欠发达地区配置专门名额,则基本上可以解决高考移民问题。但不考虑区域公平对于目前的中国高考制度而言缺乏起码的可行性。[①]清代乃至1300年的中国科举演变史表明,总体上必须首先采行区域公平的模式,在此基础上再以考试公平进行选才。[②]而如果以区域公平为优先选择,在此基础上实行分省定额录取,则由于各省优质高等教育入学机会的差异,以及考生竞争力的差异,要不可避免地产生高考移民问题。高考移民问题的彻底解决,由于考试公平与区域公平这一根本两难问题而相当复杂、棘手。因为在中国这样一个幅员辽阔、人口众多、各地经济文化和教育水平差距较大的国度中,解决考试公平与区域公平的矛盾是一个千古难题。

根据当今高考移民问题的成因,同时结合着清代科举冒籍问题的动因与治理状况,有必要从以下几个方面同时展开系统的防治。首先,从根本上来

---

① 郑若玲.考试公平与区域公平:高考录取中的两难选择[J].高等教育研究,2001(6):53-57.
② 刘海峰.科举选才中的南北地域之争[J].中国历史地理论丛,1997(1):153-167.

说,高考移民问题之所以难以解决,在很大程度上与经济、社会发展以及高等教育入学机会尤其是优质高等教育入学机会存在明显的地区差异有关。因此若从长远来看,根据各省考生规模与比例数调整高校招生名额的省际投放比例,无疑将有助于高考移民问题的减缓。但在高等教育诉求层次上移的背景下,调整优质高等教育入学机会的省际差异尤为重要。因此,调整重点大学或央属高校招生名额的省际投放比例,增加河南、山东等"高考大省"的优质高等教育入学机会,是解决高考移民问题必须重点考量的一个方面。其次,加大海南、青海、西藏以及内蒙古等"高考洼地"基础教育的投入,提升其基础教育的质量与水平。这些省份之所以成为高考移民的一大流入地,在很大程度上是由于其省内考生竞争力较低所致。如果其基础教育质量能够获得较大幅度的提升,显然有助于减缓高考移民问题的发生。再次,加大户籍与学籍的监管力度,惩治其中与高考移民有关的腐败问题。高考移民问题之所以禁而不止,与户籍、学籍的监管不力有很大的关系。如果能够严格户籍与学籍管理,则在分省定额录取的背景下即使各地考生的考试竞争力存在差异,也仍可有效防止高考移民问题的出现。

以上第一个方面在于"疏",而第二三方面则在于"堵"。由于重点大学招生名额省际投放比例的调整高度敏感,牵涉面广,而海南、青海、西藏以及内蒙古等"高考洼地"基础教育质量的提升也需要一个长期的过程,因此在未来相当长一段时间内,高考移民问题还必须主要依靠加强户籍与学籍的管理来防治。

本篇曾发表于《教育研究》2012年第1期

论近代留学教育的兴起对科举制的冲击

曾被誉为"中国第五大发明"的科举制,终因清政府的遽然废止而于1905年走完了长达1300年之久的历程,永远地退出了历史的舞台。清政府废除科举制的直接动因是为了发展学堂,但科举制的解体却不仅仅由学堂造成。作为近现代教育制度建构的重要组成部分,留学教育从教育和文化的角度对科举制形成了相对隐性与间接的冲击。随着留学教育的不断发展,清政府对其也越来越重视,以至于出现了授予优秀留学毕业生以科名奖励乃至相应官职的规定,由此对科举制形成的冲击也显得更为直接与激烈。

一、科举制废止前留学教育发展概况

1847年,容闳与黄宽、黄胜在教会的资助下随马礼逊纪念学校校长布朗赴美留学,这一历史性的出洋受教可视为近代留学教育的滥觞。容闳曾先后就读于麻省孟松中学和耶鲁大学,并于1854年从耶鲁大学毕业归国,成为近代史上耶鲁大学的第一位中国留学生。受美国资产阶级教育熏陶长达七年之久的容闳认为,应当使得其他人亦能享受此种文明教育,依此达到"以西方之学术,灌输于中国,使中国日趋于文明富强之境"。因此,归国后的容闳十分注意教育改革,极力倡导留学教育,对近代留学教育的开展功不可没。近代学人舒新城曾言,"无容闳,虽不能说中国无留学生,即有也不会如斯之早,而且派遣的方式可能是另一个样子"。[①]容闳于1868年向热心洋务事业的江苏巡抚丁日昌提出派遣留学生的教育计划,因种种原因未果。1870年,容闳再次力促丁日昌向曾国藩重提派选留美学生的教育计划,后由曾国藩、李鸿

---

① 舒新城. 近代中国留学史[M]. 上海:上海文化出版社,1989:2.

章专案会奏,至1871年获得清政府批准,近代留美幼童的派遣也在其后的1872年正式开始。自1872年至1875年,共有120名幼童先后分四批抵美留学。由于1875年后任留美学生监督的吴子登极力诋毁容闳纵容留美学生,并与驻美公使陈兰彬等破坏留学政策,奏请撤回留美学生,这些留美幼童遂于1881年被撤回中国。

　　几乎就在幼童们被陆续派赴美国留学的同时,福建船政局也开始考虑派遣毕业生赴欧留学的事宜了。福建船政局的初期建设于1873年基本完成,根据当时合同的规定,聘请的外国工程技术人员和船政学堂教习不久即将遣散,因此提高毕业生的培养质量使之能够代替外国技术人员便成为亟须解决的问题。着眼于船政学堂学员培养质量的提高,船政大臣沈葆桢在1873年12月上奏清廷的《船工将竣谨筹善后事宜折》中提出了派遣学生赴欧留学的建议。清廷旋即将沈葆桢的奏折批转总理衙门"速议具奏",得到了李鸿章和左宗棠的热切支持。"闽厂选派学生赴英、法学习造船驾驶,洵属探本之论。"①1877年初,由李鸿章领衔,沈葆桢及丁日昌等反复讨论议定的《选派船政生徒出洋肄业章程》上奏清廷,很快获准。派遣船政学生留欧的目标主要在于:赴法国学习制造者"务令通船新式轮机、器具无一不能自制,方为成效";赴英学习驾驶者"务令精通该国水师兵法,能自驾铁甲船于大洋操战,方为成效"。同年3月,在华监督李凤苞、洋监督日意格,以及随员马建忠等人的带领下,首届留欧学生从福州出发,经由香港抵欧留学。这批首届留欧学生在1878年至1880年间陆续回国,很快成为福建船政局和北洋水师的骨干力量。受到了首届留欧显著成效的鼓舞,后来福建船政局又陆续派遣了四批毕业生赴欧留学。

　　1894年的中日甲午战争以丧权辱国的《马关条约》的签订而告终,中国的惨败彻底惊醒了"老大中国四千年的迷梦"。近代日本通过明治维新由一个"蕞尔小国"一跃跻身世界列强的事实,日本政府欲图笼络中国高层知识分子而制定的吸引中国留学生的政策,民族危亡感的强烈震荡,以及中日两国在文化地理上的接近性,这些因素共同促成了清政府以敌为师的改良措施,留日热潮由此开始出现。1896年清政府出使日本公使裕庚带领唐宝锷等13人赴日留学,是为中国正式派遣学生留学日本的开始。1901年清政府

---

①田正平.留学生与中国教育近代化[M].广州:广东教育出版社,1996:53.

令各省选派学生出洋留学,这一年留日学生达到272人。随后留日学生迅速增加,1902年的留日总学生数为727人,1903年达到了1242人,至1904年已经超过2500人,1905年则达历史最高纪录为8000余人。①总体上看,在中日甲午战争后不久,1905年科举制废止以前,留日热潮即已出现并且发展非常迅速。

二、留学教育对科举制的隐性冲击:从教育与文化的角度

从教育制度上看,留学教育的兴起本身即是近现代教育制度建构的重要组成部分。留学生作为各国之间相互了解的窗口与纽带,对于文化的交流具有极为重要的作用,尤其是对于那些教育上的后发外生型国家的教育近代化来说,他们在文化交流、教育转型上的推动作用更为直接。日本、美国在教育近代化的过程中都曾大量地派遣留学生出国求学。日本在近现代教育制度建构中十分注重留学教育的开展,自1866年幕府颁令允许自由去海外贸易和求学后,许多人选择自费出国留学。1868年,明治政府发布《五条誓文》,将"求知识于世界,大振皇国之基础"列为基本国策之一,随后大批的学生开始被派往海外留学。从1868年至1874年就有550多名学生外出留学。②美国亦是如此,在近代教育的转型时曾派遣了大批的留学生去欧洲各国学习先进文明。

近代留学教育作为教育发展中一股重要的新生力量,其对中国教育近代化的推动过程同时也是一个冲击封建科举教育的过程。"正如曾国藩、李鸿章所曾经指出的,'远适肄业'——留学生派遣,与'开馆教习'——创办新式学堂,始终如车之两轮、鸟之双翼,共同驱动着中国教育近代化的历史进程。"③从教育的角度看,当科举制失去了往昔的生机与活力而呈现奄奄一息之势时,留学教育和新式学堂作为中国教育近代化的两支重要力量在与科举教育博弈的过程中,焕发出了顽强的生命力。

留学教育在物质、制度、精神的不同层面对近代西方文化的引进,对相互支撑的儒家文化和科举制造成了全面的冲击,而且从某种意义上说,科举制

---

①李华兴,陈祖怀.留学教育与近代中国[J].史林,1996(3):43.
②(日)日本国立教育研究所.日本教育的现代化[M].张谓成,徐禾夫,等,译.北京:教育科学出版社,1980.
③田正平.留学生与中国教育近代化[M].广州:广东教育出版社,1996:40.

在清末所受的强烈抨击,以及进行改革的种种尝试亦与留学生对西方文明的引进与传播是分不开的。与洋务运动接受的主要是近代西方的物质文化相对应,早期留美与留欧学生对西方文化的接触与引进也主要是在器物层面上。在洋务派"寓强于富""先富后强"思想的影响下,光绪初年兴起了重商富农的思潮,这种转变反映在早期留学教育上则是在注重军事教育的同时迅速转向实业教育。对实业教育的关注与转向尽管尚属初始阶段,不免显得有些稚嫩,但却为接受近代西方的制度文化和精神文化奠定了必要的物质基础。同样不可忽视的是,这时期的留学生已将西方的社会、政治、经济、逻辑等思想学说引介到了中国,这意味着留欧教育已经对西方的制度乃至精神文化有所触及,严复的《天演论》即是这样的一本译著。甲午之役后,在朝野共同一致的推动下,留学教育迅速转向日本,出现了留日学习西政的高潮。留日教育以学习政法、师范、军政为主要内容,人数众多且多为速成生,对于近代中国的政治、军事和教育制度影响甚大。随着留学生将近代西方物质文化、制度文化的引进与中西文明冲突的加剧,科举制中的儒家经典的考试内容与考试形式所受的否定性批判亦不断升级,抨击科举制的呼声也一浪高于一浪。"儒学的衰败虽然不完全是由于留学教育的冲击,但是它的衰败却使得科举制度的思想统治机能失去了效力,并进而动摇了其作为思想支柱的地位。这样科举制度的解体就为时不晚了。"①

留学教育对近代西方文明的引进为清末有志之士认清科举制与时代的脱节提供了不可缺少的参考系。当西方开始进入近代社会后,古老的科举制作为一种教育考试制度与时代的脱节就已经静悄悄地开始了,帝国主义的坚船利炮使得这种脱节更加凸显,而留学生对近代西方文明的引进则使得科举制所受的抨击从教育的角度激烈地展开。作为封建社会考选制度的科举制发展至清代时,其考试内容与元明两代相似,很大程度上限定在作为其正统科目的《四书》《五经》等儒家经典之内,而缺乏近代新学的内容。文体上所承袭的明代八股文在其考试形式中占有举足轻重的地位,这种考试文体滋生的弊端日益加重。国势衰败在于人才匮乏,人才匮乏在于教育不振,这种逻辑推理几乎成了近代以来一切进步政治家和教育家的思维定式,因此晚清人士主

①杨齐福.论近代留学教育的兴起与科举制度的解体[J].扬州大学学报(人文社科版),2003(3):68-71.

要是将科举作为一种教育制度来加以抨击、变革乃至最终地废除。从礼部奏请考试算学到潘衍桐奏请开艺学科,从严复奏请开设经济特科到康有为、梁启超有关变革科举的奏请,这些欲将近代新学整合至科举中的种种尝试终因科举制的巨大历史惯性而难以奏效。晚清科举因考试内容空疏偏狭、士习颓废及科场黑暗等原因使得所选人才无法适应社会现实的需要,其所面临的合法性危机亦属空前。当帝国主义从中国人身上割肉舐血与敲骨吸髓的侵略愈演愈烈,"三千余年一大变局"在三十多年的风雨飘摇过后无可挽回地恶变为残局,在非过正就无法矫枉、虽不能变则必废的思维方式下,科举的命数最终走到了尽头。科举废止的最直接动因是为了兴办学堂,而近代留学教育的兴起与发展则潜在地从物质、制度、精神不同的层面冲击着科举制,加快了科举制的解体。

三、留学教育对科举制的显性冲击:"科名奖励"和"由留学入仕"在留学章程中出现

整体上看,清政府对待留学教育的态度由最初有志之士的极力倡导和顽固派的极端性抵制逐渐演变为科举废止前的极致性认可。近代留学教育的发生与有志之士的极力倡导是分不开的,除前文提到的容闳、沈葆桢、丁日昌等为留学教育的开展尽心竭力以外,李鸿章、张之洞、薛福成等也都作出了重要的贡献。李鸿章在办理上海制炮局的时候,就意识到了培养本国人才的重要性。"鸿章以为中国欲自强,则莫如学习外国利器。欲学习外国利器,则莫如觅制器之器,师其法而不必尽用其人。"[①]在曾国藩采纳容闳有关派遣留美幼童的初期,李鸿章就积极支持和参与,并与曾国藩共同上奏清政府"奏选派幼童赴美肄业办理章程折"。后来李鸿章又和沈葆桢一同向清政府上奏"闽厂学生出洋学习折"。薛福成曾上书曾国藩,建议"招后生之敏慧者,俾适各国,习其语言文字,考其学问机器。"此外,张之洞对开展留学教育则更为热心与支持。与此形成鲜明对比的却是顽固派的极端抵制。清末顽固派担心留学教育培养出来的学生会威胁到清政府的统治,从教育形式、教育内容、社会思想等方面对留学生加以种种控制,当然这与洋务运动的"中体西用"

---

①筹备夷务始末[M](同治朝,卷二十五).故宫博物院影印本,1930:10.

的思想根基有关。幼童留美期间,任监督的陈兰彬与容闳在有关幼童学习、游戏、改装等问题上常常发生摩擦。为避免幼童被洋化,规定在外国学校学习"西学"之外,还需要在留学监督的主导下随时"课以中国文义",如《孝经》《五经》《国朝律例》及《小学》等,遇有节日则监督委员"传集各童宣讲《圣谕广训》,甚至早晚要拜孔子神位,唯恐幼童因"腹少儒书,德性未坚,尚未究彼技能,已先沾其恶习"。[①]由陈兰彬推荐的后任监督吴子登更为顽固,认为留美幼童放浪淫逸,即使能学成回国也非但无益于社会反而会危害社会。正是由于顽固势力的极力抵制与从中作梗使得留美幼童不久即被遣送回国。在今天看来,年幼儿童在留学国外的同时学习一些本民族本国的传统经典文化是很有必要的,但清末顽固派在对待留美幼童上却最终因噎废食。事实上,留学生对于近代西方文明的引进与传播,对于整个中国社会的近代化起到了巨大的推动作用。

相对于留美幼童而言,清政府对福建船政学生的留欧教育已经十分重视。从留欧学生的生源选拔、留学目标以及管理上即可看出重视程度之高,而留欧教育比幼童留美只晚了几年而已。而且这些留欧学生再也没有被规定必须"望阙行礼",也没有遇到矢如雨集的诽谤与中伤。甲午战争后,整个社会兴起了留学日本的热潮,自费留学开始大量出现,清政府也极力地鼓励留学日本,并制定了相应的鼓励措施和旨在更好地促进留学的约束措施,这集中体现在总理各国事务衙门、外务部以及张之洞等个人上奏的有关派遣留学生的各种呈折中。种种举措意味着清政府对待留学教育已经重视到了无以复加的程度,乃至出现了"给予优秀的留学生以进士、举人资格","留学生原有翰林、进士、举人、拔贡出身者,各视其所学程度给以相当官职。"[②]这种"科名奖励"和"由留学入仕"与"非科举毋得与官"不啻为天壤之别,对由"科举入仕"的举子心态形成了千古以来绝无仅有的冲击。依此看来,近代留学教育对于科举制的冲击强度亦可谓是空前的,并且其通过清政府的官文加以规定使得这种冲击具备了法规政策的支撑与保证。留学热潮的发生意味着作为支撑封建官僚制度的重要杠杆的科举制虽然由其巨大的历史惯性仍

---

①潘向明. 留美幼童撤回原因考略[J]. 清史研究,2007(05):95.

②(清)陈学恂,田正平. 中国近代教育史资料汇编(留学教育)[M]. 上海:上海教育出版社,2007:55.

具有非常强的向心力,但较之前代社会,这种向心力无疑已经减弱,毕竟有不少的有志之士包括清政府的一些权臣在内,已经将近代中国所受的侵辱指责到了已落伍时代的科举教育上,而将洗辱的进路寄向了留学教育。与此同时,举子的传统社会价值取向也发生了改变,开始热心于选择留学教育,"授予优秀留学生以相应的科名和官职奖励"的鼓励政策在客观上将相当数量的举子吸引到了留学的轨道上,由此对科举制也造成了一定的冲击效应。

　　随着清政府和社会民众对于留学教育认识的不断加深和愈益重视,其从物质、制度乃至精神的不同层面对科举制形成的冲击也不断地加剧,以至于出现了科举废止前的"授予优秀留学毕业生以科名乃至相应官职奖励"的官文规定,开辟了一条由留学入仕的新通道。在一个具有浓厚"官本位"文化的中国社会,当千年的科举入仕之路所受抨击日甚一日,要求将之停废的呼声也愈益高涨,授予留学生以科名乃至官职奖励不啻为另外一条新的且非常具有诱惑力的仕进之路。一定意义上可以认为,作为新式教育重要组成部分的近代留学教育,以隐性和显性两种不同的方式冲击了科举制,对科举制的解体产生了一定的推动作用。

本篇曾发表于《内蒙古师范大学学报(教育科学版)》2006年第11期

高等考试制度：历史与现实

科举废止后江南贡院处置过程钩沉

随着科举学学术潮流的兴起，国人的科举观也开始发生改变，逐渐以一种理性与全面的观点对待传统科举考试。与此同时，作为科举文明见证的有形科举文物，也越来越为人们所重视。科举文物不仅可以增加我们关于科举文明的知识，更可丰富有关科场生活的想象；借助于有形文物，我们得以增强科举文明的质感，更加真切地触摸科举文明的脉搏。

在现存科举文物中，贡院建筑遗存可以说是十分少见，因之便也弥足珍贵的一类。探究贡院在近代废科举这一大背景下的命运与遭遇，无疑具有重要的学术价值，乃至一定的现实功用。①

明清时代，江南贡院一定意义上可以说是全国贡院中最为显赫的一座。不仅南京本身"衣冠文物，盛于江南。文采风流，甲于海内"②，而且明代初期还曾在其中举行过会试；不仅因为其规模宏大，且经历过江南贡院场屋生活而走出来的科甲人物不计其数。因之，"显赫"一语之于江南贡院可以说十分贴切。在科举废止后，关于如何处置江南贡院曾出现了诸多设想，加之其为江苏与安徽两省的"公有财产"，故在处置上也因此而愈加复杂。

一

江南贡院，始建于南宋时期。杨万里在《重修贡院记》中称：

---

①刘海峰.贡院——千年科举的背影[J].社会科学战线，2009(5)：203-209.
②余怀：《板桥杂记》序，见《清史稿·艺文志》著录余怀《板桥杂记》等21部小说集解[D].华中师范大学硕士学位论文，2014，5：12.

"地大才杰,而官府事务独庳且隘,顾可谓称,矧是泽宫,古以择士、公卿、大夫是之自出。而为屋,才百其楹,岁陁月溃,至者千人"。① "凡二百一十有二楹,自堂徂庭,自庭徂门,自门徂裔,皆甓其地。士之集者,霁则不埃,霖则不淖。"② "其费,凡为缗钱一万一千,为米斛六百,木二万一千章,竹一万四千个,甓瓦六十万三千枚云。"③

明代,江南贡院地位至高至重,所谓"南京应天府为天下贡举首,其制度亦必为四方所取法。"而且,江南贡院还几经易址。天顺时,吴节《应天府新建贡院记》中记载:"然自设科以来,其地凡四易,洪武初以北城演武场为之,地甚缅也而艰于建置;永乐中移于郡学之文墀宫,其饬也而防于明祀;正统间复徙武学之讲堂,便供给也,然士多地隘,非辟庑毁垣不足以致容焉;景泰初,府尹马公谅将修述职之典于朝,乃进耆庞而咨之,咸曰:'秦淮之阳有地廓,如前武臣没入废宅也,鞠为氓隶之圃久矣,若辈而理之可办也。'公曰:'诺',即具本以闻,诏礼部勘复如所言。公遂与府丞陈公宜首任经费,而寮寀之属亦各捐俸为助,乃鸠工市材,募力启土,尽撤其旧而新之。中为'至公堂',监临、侍御与知贡举官居之,左右夹室则封检、对誊之所也,后为内廉寝室,翰林正考居之,东西则同考师儒校雠之处也。堂之前面平而势整,甲乙相向,可为席三千有奇,所以待士也。"④嘉靖十三年(1534年),江南贡院再次整修添建,"校艺有廊,是以内旁憩息,左右有屋,屋凡十间,外为外大门,门外有牌坊,坊南为街,街南拓地临淮为屋,屋三十二间,中有明远楼。楼直大门,以钥为严,大凡五堂之事者三凡一十九间,为楼者一为内大门者三间,为外大门数亦为之。凡为屋之事四十有二间,为房十间,拓地为校艺之舍三千七百有奇。"⑤此为明人湛若水在《增修应天府乡试院记》中所记。

清代,随着考生群体的不断增大,江南贡院的规模也得以不断扩充。"江南贡院,四徙而得今所,天顺初号舍三千,万历中增至八千,康熙庚午总督傅公、癸巳巡抚仪封张公递增之万有三千,至今查公而大备。"⑥由于江南乡试

---

① 时呈忠. 南京夫子庙志略[M]. 北京:中国工人出版社,2005:49-50.
② 时呈忠. 南京夫子庙志略[M]. 北京:中国工人出版社,2005:49-50.
③ 时呈忠. 南京夫子庙志略[M]. 北京:中国工人出版社,2005:49-50.
④ 时呈忠. 南京夫子庙志略[M]. 北京:中国工人出版社,2005:50-51.
⑤ 时呈忠. 南京夫子庙志略[M]. 北京:中国工人出版社,2005:54-55.
⑥ 李兰. 增修贡院碑记,见时呈忠主编《南京夫子庙志略》. 中国工人出版社,2005:74.

试期还在水灾泛滥时节,有时不得不因之而缓期举行。同时,因为水灾等原因贡院号舍时常遭到毁损,必须经常修补。再者,太平天国占据南京之后,不仅没有大肆毁损江南贡院,相反而是借其举行科举考试。因此,在太平天国运动中,江南贡院实际上并没有遭遇多大毁坏。在湘军收复南京的战火中,尽管其城中大量建筑遭毁,但贡院所受影响并不太大。在李鸿章总督江南时,其规模达到一万八千余间。"(同治)五年,余权总督,迺更扩而大之,相院旁地垣而合之,东至平江府,西至西总门,凡增二千八百十二间,厕房八十一所,官房四区,合旧号都为万八千九百奇。"①到同治十二年(1873年)时,江南贡院号舍规模更是达到了20644间。②

有一种说法,江南贡院与顺天贡院、广东贡院、河南贡院号称清代四大贡院。的确,若就规模来看,江南贡院无疑是各省贡院中之最大者。但其他如广东以及河南贡院则不见得一定能够进入全国四强。实际上,其他省份,如山东贡院也曾达到相当宏大的规模。根据李秉衡光绪二十三年(1897年)《奏山东文闱价买民田添建号舍折》,当时山东贡院考生应试号舍为13500间左右;如果将其他"号军栖止及溷厕之号"一并计算入内,则当时各类号舍总量约为14500余间。③很明显,也是属于一座规模宏大的贡院。如果考虑到江南贡院为江苏与安徽两省考生的共用考场,则与其他省份相比,两省科举考试竞争等于是提前到了科试阶段。

江苏与安徽分省之后,后者始终未建贡院,所以终清一代两省乡试都是合闱而试。两省考生通过分编"上江""下江"字号,份额取中。同时,这种做法也带来了科举考试管理,包括监临入场以及诸如回避等方面的麻烦。而科举制废止之后,因为江南贡院这一"公有财产"的处置问题,在江苏与安徽两省之间展开了一场长达十几年的拉锯战。

二

关于江南贡院的近世命运,《金陵贡院遗迹碑记》中有着简短的记载:

---

① 李鸿章. 重修江南贡院碑记, 见时呈忠主编《南京夫子庙志略》. 中国工人出版社, 2005: 79.
② 刘海峰. 贡院——千年科举的背影[J]. 社会科学战线, 2009(5): 203-209.
③ 刘希伟. 清代山东乡试研究[D]. 厦门大学硕士学位论文, 2008: 23.

民国三年，前江苏省长伊通齐公耀琳，安徽省长海陵韩公国钧，谕两省士民之请，以处分贡院事咨询省议会，众议佥同。于是，各位代表至金陵，两省署复檄正绅莅厥事。六年冬，始定处分法十条。七年春，始设处分事务所。规厥制，划巨道，剖其中而留明远楼及衡鉴堂为方式存遗迹，以示方来。别存号舍若干间，以明前代试场之遗轨，余则辟市肆和群商区。划既清，八年春，复简专员蒇厥事。分售既罄，获银币九万八千二百有奇，苏六皖四，悉入公家。事定，苏以万一千金入皖，于是贡院遗迹及院前五宅，尽入于苏。然后杰阁雄楼，市廛竞作。嗟呼！科名之世，三年大比，万士腾骧。九日之内，寻咫之间，上雨旁风，遂为俊才升沉之薮。功令所在，士无贤不肖，靡弗争驰兢逐，视为弋猎之物。法度森严，人才辄重于天下，弊则人才消窳，豪杰之士，敝屣遗之。今则数百年文战之物，一旦尽归旧商战，君子于此，可以观世变矣。①

"科举既废，贡院无用。"随着科举制的废止，规模宏大的贡院建筑，自然面临如何处置的问题。从占地面积或者说空间规模上说，考生号舍无疑是贡院建筑的大端。如此大规模的号舍，因其建筑规格的原因很难直接改为他用。江南贡院，规模最大时其号舍曾达到两万多间，也同样着实无法用作他途。因此，拆毁号舍，搭盖新的建筑另图他用，成为一种必然的选择。

实际上，早在科举制正式废止之前，便出现了如何处置江南贡院的多种动议。例如，1903年9月3日的《申报》"贡院将改学堂"条称："金陵贡院内师范传习所监督梅道光远，近日与各教员商议，以科举停废在即，俟明奉谕旨，即将东西各号一律拆毁，改建附属小学三四所。"同年10月8日的《申报》中的"贡院改为法律学堂"条又称，"中国法律之学不明，故行政司法各官，任听幕友吏胥武断，已成积习。兹江督以推行行政，府厅州县各官，非先习法律之学，将来挟持无具，仍不免借重于吏胥幕友，因拟专设法律学堂，预为佐理新政治事之用。其学堂基址，拟即借江南贡院，参酌改良便可使用。"11月10日的《申报》"电请张殿撰会议处置贡院"条则称，"科举既废，江南贡院已成无用，高等学堂总教习缪筱山太史请于制府，欲改为高等学堂。而宁垣诸绅董则以高等学堂早有定区，有议将贡院间房改作别项学堂之用者，有议将衡鉴、至公各堂作为公所，监试、内监试、内提调等堂及五所官

---

①陈澹然.金陵贡院遗迹碑记，见时呈忠主编《南京夫子庙志略》.中国工人出版社，2005: 82-83.

房,改为公馆出租。近□号舍改造市房,东西文场改为菜厂征租济公者。周玉帅不能裁决,闻已电达通州张殿撰(即张謇,笔者注),请其来宁会议。"张謇作为江苏籍的晚清状元,在清末民国时期的政界、商界与学界均有相当影响力。而江南贡院的近世命运,也与其有着密切的关系。即如该条资料所载有人拟将"衡鉴、至公各堂作为公所,监试、内监试、内提调等堂及五所官房,改为公馆出租"等处置方法。而张謇等人则认为,应当保留一定的贡院遗存留作纪念,以为后人观瞻之用。在近代全社会普遍唾骂科举的大背景下,张謇能够认识到贡院作为科举见证的重要遗产价值,实属不易。正是由于张謇等人的努力,江南贡院才保存下来了部分标志性纪念建筑,我们今天也才能够得以观瞻游览。

关于在贡院旧址上创建高等学堂的设想,之后在1906年被否定。该年3月20日,江苏安徽两省士绅达成共识"以校舍建筑法而论,贡院逼近市廛,又濒秦淮,取饮不洁,市声器杂,于体育、德育均非所宜,不若另辟新地为善。"① 如何处置贡院建筑?如何充分利用其旧址?改辟市场是其中一种重要思路。因为贡院地址四通八达,带阓连阛,最适合辟为市场。"且该院地居要部,面临秦淮,既为省中繁盛之区,又当南北适中之点。若能辟为市场,必可日见兴盛。""将来商业之盛,可为预卜如上海城隍庙,区区弹丸之地,营业繁盛几冠全部。"所谓"变荒丘为华屋,化无用为有用"。两省人士经过讨论,形成了两种基本思路:一为"现在贡院除就原有房屋酌留两江公所外,余均拆卸,环通马路,即用原旧砖瓦木料凑建市场,取其岁入之租,为高等学校常年经费";一为"除留两江公所外,遴派绅商明于建筑之人,分别详细估计原旧房屋砖瓦木料,明定价值,招商承买,即以所卖之资为另筑高等学校之费。所有地基,酌定年限,租与承造市场之商,岁收地租,已备常年经费"。①相关与会人员,支持前一种意见者为多数。

再看以下资料:

科举既停,贡院无用。南洋所辖,宜有大学,而规度营建数逾百万,公私俱绌,上下踌躇。顷者,督部周□咨询奏请将两江贡院招商承买,即以其地改建市场,收其赁金,以为别建大学岁支之补助。业饬商务局检查砖瓦木石方数丈

---

①学会开议江宁贡院改建情形[N].申报,1906-3-20.

尺，按市场估值，并由两省绅士于本月二十一日在宁集合，商会公议，由商会另行绘图，分类估价，互相比较，估定登报，开标招买。惟是订购各料，赁地辟场建筑市屋，合计所需约五十万数，既非一人所能胜事，未可半途而废辙。抑恐专恃商界或有把持，不足以得平价而速成事。议由两省绅商学界各认集资二十五万两，合计五十万两，立一公司，同时投标，当众公决。认集之数，即由两省各绅自行酌书于册，告知在宁两省教育总会、事务所，以便汇核。伏望绅佩巨公，学界健者，谅此愚忱，共图公益。函到务期即赐答复，无任祈祷。①

以上公启刊载于《申报》（1907年4月18日）。从中可以看到，当时欲将江南贡院通过变卖砖瓦木石而就地改建市场，进而通过收取租金补助大学建设运行经费。辟场建筑市屋资金估计需要五十五万，数额巨大，经过商讨计划由两省的绅商两界各集资二十五万两。后在1908年，通告变卖了江南贡院各类日常供应器物，包括"大小砂缸、口缸、口缸、阔窄号板、长条号桌、号凳，铁器、整破锅炉、水猫、铜水龙头、锡茶罐以及大饭桶、蒸饭桶"等。②

江南贡院作为江苏与安徽两省公用乡试考场，其维护、添建各费系由两省共同承担。处置贡院所得收入如何分配，到此时似乎还没有成为一个明显的问题而浮现出来。所谓两省分别承担"二十五万两"的计划，也就是按1:1分摊。然而，清代江南乡试贡院经费的承担，却并非如此。从科举时代贡院经费的分摊比例来看，既然不是1:1，也就意味着贡院财产处置收入分配不能对半开。而以上所称辟场建屋之费则为平摊。由此，我们不难想到，两省在贡院处置尤其是其收入分配上，很有可能出现分歧与争议。科举废止后，关于江南贡院如何处置的初步设想，包括诸如改设学堂、改设何种何类学堂，诸如改为公馆出租、改辟市场收取租金等，大致发生在1910年以前。而其处置中所产生的真正争议，则主要发生在1910至1920年之间。且这种争议的根本原因，就在于江南贡院属于江皖两省的公有财产，究竟应当如何处理一时很难达成协议。其他省份，由于不像江苏与安徽两省乡试合闱进行，因此，在科举废止后贡院的处置上不存在此一方面的问题。江南贡院，则因之而使其处置屡经磋议，却长期悬而不决，前后达十多年之久。在此期间，两省之间曾围绕贡院遗产如何处理、如何分配进行了多次协商与争辩。正所谓，"南京贡院，

---

① 拟两省组织公司合任贡院改建市场公启[N]. 申报, 1907-4-18.
② 江南贡院变卖什物[N]. 申报, 1908-11-27.

自前清之季停止科举以来,久已成一问题。徒以所有权隶属两省,利益之分配,处置之方法,各恤其私,以致屡议未决"。①

三

本来,乡试三年一考,贡院尤其是其中号舍都需要不时加以维护、翻修。科举停废之后,不会再因考试的需要而进行定例性维护,所以,贡院号舍也在风雨侵蚀下日渐毁损。"贡院改辟市场之议决久矣,屡次规划进行,卒以两省议论未齐尽,一荏再数载未能切实举办。""现在屋宇日就倾圮,看守人役岁糜开支,暗中损失不少。"职是之故,必须尽快制定出江南贡院的处置方案。

1911年,江苏与安徽两省又经过讨论形成了三种方案,并将之通告于两省士绅,希望征集相关意见与建议。其中,前两种分别为:一、"淮水不治,江皖两省固受其灾,前咨议局议决筹兴江淮水利公司,先从测量入手,业经呈请督宪批准,举绅设局,并先拨银五万元开办。惟兹举利害既两省共之,拟将贡院旧屋材料全行变价,藉充导淮之用。"二、"拟将屋宇地皮,全行拍卖,当得重价,即入水利公司股本。"两种方案,主要是着眼于解决治理淮河水灾的问题,即将贡院所有全部变卖,将其所得充作所需经费。

关于第三种方案,比较复杂一些。之前有关所设想的市场建筑规模过于注重宏壮,也因此而使得工程过大,无论是自行建筑还是租地与人承建都不容易。同时,南京商业素无大宗贸易。有鉴于此,主张"拟照京师东安、西安市场形式,但取整洁,无庸壮丽。"至于其解决经费问题的具体方法则为:"今姑以开辟马路四条,纵四横二,合计之约得三百余丈。对面建屋各宽一丈二尺,约得屋五百间。建筑费约需银六万元以上。从前估计贡院材料值十万元,今即折口七八万元,招工承领建筑市场,犹有赢利之可得,工程家当乐为之。筑成后,照廉价出租,每间月租五元,每月可得二千五百元,每年得三万元。以年收赁金三万元之房产计,其价值殆达四十余万。尔时,果欲资助江淮水利公司,以此房产三分之一质押与人,可得十万投入公司股本,其余三分之二之租金只需储积五年,仍可赎回押产。而马路四旁隙地,孔多全数租给与人,听其

---
①南京贡院处分问题[N]. 申报,1916-12-28.

营业,其收入亦非小数也。"①

相比于前两条方案,第三条方案是通过变卖"贡院材料",然后建为市场向外租赁,也即在保留有贡院地产的基础上通过向外租赁营利。同样,也可以支持治理淮河所需费用。

三条方案刊载于1911年3月27日的《申报》上,借以向社会各界征求意见。当时,两省所派管理贡院的委员曹秉仁、江干卿提出辞职的请求。经众人挽留,曹秉仁允应姑且等待三个月,否则也坚决辞任;江君则"坚决已极",未再担任。

前文已经指出,科举停废后,贡院的毁损不断加剧。例如,"其至公堂、衡鉴堂两旁各项办公厅室,则已颓圮过半,蓬蒿没胫,瓦碟塞途,弥望皆是。再至各段勘察号舍,则西文场一带,塌卸净尽,东边姚家巷,亦倒去数条。其他各段,破烂纵不如此之甚,然亦岌岌乎有倾覆之势矣。以至单且简之矮屋,无过问者十数寒暑,中间又遇军事蹂躏,宜破坏之竟至于斯也。"②加紧制定相关处置方案,可以说刻不容缓。根据1915年齐耀琳所咨安徽巡按使一文可以得知:当时开辟商场估需款项为十万元,按照苏六皖四的比例摊派;变卖旧物所得收入,也按这一比例分配。之所以按照这一比例进行,是考虑到曾国藩总督两江时曾大修拓展贡院规模,而当时的费用分摊比例便是按照两省6:4的乡试中额比例而确定。③而整个商场的先期工程则是若干条马路,以便借之开展建设。"拟辟马路数条,东西经路凡四,南北纬路凡六,经路宜宽,纬路可窄,宽以四丈六尺为限,窄以二丈为限。"然而,几条马路工程费用也达一万元。苏省谈判代表卢殿虎建议,此一费用先由苏皖两省按照六四分摊,并认为这不失为一种好的办法。"且此万元垫用后,市场成立非远,所得何止万元。反是则颓垣败瓦,澌灭已尽,所失又何止万元?"当时,与其磋商的皖省代表也同意这一建议,并各将之报于两省讨论。

1917年3月18日的天津《益世报》报道了当时苏皖两省处置江南贡院所达成的协议及构想。其中包括"凡为贡院所有之地皮瓦木等料变卖售价以苏得六成、皖得四成。"但是,为保存古迹,酌留明远楼、至公堂等建筑,不得变

---

①贡院改辟市场征求意见通告[N]. 申报,1911-3-27.
②巡按使咨安徽巡按使文[N]. 江苏省公报,1915,454.
③贡院改辟市场之办法[N]. 申报,1917-3-9.

卖。"已数次派人估勘,除马路及保存公屋而外,净余地皮约一百五十余亩。该地南段面临秦淮,歌坊酒楼□形热闹,地价自较北段为昂。现已通扯计之,约可售银十五万元。其它地面上建筑物,即当日之座号,约一万数千间,木料大小且多朽烂不能作用,惟砖瓦两项约计估价五万金。第此项地皮、砖瓦,若零碎出售既□费□,又恐拖延时日。现经宁绅某君纠集资本家组织一建筑公司,将贡院全行收买,拟就该处开一模范市场,规定图样,建筑一楼一底房屋每间约占地皮三方,计可建屋六千间,大商店占屋六间,中商店占屋四间。小商店占屋一间,可容商铺一千余家。"①然而,这种方案立即引起了苏省议会议员屠宜厚的质疑。在屠宜厚看来,"屋料可照四六拆分,其院址则应归苏独有"。

案大意谓李鸿章督两江时,承洪杨兵革之后,虑贡院地址狭小,略事扩充,李为皖人,兼督淮军,当筹款修葺之时,或者有淮军余饷补助,皖人不过据此理由,冀获共同处分之权利,抑知当日淮军之饷非由江藩库支出乎?即退一步言,凡关于修葺工程,一切鸠工庀材,系由苏皖两省共同负担,是当时所须经费亦只限于工料。今日苏皖共同处分,应以关于砖瓦木料为止。一方面有义务,一方面始有权利。例如,甲有地权,而与乙合资同造一屋,厥后甲与乙拆屋,双方分取屋料。若无附带条件,断不能因甲乙共同造物之关系,遂连甲之地皮,亦分与乙之一半。其理甚明。况南京贡院建于明太祖正帝王大一统之时,岂有令皖省出资购地之理,是地址应归苏省独有,已无疑惑。总之,苏皖合修贡院是一事,至贡院地址又是一事,断难牵引混合云。②

经济学上有所谓"土地是财富之母"的著名论断。这里,屠宜厚的主张与论据,应该说有一定的道理。从以上内容,我们可以看到其中那种寸土必争、锱铢必较的态势。当然,在屠宜厚看来,问题的关键在于江南贡院之"地皮"原本即为江苏所有。

作为官方财产,江南贡院在处置中也出现了腐败现象。这在1919年9月29日天津《益世报》中有过披露,"处分南京贡院,积弊甚深。开办迄今,几及两年。其中藉以升官发财者,不知凡几,黑幕重重,不可告人。"处理贡院,借之发财倒是不难想象,但直接借此升官则未免有些难以想象。鉴于其中所存在的腐败问题,江苏省议会议员刘文犗等多人一致向当时的省长齐耀琳报

---

①江苏贡院拆改模范市场之办法[N]. 益世报,1917-3-18.
②贡院地址归苏独有[N]. 益世报,1917-4-5.

告,请求依法惩处。"平均每一号舍砖瓦木料及地面石子至少值银十元以上,计当值银二十万元上下。公用房屋,除应保存者外,当有百数十间,每间材料以百元计,亦当值银两万元上下。以上两项,与各路地石四围墙砖并计至少收入必有三十万元。而处分所内,某办事员与某本地某奸商联络一气,物件则以多报少,价值则以高报低,营私舞弊,黑幕重重,人言啧啧。近闻更有一妙计,将地上所有物串联,购地皮者以极低之价收买,朋比瓜分,如此鬼蜮伎俩,若被钧座觉察,当必严行惩办"。[1]根据民国《金陵贡院遗迹碑记》,处置江南贡院最后:获银币九万八千二百有奇,苏六皖四,悉入公家。

通过查阅相关史料可以发现,在科举停废之初,有关贡院地皮的处置设想为建筑市场向外租于商家,也就是说地皮并不进行变卖。例如,前引1906年3月20日《申报》"学会开议江宁贡院改建情形"条,所载当时两种处置思路均为保留地皮所有权,通过收取租金支援办学经费。[2]尽管南京地区卖地的传统为"以房带地",甚至这种传统还一直延续至今[3];尽管"传统契式中虽有卖屋契、卖地契之分,那是表面的,或者说只是习惯上做这样的区分而已,并不是卖屋就指卖房产"[4],但早期的处置方式均只涉及"砖瓦木料",具体说来是诸如号舍等拆毁下来的旧物料,而不是将"号舍之建筑"等变卖。然而到后来,处置思路发生根本性的变化,变卖范围不再仅仅局限于地面上之砖瓦木料等内容。1917年12月15日《申报》刊载了当时两省负责人员经过多次的协商所达成的"苏皖两省处分贡院办法十条"办法,除去明远楼等建筑留为纪念之外,其余所有地皮及之上物料全数变卖,所得按照苏六皖四分成。其余包括"所有基地悉依议定价,格招商承办,但以本国人为限",即不得承包于外国人;"基地上之房舍材料,依苏皖代表会同估定之价格,约在五万元左右,附入基地召变,或另行召变。";"处分章程由处分专员详细订定,呈请两省省长核定","本办法由两省省长核定后,咨明两省省议会查考"等。所谓"附入基地召变",说明变卖范围不再局限于地上各类物料。这

---

[1] 揭破处分贡院之黑幕[N]. 益世报,1919-9-29.
[2] 学会开议江宁贡院改建情形[N]. 申报,1906-3-20.
[3] 曹伊清. 法制现代化视野中的清末房地产契证制度——以南京地区房地产契证为范本的分析[D]. 南京师范大学博士学位论文,2006:15.
[4] 马学强. 从传统到近代——江南城镇土地产权制度研究[M]. 上海:上海社会科学院出版社,2002:311.

是我们应该注意的一个重要方面。

后来，1918年江苏省省长齐耀琳认可了"十条"办法，并委任陈超衡会同皖绅倪文铮处分贡院办理一案。①但在具体的处置过程中，苏皖两省之间还是发生了一些争议，比如皖省指出："查筑路之议，原为售地便利起见，地既全售，路未动工，何复有筑路之必要。今必坚持前议，则路基全归苏省，仍须皖省认筹经费四千元。皖人何辜应为苏省尽此纯粹义务乎？又查贡院前方房屋四所，均极宽大，该代表等拟由苏拨皖三千元，屋即全归苏省所有，此等处分是否平允，不待智者而知也。又查贡院门前空地一方，该代表等以为市民游戏之场，拟不处分，留为公共纪念，是名为留作纪念，实则全归苏省，且可逐日收取租金。皖人虽愚，宁肯受此诓骗，拱手奉让乎？"即当时所谓的"三端"争议。在皖人看来，"事事苏占优胜，苏人自无异议；事事皖居失败，皖人安得服从？"

但苏省则称："除咨复查处分贡院办法，系由贵省议会推举议员杨象离、桂殿华，并由贵公署加派皖绅凌昭、吴传绮为代表，会同本省议会官厅所举代表公同议决。经由贵省黄前省长认为议定十条办法，尚属平允，函请本署各派专员，照议处分。前方一带房屋基地，亦经各代表议决作价，归并陈明两省公署各在案。……院前房地作价归并，早经两省代表议定，全体签名盖章，折报存案。事后地价虽有涨落，自难翻异，并非答非所问。总之，开筑道路及前方房屋基地，均为公用，在苏省负岁修之费，无租息可收。……所称优胜失败，诓骗服从各节，未免误会。既准咨明原订各段基地，及基地上房舍材料，自应从速给领，已令陈、年两委先将此项给领手续限令到十五日内办讫具报，即行撤所，以免耗费公款。"②

安徽省并不认可江苏省的说法，于1920年再经其省议会派出议员余炳成、马仲五、崔翔青赴南京谈判商洽相应解决方式，"惟延待多日，苏代表如卢君殿虎在京，施君文熙在沪，尚未回宁确讯。闻有顾君琪、俞君仁愈两代表在宁，特先往访，均未获遇。嗣又柬邀，亦皆未到。想须俟卢施两君到齐，方可谋面，是集议骤难定期。代表等以时近旧历年关，均有事须回料理，不得不暂离宁。"当时安徽省长咨请江苏在"三端"未决之前"贡院四周围墙不得

---

①江苏省长公署委任令第四号 [N]. 江苏省公报，1918，1486.
②令处分贡院专员陈超衡、年延龄，第三八七四号，《江苏实业月志》，1919年，第8期.

遽行拆卸",但江苏省省长则回称"查此案前据原议代表施文熙等函陈事关成案,未变再议,变更不允,与余议员炳成等接洽,业经咨达在案。贡院四周围墙已经照案分别给领,物权所在,未变阻止拆卸,处分专员事已办竣,一俟报销到后,即令销差,即希查照。"①之后,相关工程即得以展开。

在江南贡院处置过程中,我们还应当特别注意的一个方面为:变卖贡院地皮的做法,违反了江苏省议会在1916年达成的议案。"惟查五年十二月十八日,本会议决贡院改建市场,原案本拟就贡院基地除保存旧有宏壮房屋留为古迹纪念外,余于四周改建市房,租赁商家,俾资贸易,并无变卖基地及招商承买字样,查核所送抄折各件,似将该院基地分则变卖并招商承买已由两省委员会议定有办法。此项违反本会议决案之章程,不知曾否经省行政公署批准有案。"②此外,江苏省省议会还质疑卖贡院基地为何不用投标之法。"查贡院号舍,计共二万间,倾塌者尚不及十分之一。所有砖瓦,皆系特别放大质料,价格较普通现货为高。其墙壁俱系扁砖实砌,以旧料估价时值每间当在十元以上,合计应得银二十万元。自贡院大门起,以至各号舍路巷空场大块青石铺满各地每方尺以旧料破碎折实估价,亦当在五元左右"。③"合计号舍、青石、房屋木料围墙价值总数应在银二十七万元左右。现只售银四万元,不及十分之二。非侵中饱,其谁信之?"④鉴于此,其要求江苏省省长做出回应与解释。"虽然一省议会确实不能议决两省共有公产,但法律也未授权一省之行政长官有擅自处理两省公产之权,何况苏省议会的决议案是请齐耀琳转咨皖省长派员共同会商具体办法。因此,苏省议会认为齐所持之理由并不能成立,是以其私意否认省议会的议决案,属违法授权行为。"⑤

四

在近代社会,废止科举制是一种必然的历史选择。贡院作为科举考试的

---

① 咨安徽省长,第四一二号,《江苏实业月志》,1920年,第14期。
② 咨省议会,第二一二五号,《江苏实业月志》,1920年,第10期。
③ 咨省议会,第二一二五号,《江苏实业月志》,1920年,第10期。
④ 咨省议会,第二一二五号,《江苏实业月志》,1920年,第10期。
⑤ 朱英.民国时期省议会与省长之间的冲突——以江苏省议会弹劾省长案为例[J].社会科学研究,2007(1):160-169.

专用考场,伴随着科举制度的谢幕,自然也要面临着被淘汰的历史命运。"因为占据着城市的中心位置,一旦不再具有使用价值,当人们需要拆除旧房获得建筑土地的时候,贡院尤其是其中的号舍必然是首当其冲了。"[1]科举制正式废止之后,各省纷纷拆毁贡院建筑。这样,在中国历史上存在时间前后长达千年之久的贡院,便遵从着命运的安排而退出了近世历史舞台。

与其他省份贡院不同,江南贡院为江苏与安徽两省公用乡试考场,属于两省公有财产。从前文内容可以发现,在科举废止之后,两省在究竟应该如何处置这一公有财产,包括如何分配处置所得上,前后经历了一场长达十几年的拉锯战。甚至,在两省省长之间都争得几近"耳红面赤"、锱铢必较。科举时代,大概没有人会预想到某一天科举制也可能被废止,正所谓"终古必无废科目之虞";同样,也很少有人会预想到,作为两江公用考场的江南贡院,将在近世为两省平添一桩处置难题。在中国科举史上,江苏较之安徽其举业无疑更为发达。而由于江南贡院地点在江苏省,因此,无论如何,安徽"本土"都不可能拥有处置过程中所保留下来的贡院遗存。抛开"飞地"不论,江南贡院遗存,可以说只能是属于江苏省。

1921年3月4日的天津《益世报》上,刊发了"南京贡院新春竹枝词":
士女熙熙闹早春,鱼龙灯火助精神。可怜明远楼头月,曾照秋风战北人。
阛阓生计逊从前,凄绝秦淮两岸边。无限歌船河上泊,烹茶都解赚金钱。
纵横马路辟文场,忙煞多财善贾郎。酒肆茶寮先着手,两龙腮裹耀灯光。
四方三面起楼台,古迹犹留示后来。半载变迁已若此,争教沧海不尘埃。

随着江南贡院的拆毁,昔日的文场变为商场,文战也变为商战。借着四首竹枝词,我们似乎得以读出当年几座贡院遗存的那种孤寂与寥落,而更多的则是在其旧址上发展出来的繁荣商场与无限商机。可幸的是,在江南贡院改建商场的过程中,若干标志性的重要遗存得以保留。而今天,我们也终可得以借之追忆江南贡院当年的考试盛况。

本篇发表于《教育与考试》2014年第6期

---

[1]刘海峰.贡院——千年科举的背影[J].社会科学战线,2009(5):203-209.

中国近代文官高等考试的历史演进
——从科举取士谈起

1905年,随着清政府一纸诏令的发布,科举制寿终正寝。自此,文官考试与教育考试渐相疏离,中国教育与政治得以加快近代化变迁过程。科举制的终结,不只是一场覆亡,更暗潜着一种可能的劫后重生。以考试选官的文化基因,决定了传统科举考试必然以某种化身复活于近代社会。民国肇立,文官考试制度即得以创立,并随着考试实践的发展而不断发展与完善。以微观视角而言,在社会形态更替、政权人事更迭频仍的时代背景下,近代文官考试制度的建制过程表面看似经历了不少周折与艰难,甚至呈现出某种迟缓性。但若自宏观视野出发,以1300年的科举考试为一种历史大背景,其实从科举制的废止到近代文官考试制度的重建,又大体可看作是一个基本连贯的过程。

科举考试作为近代文官考试的历史原型,近代文官考试作为科举考试的现代化身,二者之间存在诸多类似之处。正如科举时代存在"分路取人"与"凭才取人"之争论[1],近代高等文官考试中也存在"自由竞争"与"分区定额"的博弈。并且,正像科举考试中"区域公平"的优先性越来越重要、越来越明显,近代文官高等考试也在短短30年的时间里便从"自由竞争"而发展至"分区定额"。观察近代高等文官录中的区域失衡问题,进而还原、把握其制度演进脉络,可以为全面认识近代高等文官考试制度提供若干有益参考。

---

[1]刘海峰.科举取才中的南北地域之争.中国历史地理论丛[J].1997(1):153-167.

一

古代官员选拔的区域平衡与否,成为中国政治制度史的一个重要观察与认识视角。作为"乡举里选之法"的延续与发展,科举自隋代创制起即对区域均衡有一种基本的考量。纵观1300年的科举考试史,可以发现在其制度演进过程中区域均衡的考量越发重要,"分路取人"相对于"凭才取人"的优先性越来越明显,乃至因此而有学者将科举视为传统社会的一种民主式代议制度。"这定额不是根据文化程度的高低而定,而是根据户籍的多寡而定,即这一点就带有西方根据人口的多寡而定其地代议士的名额的气味"。[①]不过,科举选官的区域均衡一定意义上只能说是一种理想,其制度设计仅能保证一种较低水平的均衡,即一种"底线均衡"。由于经济、文化与教育发展水准的差异,科举选官在事实层面存在着明显的区域失衡问题。即使在区域公平考量最为明显的清代,其通过科举考试选拔出来的官员也存在明显的省际差异。所谓科举大省、中省、小省的划分,即是这种差异的一种体现与表征。但反过来,尽管科举考试所选拔出来的官员人数存在省际差异,却可借由分区定额以保证一种基本的均衡,尤其是可以避免出现文教发展水平落后的边远省份无人中选的情况。

在停止科举考试之后,作为善后举措,清政府曾设立进士馆,实行举贡生监考试,对旧有科举人才进行选拔任用。另一方面,为了发展新式教育,还曾在新式学堂中实施"科名奖励"。但自1905年科举废止到1912年民国成立的短短几年间,清政府在行将覆亡的背景下无法再创立一种稳定的文官考试制度。近代文官考试制度,系进入民国之后才正式得以创立。

民国初年,"人民有应任官考试之权"之条进入《中华民国临时约法》,这在一定意义上可以看作是近代文官考试制度的开端。[②]同在这一年,孙中山主持颁布《文官考试委员会官职令(草案)》《文官考试令(草案)》等重要文官考试法律草案。就北洋政府而言,尽管其极力否定考试权的独立性,但

[①]何永佶.论中国式的代议制度[J].观察,1948,4(1):5-10.
[②]冯子轩.中国近代文官考试法制研究(1911—1949)[M].重庆:西南政法大学出版社,2011:34.

也同样是不断推动文官考试的立法与实践。例如，1913年《文官考试法草案》，1915年《文官高等考试令》《文官高等考试典试令》，1919年《文官高等考试法》《文官高等考试典试令》《文官高等考试法施行细则》等相继颁布。1916、1919年，先后举行过两次高等考试。1919年高等文官考试之后，《申报》即关注到录取人数的省际差异。"再就各省比较其人数，江苏五十四人，合之外交官四人则为六十人，当然居第一位。湖北四十四人，浙江三十二人，直隶三十人，江西二十一人，湖南二十三人，四川二十一人，奉天十三人，山东十二人，京兆三人，又有旗籍一人，其余未详。而江苏一省中尤以武进一县居多数。以上两项所列数目，系记者之友所述，虽大致不甚相远，但恐未必即能完全合于实际也。"[1]后来，李俊清先生曾对当时的籍贯分布进行过细致的统计。[2]在北洋政府时期的高等文官考试诸法律文本中，均无关于分区定额录取的规定。两次高等文官考试，录取结果存在明显的东、西部区域差异，尤其是甚至出现多个西部边疆省份无人录取的情形。但当时社会对于这个问题并没有太多的关注，也未引发激烈争论。总体上看，当时对于所录取人员的省际分布并未引发多少社会反应，尤其是未引起强烈反响。

北洋政府时期，政权人事更迭频仍，各届主政官员的接替似走马观花，诸多政事制度缺乏系统性与连贯性，甚至是朝立夕废。在文官考试制度方面，虽然前后出台多部法规，然而实践层面的文官考试却发展得比较缓慢，整个社会对于文官考试的关注也相对有限。与之前传统社会科举考试及与之后南京国民政府时期的文官考试相比，当时社会对于文官考试的关注程度其实并不高。媒体关注热度相对有限，社会民众的反应也不热烈。在这样一种背景下，高等文官考试录取人员的区域失衡与均衡问题，也就没有成为引发落后边疆省份讨论与呼吁的一个强刺激。至南京国民政府时期，高等文官考试录取人员的区域失衡现象，才真正成为一个引起社会强烈关注的重要问题。

二

相比于北洋政府时期，南京国民政府时期的高等文官考试之所以更为社

---

[1] 野云. 文官考试余谈[N]. 申报，1919-11-13.
[2] 李俊清. 现代文官制度在中国的创构[M]. 生活·读书·新知三联书店，2007：56，63.

会所关注,其一重要背景在于考试院的设立与运行。南京国民政府于1928年创立考试院。文官考试立法与实践作为考试院的基本施政内容,成为全社会高度关注的一个重要问题。

探讨南京国民政府时期的高等文官考试制度,自然不能不关注当时的《考试法》。1929年,立法院曾先后几次讨论"考试法草案",之后的审查报告即《考试法草案审查报告》刊于《立法院公报》,从中可以看到有关高等文官考试在应采取分区定额原则还是自由竞争原则之间的博弈。在当时的《修正考试法草案》中,列出了"原案"及相关"修正案"。其中原案第七条为"考试分第一试、第二试、第三试,以国民党党义为第一试,分科考试为第二试,口试及成绩经验审查为第三试。"修正案则为"普通考试各省区每县至少应有五名以上之及格人员,高等考试每省区至少应有二十名以上之及格人员。"①很显然,修正案所修正内容,正体现了一种注重"分省定额"录取的制度设计。

当然,此种分省定额仅是一种初步的设想,并非正式《考试法》的规定。就文本设计而言,由于并未规定一省录取人数的上限,故所谓"每省区至少应有二十名以上之及格人员",严格说来仅是保证了各个省区的最低录取名额数。除此之外,问题的关键还在于:其一边远省份如何保证二十名的录取底限,其二高等文官考试录取的总数问题。实际上,之后正式的高等文官考试,如1931年录取人数仅为100人,而且还是一种"集体加分"的结果。除了江苏之外,其余所有省份均在20以下。从平均人数来看,每省大约也就3人。尤其是云南、陕西等省份应考人数极少,结果无人录取。而西康、青海、新疆则无人应考。从这一意义上说,分省定额录取的制度设计在实践层面恐怕还存在一定障碍。

其后,立法院继续就《考试法》问题进行讨论。在1929年7月6日的立法院第三十二次会议上,"报告审查考试法草案,讨论三小时半,只通过六条。讨论至第七条(普通考试各省区每县至少应有五名以上之及格人员、高等考试每省区至少应有二十名以上之及格人员),一方主删,一方主保存。时已七点一十分,主席宣告延会,故八九两案未讨论"②可以看到,与会者在究

---

① 考试法草案案审查报告[J]. 考试院公报, 1929, 8:115-116.
② 六日之立法院会议[N]. 申报, 1929-7-7.

竟应否分省定额录取高等文官考试人员上存在根本性的分歧。"删"与"保存",两种不同意见直接影响之后即将开启的高等文官考试实践。之后立法院院长胡汉民在"上周该院会议讨论考试法时,争执甚多,竟全日之功,只通过六条"的情况下,于7月11日再召集审议,并邀请考试院院长戴季陶、考试院参事饶炎参与讨论。1929年8月1日南京国民政府正式颁布《考试法》,其中取消了之前《修正考试法草案》所列第七条修正案的内容,所谓"普通考试各省区每县至少应有五名以上之及格人员,高等考试每省区至少应有二十名以上之及格人员"的设想,最终没有成为正式的制度设计。

　　1931年,第一届高等文官考试在南京举行,考试院院长戴季陶称其为"本年三大要事之一"。作为南京国民政府第一届高等文官考试,其能及格录取者本来仅三十余人,后通过"将五十分至六十分之间的考生成绩统一加至六十分"才能取足百人之数。关于第一届考试的基本情形,戴季陶曾以《第一届高等考试的经过与感想》为题,在1931年8月10日"中央纪念周"作专门演讲。对于第一届高等文官考试多个省份无一人上榜的结果,戴季陶指出:第一次录取考生脱榜的省份,包括陕西、甘肃、宁夏、蒙古、热河、绥远、黑龙江、云南、广西,其重要原因之一在于应考人数太少。

　　1933年,第二届高等文官考试举行,考点设在南京与北平两处。其中,南京考生人数约占三分之二,北平考生人数约占三分之一,所录取考生的地理分布在当时就受到关注。如1933年11月1日《申报》便报道高考普通行政人员甄录试前30名的籍贯分布情形。"本届高考普通行政人员甄录试,前三十名籍贯及资格计苏一三人,浙三,湘三,鲁三,闽三,赣二,鄂皖冀豫各一"。①发榜之后,《申报》再度进行及时报道,录取者的省籍分布是其中一主要方面。

　　从1931、1933两年高等文官考试报考与录取人数来看,全国大致可以分为三个梯队。第一梯队为江苏、浙江、安徽、江西、湖南、湖北、广东、河北,第二梯队为山西、河南、四川、山东、辽宁、吉林,第三梯队为余下省份。三个梯队的划分,无论涵不涵盖南京、上海、北平三市,都是成立的。如果将这种梯队的划分,与清代科举大、中、小省的分层相对比,可以发现二者基本一

---

① 行政人员甄试,前卅名籍贯及资格[N]. 申报,1933-11-1.

致。20世纪30年代,从时间上看,距离清代较近,其文教发展水平也呈现类似的地域分布格局。不过,广东省值得特别注意,在清代科举考试中,广东省属于中等省份,而在近代由于其风气先开,故在当时文官考试中占据十分显眼的位置。边疆省份,则报考人数绝少,甚至出现无人报考的现象。在录取率上,其本来即因文教发展水准影响而相对偏低,而在报考人数极少甚至为零的情况下,自然更加难以录取。

除教育发展水平的省际差异外,高等文官考试的设立地点也在一定程度上影响到各省考生的报考情况。南京国民政府时期的高等文官考试地点设置太少,对边远省份的考生确实十分不利。当时的考试地点,第一届仅有南京,第二届为南京与北平,第三届又增加广州与西安两市。然而,对于全国范围考生而言,几届考试考点都是比较有限。不得不承认,的确有部分考生由于赴考路途遥远或因赴考花费不菲而裹足不前。

在全国各省关注高等文官考试录取人员分布的情况下,其区域失衡必然引发相关讨论与某种可能的建议,而边省补偿则是这种建议的重要内容。

三

早在1929年《考试法》颁布之后、第一届高等文官考试实施之前,即有人呼吁高等文官考试应当考虑区域均衡问题。近代教育学者杜佐周便曾有这种呼声。杜氏十分赞成通过考试制度选拔人才,并列举了科举考试废止后因由"考试选才"一度消失而带来的九大弊端。其主张"考试为谋工作机会均等的工具",建议"考试应分为三个阶段举行:(一)普通公务人员,应由各县市举行考试;(二)高等行政人员,应由各省举行考试;(三)荐任或简任以上的人员,应由中央举行考试。不然,至少限度,亦应采用分区考试法,以便应试者。"[①]不难看到,杜氏不仅主张"考试选才",而且还十分注重人才选拔的区域均衡问题。

针对高等文官考试实际录取人数区域失衡的问题,一方面是考试院的自我反思,另一方面是作为弱势群体的边疆省份的呼吁。

---

① 杜佐周. 考试与工作机会均等[J]. 河南教育月刊, 1931, 2(1): 29-35.

考试院对高等文官考试实际录取人数区域失衡问题的关注,应该说首先在于戴季陶。1931年第一届高等文官考试之后,基于录取人数区域失衡等问题,戴季陶提出"对于边远省份,如新疆,宁夏,黑龙江,热河,察哈尔,绥远,西康等省,举行考试,应有因地制宜的办法"。①而1933年第二届高等文官考试期间,戴季陶又更加深刻地感受到解决录取人员区域失衡问题的紧迫性。"本届高考,王太蘪先生任典试委员长,先生因亲自详察内外闱情况"。②"在此期间,体察所得,即于十二月五日,提出改进意见四点于中政会议。一、现行高考制度,有速行改善普及于全国之必要,改善之道,或实行考试法分区考试办法,或采旧制精神,酌定各省区及格名额"。③

第一二届高等文官考试之后,边疆省份开始呼吁设立专门保障名额。例如,1934年10月,甘肃省教育厅厅长水梓赴南京出席考铨会议,指出"甘省地处边陲,文化落后,故以往中央举行之高等文官考试,本省无一录取者",计划向大会提议"规定边远省份高考名额",以资鼓励边陲文化。④又如,"西北问题研究会"一份题为《本会致全国考铨会议广取边疆人才书》,呼吁在边疆省份设立考试地点、取消外语科目、降低录取标准,以及切合边疆省份实际需求。⑤

戴季陶关于边疆省份应因地制宜举行高等文官考试的想法,在1934年的全国考铨会议上获得实质性进展,高等文官考试边疆省份补偿性制度的出台可谓指日可待。高等考试录取人数区域失衡问题,作为全国考铨会议的一个重要议题,直接推动了之后高等文官考试边疆省份补偿性制度的出台。考铨会议《宣言》,直指高等文官考试实行完全自由竞争的弊端:"为广罗人才与顾全事实计,自应将现行任用法规,分别修正。又边远省区应如何扩充任用资格,蒙藏人民应如何优予拔擢,技术人员县佐治人员应如何广为登用,各有其特殊之情形,并应变通办理,或另定法规。"再者,在《宣言》中,还设想由政府主持大学毕业考试,"故应由考试院,每隔一年或数年,编制各省受教育

---

①戴季陶.第一届高等考试的经过与感想[N].中央周报,1931,167:1-6.
②陈天锡.戴季陶(传贤)先生编年传记[M].近代中国史料丛刊续编,第43辑.台北:文海出版社,1977:151.
③陈天锡.戴季陶(传贤)先生编年传记[M].近代中国史料丛刊续编,第43辑.台北:文海出版社,1977:151.
④考铨会招待处成立[N].申报,1934-10-26.
⑤本会致全国考铨会议广取边疆人才书[J].西北问题季刊,1935,1(3):85.

人数统计表,其比率在一定数额之下者,应予降低标准,从宽取录。如此则全国人才,得平流并进,边省文化亦可逐渐提高。"①

在当时的考铨会议上,考试院所提的一项重要议案为"任命人员考试完成办法案"。"考选方面第一案中之特为重要者,如对教育人数较少省份之应考人,另定从宽录取办法案,系为边区人民所瞩望,事关国家统一大计。""如分省份区举行县长考试案,推广临时考试案,特种学校之毕业考试办法案,高等考试应分区举行案。"②"任命人员考试完成办法案",目的之一在于改进高等文官考试录取方法的建议,以解决区域失衡的问题。这一议案,分为补充类六项,修正类两项,推进类三项。其中补充类包括"在首都或考试院指定区域举行高等考试,或在首都举行普通考试时,对于受教育人数较少省份之应考人,另定从宽录取办法";"拟定边区各类特种考试应考资格,及考试科目之标准。"所拟边疆省份从宽录取的办法如下:

(一)由本院依据全国高等教育及中等教育统计,编制各省高等教育人数表及中等教育人数表,并规定每百万人中受高等教育或每一万人中受中等教育者,在一定数额以下,即属于从宽录取之省份。

(二)受教育人数较少省份,如无及格分数者,得从宽取录。至取录人数与应考人数之比率,及取录之最低分数,由本院根据各届考试成绩录取比率等统计每年或数年修订一次。

(三)受教育人数较少省份,其应考人受从宽取录待遇者,应以在该省之学校毕业及检定及格或服务者为限。

(四)从宽取录人员分发时,依照分发规程,有免除学习资格者,得按其成绩,酌定期间,仍令学习。其本应学习者,亦得按其成绩,延长其学习期间,但至多均不得过一年。③

边疆省份高等文官考试从宽录取的制度设计,值得关注之处在于:其一,可以享受录取优惠的边疆省份,系依据一定教育发展标准确定,而非随意主观确定;其二,从宽录取的考生,应是边疆省份学校之毕业生或服务者。之所

---

①全国考铨会议宣言[N].中央周报,1934,336:46-48.
②陈天锡.戴季陶(传贤)先生编年传记[M].近代中国史料丛刊续编,第43辑,台北:文海出版社,1977:165.
③全国考铨会议议案[J].陕西省政府公报,1934,2350:14,15.

以出现这种限制条件,主要是为了防止其他省份考生冒充边疆省份考生考试的问题。科举时代,在分区定额与原籍应试原则下,不少考生为了增加录取机会而到更容易录取的省份参加考试,冒籍应试成为科举法规所重点防范的一种舞弊行为。此时,为边疆省份实施从宽录取的优惠办法,自然也会有防治其他省份考生冒充身份应试的考量。

1935年8月,《高等、首都普通考试边区应考人数从宽录取暂行办法》正式颁布。之后又略做修订,即:在第一项中补加了"除临时考试定有名额者外",其余部分不变。该办法第二项规定为:依据教育部民国二十一年度全国高等教育概况统计,暂定甘肃、察哈尔、绥远、热河、新疆、西藏、青海、宁夏、蒙古、西康为高等教育人数较少之边远省区。第三项规定为:依据教育部民国十九年度全国中等教育统计,暂定黑龙江、甘肃、察哈尔、绥远、青海、新疆、宁夏、西康、蒙古、西藏为中等教育人数较少之边远省区。第四条规定:第二项规定之各该省区应考人,参加高等考试,或第三项规定之各该省区应考人,参加首都普通考试,其实到应考人数在五人以上而无一人及格者,得于总成绩审查时择优从宽录取一人,但第一试或第二试之录取额不以一人为限。第五项规定:前项各试之从宽录取分数均须在四十分以上。①根据以上规定,甘肃、察哈尔、绥远、热河、新疆、西藏、青海、宁夏、蒙古、西康各地的考生,可以在高等文官考试中享受从宽录取的政策优惠。

第三届高等文官考试,举行时间在1935年11月,并且增设了广州与西安两处考点,共计有四处考点。1936年举行的临时高等文官考试,其考点仅设在南京一处,其余各地均未设置。应当特别注意的是,《高等、首都普通考试边区应考人数从宽录取暂行办法》虽在1935年即已颁布,但当年实际上并没有照顾边远省份,从宽录取办法真正开始实施是在1936年临时高等考试。比如,云南在1935年有20人报考,按规定至少应该录取1人,但实际上1人都未录取。而1936年,虽仅有8人报考,但按规定至少录取1人。再如,广西在1935年报考人数为23人,按规定也至少应该录取1人,同样也没有录取。1936年,其报考人数为9人,却录取了2人。按照相应规定,其至少可以录取1人。与之相对的是,1936年山西尽管有47人报考,但却无人被录取;

---

①高等、首都普通考试边区应考人数从宽录取暂行办法[J].考试院公报,1935(8):47-48.

吉林有7人报考,但也同样未有录取者。据此,从宽录取办法确实给予了边疆省份考生实质性的照顾。但在这种照顾政策下,一方面仍有部分省份其高等教育虽在事实上并不发达,却不在从宽照顾范围之内;另一方面,即使被划为"高等教育人数偏少省区"者,也还仍然有多个省份无人录取的问题。由此可以说,仅仅凭借《高等、首都普通考试边区应考人数从宽录取暂行办法》,实际上还是无法从根本上解决高等文官考试在不同省份录取严重失衡的问题。

四

在边疆省份从宽录取办法出台之后,关于高等文官考试分区定额录取的呼吁并未停止。

1937年,张继等人在国民党第五届中央执行委员会第三次会议上提议高等文官考试分区定额录取,并分处举行。理由在于:"查吾国幅员广大,交通未畅,经济既盈拙不同,文化亦盛衰各异,边远省份尤多落后,以致应中央高等考试及参加中央政府服务之机会无形减少。影响所及,小之使各省人才有向隅之叹,大之使各省与中央发生隔阂,情势所趋,殊为可虑。今为广土众民之国家计,为社会长治久安计,亟应设法补救,以期广求人才,使各省区平均发展,而巩固党国之统一。"基本办法包括两条,一是高等文官考试按各省区人口多少分配录取名额;二是在适当边远地点举行高等文官考试,以便利附近各省考生应试。① 提案获得通过。1937年3月18日,考选委员会曾召开会议讨论张继等人的这一提案。在1940年召开的中央人事行政会议上,考试院提交的一份议案明确提出"分区选拔"和"凭文录取"各有得失,不可偏废,应该在凭文录取之外兼采分区选拔之制。具体办法由考试院于每届考试前规定录取名额,其中半数分配到各省、市、区择优录取,余额仍凭考试成绩录取。② 而在1941年11月24日国民参政会上,王公度再度提出,"高等考

---

① 中国国民党"中央"委员会党史委员会. 张溥泉先生全集续编[M]. 台北:中国国民党"中央"委员会党史委员会,1982:51.
② 李里峰. 南京国民政府公务员考试制度的若干问题[J]. 史学月刊,2004,1:66,67.

试应分省区定名额以普选人才而宏考试功能案"。"决议案通过,送请政府办理。"①但高等文官考试分区定额录取制度,因当时种种原因而被悬置。

近代高等文官考试分区定额录取的制度设计,最终在南京国民政府统治行将结束前夕得以正式形成。1946年的南京国民政府"制宪大会"将"公务人员之选拔,应实行公开竞争之考试制度,并应按省区分别规定名额,分区举行考试"条文,载入宪法。1948年的新《考试法》第二十条规定:"各省区之公务人员考试,分别在各该省区举行,应考人以本籍为限。全国性之公务人员考试,应分省区或联合数省区举行,并应按省区分定录取名额。由考试院于考期前三个月公告之。其定额比例标准,为该省区人口在三百万以下者五人,人口超过三百万者,每满一百万人增加一人。"至此,高等文官考试终于从最初的自由竞争而发展至分区定额。1948年,考试院举行第二次高等考试初试及普通考试,即系依照此项规定及内政部人口局所统计各地人口数,规定各省区录取定额比例标准。徐莫磐就此评论道:"凡此均是将宪法条文加以引伸,是分区定额之主张,已由理想而进于实行,即将十八年立法院第二种主张推翻,而代以第一种主张矣。"②

南京国民政府时期的文官考试制度,与戴季陶有着千丝万缕的关系。自1928年担任首任院长至1948年卸任,戴季陶执掌南京国民政府考试院前后长达20年。作为对传统人才选拔制度具有相当之研究,且注重区域均衡选才的考试院院长,戴季陶对于高等文官考试录取中的区域失衡问题,自然不能不关注。在1929年《考试法》制定过程中,戴季陶即强调"有限度的分区配额自由竞争",分区定额是其一贯的基本理想。之后,《考试法》历经多次修正,而每次都由戴季陶负责起草主持,然而戴氏的这一理想却长期无法写入其中。高等文官考试分区定额从理想到现实,前后拖了20年的时间。陈大齐在《戴季陶先生与考试》中称,"关于考试制度,戴先生还有些意见未及见诸实施或未能见诸实施的,现在只举重要的两事:一为考试与教育的联系,二为考试有限度的分区定额。"③戴氏在南京国民政府时期是一位具有重要政

---

①国民参政会昨开第七次大会[J].申报,1941-11-25.
②徐莫磐.论考试分区定额[J].辅导通讯,1948,18-19:16-20.
③陈大齐.戴季陶先生与考试,见《革命先烈先进传》,中国国民党"中央"党史史料编纂委员会编.1965:824.

治影响力的人物,但其关于高等文官考试分区定额录取的理想,却又那么艰难。这一方面在于自由竞争与分区定额本身即为一对基本矛盾,二者互有利弊;另一方面也在于制度本身也有一个演进过程,以及与抗战、国共内战等影响因素有关。如果仅就南京国民政府而言,高等文官考试从自由竞争到分区定额的过程,恰好与其前后存亡时间相一致。也可以说,近代文官考试法案自民初开始颁布,而关于高等文官考试分区定额的制度设计又恰在民国结束前夕才真正实现。不过,若是以传统科举考试制度存在时间为参照,这显然又是一个短暂的过程。

从可能性上讲,以人口规模为基础按比例录取的高等文官考试制度,也并不见得一定十全十美。当时,即有论者谈到这种设计所可能存在的弊端。"今录取名额绝对以人口为比例,边远省区为求录取足额,除成绩及格者外,势必降格以求,甚至一省应考者不过一二人,而应取名额,反在数名以上,则此一二应考者,将不问其程度如何,亦必予以录取,以此等录取之人,分发各机关任用,称职与否,颇成问题。且考试标准贵乎严格公平,今乃摒弃标准以上之人才不予录取,徒求地区分配之公平,其与选贤任能之旨,相去甚远。""且因户籍之不明确,应考人中为求侥幸取录,冒籍情事,势所难免,办理考试机关,对于冒籍者,有时亦无法调查清楚,"①笔者以为,分区定额之下的两个重要问题在于公平与效率的冲突,以及其他省份考生冒籍应试。对于前者,这种设计体现了一种区域公平优先、自由竞争为次的基本模式,可以说是一种不得已的选择。当然,也可以说是一种相对合理的制度设计,因为其同时兼顾了公平与效率。对于后者,的确是应当注重加强防治,毕竟传统科举考试考生跨区域冒充户籍应考的案例不胜枚举。这正是为何对冒籍应考或是潜通关节等舞弊行为进行惩处条文出现在1948年《考试法》中的缘由所在。

中国近代高等文官考试,所以从自由竞争最终发展至分区定额录取,一方面是缘于公平的考量,另一方面更有政治角度的深层考量。例如,戴季陶对于边疆问题相当重视,"中国号称地大物博,盖合蒙疆藏边各地,始足以语此。若舍边地而言,本部诸省,则诚无当于地大物博四字也。""边疆问题,千

---

① 徐莫磐. 论考试分区定额[J]. 辅导通讯, 1948, 18-19: 17.

头万绪,边政措施,百端待举,然提纲契领,要亦不外三事:一曰树立中央威信,以加强边胞之向心力;一曰选拔边疆人才,以鼓舞边民之事业心。一曰促进各种建设,以提高边地之文化经济水准。"①1934年全国考铨会议上,考试院所提关于边疆省份从宽录取的提案,直接指出"故事实上非另定从宽取录办法,不能使各地人才,沟通声气,对于政治上之统一不免隔阂。"②"边省教育,尚不如内地发达,若不从宽取录,则人才无普遍登进之机会,对于政治之统一,或亦不无影响。"③

而张继等人不仅不满足于边疆省份从宽录取办法,而且还更进一步呼吁以人口数为基础按比例划定录取名额,背后也同样在于对中国边疆稳定与发展的深层忧虑。

再如,当时的国民政府监察院监察委员田炯锦,在论及国家选才的地域均衡问题时所言更为直接、更为深刻。"一个国家在其地域上若有了统治者与被统治者的显然鸿沟,必不能平均发展,亦必不能长治久安。……一个国家内地域的划分,遂不能与种族之殊异相提并论,但若政权常操纵于少数省区人之手,使大多数省区的人完全受其控制,则受制者的国家观念与爱国心必然渐渐薄弱,大多数的民众苟视国家之灭亡,如专制时代之帝朝更易,与己无关,虽有少数贤明之统治者,亦何能抵抗其他民族之侵凌。故予对于提高人民程度,贤人握有政权之原则,虽实赞成,但对于吾国近数年来,在教育上仅对少数省区为畸形发展,在政治上只让少数省区人有机会参加,认为前途莫大隐忧。"④又如,徐奠磐也是强调分区定额考选人才的政治意义。"以区域定名额,其边远郡邑,常特与优异,虽人口不及比例之额,亦得与选"。⑤"论者以为中国疆域广大,民族复杂,数千年来,能维持大一统之局面,应归功于考试分区定额,实不无见地。"⑥凡此种种,不一而足。

研究中国科举考试史有二十余年之久的刘海峰教授曾指出,"从一定意

---

①陆宝千.戴传贤先生评论,见《中华民国历史与文化讨论集》(第三册).中华民国历史与文化讨论集编辑委员会,1984:311.
②全国考铨会议议案[J].陕西省政府公报,1934,2350:13-18.
③全国考铨会议志要[J].中华法学杂志,1934,5(10,11,12):216-219.
④田炯锦.考铨会议与边疆教育[J].拓荒,1934,2(7):11-12.
⑤徐奠磐.论考试分区定额[J].辅导通讯,1948,15-19:15-19.
⑥徐奠磐.论考试分区定额[J].辅导通讯,1948,18-19:15.

义上说,中国的古代文化之所以成为世界上唯一的延续数千年不断的文化,古代中国之所以成为世界上唯一能够在两千年间大体维护统一的广大疆域的国家,科举制度功不可没。"①科举制度所以功不可没,其一重要方面即在于分区定额录取的制度设计。从这一意义上说,在近代国家动荡不已、天灾战乱不断,尤其是边境危机日益加剧的大背景下,高等文官考试从自由竞争最终发展至分区定额录取,具有根本合理性与历史必然性。

---

①刘海峰.科举学导论[M].武汉:华中师范大学出版社,2005:165.

中国近代博士学位制度探索历程考论
——从科举学位说谈起

博士学位制度是高等教育制度的一个基本方面,其重要性不言而喻。然而,在中国近代高等教育制度的创立与发展过程中,博士学位制度一直处于悬而不决的状态。学界通常认为,1935年《学位授予法》的颁布标志着学士、硕士与博士三级学位制的正式确立。但实际上,作为博士学位制度核心文本的《博士学位评定会组织法》与《博士学位考试细则》,直至民国结束也未能正式出台。抛开教会大学不论,中国近代高等教育史上是没有博士教育的,而且在国家层面上也未曾正式颁布博士学位制度。

教育学界对于近代博士学位制度探索历程这一问题长期缺乏研究。不仅如此,在不少具有重要学术影响的教育史、高等教育学论著及工具书中存在着某些错误或不确切的表述,并因此而造成诸多以讹传讹之误。近有法学学者王伟所著《中国近代博士教育史——以震旦大学法学博士教育为中心》一书[1],对于中国近代博士学位制度这一问题做了比较有力的探讨,但其仍有进一步探究的空间。笔者拟在已有研究的基础上,继续推进对这一问题的发掘与讨论。

一、清末民初时期的博士学位制度设计

(一)清末关于学位制度的设计

探讨中国近代学位制度,不能不提到传统科举学位。[2]近代西方人曾将

---

[1] 王伟. 中国近代博士教育史——以震旦大学法学博士教育为中心 [M]. 上海:复旦大学出版社, 2015:27-64.
[2] 刘海峰. 中国科举文化 [M]. 沈阳:辽宁教育出版社, 2010:314-317.

"进士"译为"Doctor","举人"译为"Master","秀才"译为"Bachelor"。20世纪初的"癸卯学制"没有直接采用"学位"的说法,其中所使用的一个重要概念是"出身"。例如,《奏定各学堂奖励章程》规定对于新式学堂毕业生分别奖给进士、举人、贡生等"出身"称号。[①]在废止科举考试之后还一度延续科名奖励,并为归国留学生授予此类称号。不过,由于清末社会弥漫抨击科举的气氛,加之科名奖励的弊端日益严重,因此,科举学位必然面临被批判乃至被否定的命运。

早在1906年,当时的学部曾设计学士与博士两级学位制。"学部各堂宪会议大学堂学生本年八月已届毕业之期,应拟给予出身章程,酌定分为两等,待考试后分别给予学士、博士出身。"[②]也有人主张结合传统科名称谓设立举人学位、进士学位及博士学位。在这一学位体系中,"举人学位"与"进士学位"来自传统科举学位体系,而"博士"的概念尽管中国历史上早已有之,但"博士学位"却又是借鉴了国外的说法,典型地体现出中西结合的特点。

1910年时,学部又计划采用另一学位体系。"闻已议决将翰林部诸官阶及进士出身一律取消,另改设博士、俊士、学士、得业士诸学位,以所考等第量授"。[③]至1911年,学部指出,"至于毕业名称,近时人士有以为宜仿日本改用博士、学士、得业士者,有以为宜从中国习惯仍用进士、举人、贡生、生员者。二说均持之有故,言之成理。"着眼于鼓励新式教育的发展,学部决定"拟于以后大学毕业者仍称进士,高等与高等小学及初等实业学堂毕业者统称生员,均以考试毕业列中等以上者为限。其大学及师范、实业、法政、医学等专门学堂毕业者,增加某科进士或某科举人字样,俾有区别"。[④]所奏获准。由此可以认为,学部会奏酌拟停止各当时学部所设计的高等教育阶段的学位名称即进士、举人,试图以传统科名构建新式教育的学位概念与体系。

随着清末"科名奖励"的弊端日益显现,取消这一制度成为一种历史必

---

①璩鑫圭,等.中国近代教育史资料汇编学制演变[M].上海:上海教育出版社,1991:514-523.
②学部拟给毕业生出身之异议[N].申报.1906-07-12.
③京师近事[N].申报.1910-05-16.
④学堂实官奖励并定毕业名称折[N].内阁官报.1911(20).

然。1911年7月底,中央教育会第六次大会召开,决定停止"科名奖励",重新创建新的学位制度。

(二)民国初期关于博士学位制度的设计

1.《大学令》:学位仅包括博士一级,"学士"并非一级学位

1912年10月,教育部公布《大学令》,其中第十条规定"大学各科学生修业期满,试验及格,授以毕业证书,得称学士";第十一条规定"大学院生在院研究,有新发明之学理或重要之著述,经大学评议会及该生所属某科之教授会认为合格者,得遵照学位令授以学位"。①此处,需特别注意的是"授以毕业证书,得称学士",而非"得称学士学位"。在同一份《大学令》中,为何"学士"部分仅提"毕业证书"而未提及"学位",并且也未提到诸如"依据学位令"等说法？相反,对于大学院生则"得遵照学位令授以学位"?

笔者认为,《大学令》之所以没有在"学士"后面加上"学位"二字,是因当时即未视其为一级学位。以往学界普遍将《大学令》中的"学士"作为一种"学位"来理解,认为其第十条就是关于"学士学位"的规定,实际上这是一种长期的误读。之所以如此立论,主要是基于以下两方面的依据:

第一,中国第二历史档案馆所藏《学位令草案》第一条规定,"学位分为文学博士、法学博士、理学博士、医学博士、药学博士、农学博士、工学博士七种"。②该草案具体形成年月不详,但为民国初期所拟则属无疑。根据这一草案,学位仅有博士一级,"学士"并非一级学位。显然,这是一条十分有力的证据。

第二,结合当时日本的《学位令》可进一步佐证笔者的判断。1887年的日本《学位令》取消了"学士"的学位性质,同时增添"大博士"学位,也即当时日本的学位包括"博士"与"大博士"两种。而由于之后并未真正授予过"大博士"学位,到1898年新的《学位令》便将其取消了③,因此,至第二次世界大战之前日本的学位制度实际上仅有博士一级。众所周知,清

---

① 潘懋元,刘海峰. 中国近代教育史资料汇编(高等教育)[M]. 上海:上海教育出版社,1993:367-368.
② 学位令草案[B]. 南京:中国第二历史档案馆,全宗号11,案卷号93.
③ 梁忠义,饶从满. 日本学位制度的历史与发展[J]. 外国教育研究,1995(1):15-20,34;梁忠义,绕从满. 日本学位制度的历史与发展[J]. 外国教育研究,1995(2):33-38.

末民初中国的学制,包括学位制度,一度全面模仿日本,这样也就不难理解为何当时的《学位令》仅设置博士一级学位而不包括学士了。

据上可以判断,在1912年《大学令》中"学士"并非一级学位,将其理解为一级学位实际上是一种误读。1913年的《大学规程》与《大学令》相一致,也是仅为大学院生设立学位。而在1917年修订之后的《大学令》中,"学士"仍非一级学位,并且还删去了如何授予大学院生学位的条文。[①]

2.《学位令草案》与《博士会规程草案》中的博士学位制度

由于民国初期政府没有正式发布《学位令》,因此以往相关研究自然也就无法涉及这一教育法令的具体内容。事实上,民初不仅启动了《学位令》的制定工作,而且还曾形成《学位令草案》,包括其修正案。

上述《学位令草案》内容共计六条:第一条规定"学位分为文学博士、法学博士、理学博士、医学博士、药学博士、农学博士、工学博士七种。"第二条规定,"大学院生在院研究有新发明之学理,或重要之著述,经大学评议会及分科教授会认为合格者;在国立大学或外国大学三年以上毕业,提出论文经博士会认为合格者;硕学通儒,经博士会推荐者。"大学院生、国立或外国大学毕业者及其他硕学通儒均可提出申请,博士学位授予范围相对比较开放。根据第三条之"按语",大学评议会及分科教授会、博士会负责审查博士学位论文。"盖既由教育总长呈请授予学位,则学位状当然由元首给与",即由教育总长向国家元首申请授予候选人博士学位。第三条规定,已获博士学位者若有玷污身份之行为,经博士会之议决由教育总长申请取消其学位。而第五条则规定在博士会成立之前,其职权由教育总长具体负责。[②]这便是民初《学位令草案》关于博士学位制度的基本设计。

按《学位令草案》规定,负责博士学位评定的组织是博士会。那么,当时教育部是否曾出台"博士会"组织规程? 笔者在中国第二历史档案馆查到一份《博士会规程草案》档案文件[③],根据其中按语"查民国三年颁布之学术评定会"可知,其形成时间不会早于1914年。《学位令草案》的批示为

---

① 潘懋元,刘海峰. 中国近代教育史资料汇编(高等教育)[M]. 上海:上海教育出版社,1993:373.
② 学位令草案 [B]. 南京:中国第二历史档案馆,全宗号11,案卷号93.
③ 博士会规程草案 [B]. 南京:中国第二历史档案馆,全宗号11,案卷号93.

"另拟呈稿,或与博士会合一稿",《博士会规程草案》的批示为"另拟呈稿"。由此可以判断,二者时间应该基本一致。

根据《博士会规程草案》,博士会的主要职能为"审查学位之授予、褫夺等事项",分为文学博士会、法学博士会、理学博士会、医学博士会、药学博士会、农学博士会、工学博士会七种。博士会分科系根据《学位令》(草案)而定;成员本身必须为博士。其余方面主要是关于博士会开会规则、人事设置等规定。此外,草案最后部分的按语提道,"盖博士会既为全国硕学之机关,不应隶属于行政官厅之下。且政治与学术允宜分离,不宜混合"[1],体现出一种将教育或学术与政治相剥离的倾向。

以上的《学位令草案》与《博士会规程草案》都是专门关于博士学位的制度设计,但均未正式出台。到了1919年,教育调查会又主张不必设立博士会组织。"查原案所提高等学会为产生博士会而设,而博士会实为审定博士资格之机关,审查结果以学位由特别机关审定,成例甚少,不如径由大学院授与,足以维持学问独立之精神"。因此议定,"凡大学院学生,研究二年以上,以研究所得,提出论文(但论文必用本国文字)经教授会认为于学术上有价值者,公开口试,及格后,并自印论文二百本以上,由大学分布,经过六个月,由大学授与博士。"[2]按这种制度设计,博士学位授予权可以说是在大学自身。当然,首先的一个前提是大学获得教育部的认可,即由后者认定前者具有博士学位授予权。

综上,关于中国近代高等教育阶段的学位问题,在清末一些官方文件中不少规定为学士与博士两个层级。不过,并非所有官方设计都如此。实际上,学士与博士两个概念均是出自中国古典,在绕道日本之后又重新传回中国,当然其具体含义发生了变化,专门用以指称高等教育文凭或学位。到民国初期,根据《大学令》以及《学位令草案》学士仅是一种毕业文凭而非学位,这样学位便仅有博士一级。从清末"出身"到"学位出身"再到"学位",从进士、举人到"进士学位""举人学位"再到学士、博士学位,既折射出时人"学位观"的变化,又反映出传统科举学位与外国教育学位的博弈与对接。

---

[1] 博士会规程草案[B]. 南京:中国第二历史档案馆,全宗号11,案卷号93.
[2] 教育调查会第一次会议报告:高等学会及博士学位案审查报告[J]. 教育杂志.1919(5):18-19.

《大学令》《学位令草案》取消"学士"学位而仅设博士学位,以及《博士会规程草案》内容,体现出当时对于日本学位制度的全面移植与模仿;而从《博士会规程草案》拟设博士会到1919年教育调查会主张不必设立博士会,则又体现出中国高等教育发展的一种自主性。自1919年教育调查会形成不必成立博士会组织的意见之后,教育部有关博士学位制度的探索几近停滞,直至南京国民政府时期才重新将学位制度提上议程。

二、南京国民政府前期的博士学位制度讨论与设计

南京国民政府前期,关于学位制度的探索工作十分密集。在当时《学位条例》《学位授予法》起草与审议的过程中,博士学位制度一直是一个重心所在。这里,笔者在简要介绍1928年全国教育会议关于博士学位制度讨论的基础上,着重以教育部与"立法院"起草、审议、调整与修改博士学位制度设计为线索展开叙述与分析。

(一)1928年全国教育会议关于学位制度提案及博士学位制度的讨论

南京国民政府前期对于博士学位制度的探索,起始于1928年的全国教育会议。此次会议上,学位制度成为高等教育领域的一个核心议题。其中,汪企张所提"请厘定国家学位等差及组织内外国现有学位审定机关案"指出创立、规范学位制度的迫切性。汪氏以医学界为例,说明当时留学生学位称号的混乱问题。"譬诸医界自美归者,几无一人不译称曰博士;且有渡不一年而亦有标其卫生博士等头衔,以揭示于社会者。其赴德奥者之目的在得 D,M(即医学博士,笔者注)之称号,仅渡一二年亦可自称博士;有专攻实学者虽多年而归,不得称博士也;甚而至于上海之震旦约翰,一出校门便称博士矣。此皆规定学位之统译为博士者也。而日本则以博士为特殊学位,国人之东渡者实繁有徒,至今所得不过三四人而已,则所谓博士之间似有等差。此急宜审定者三也。"[①]与此同时,暨南大学提出"划一大学学位制度案",江恒源、凌冰、杨亮功三人提出"大学院应设立大学暨专门学校毕业生考试委员会考试全国大学暨专门学校毕业生给发证书及授予学位案"。三项提案同时指向当时的学位制度,充分说明这一问题的紧迫性。后经过讨论三份提案合成为一份总的"请大学院制定大学毕业考试及学位授予条例案"。

---

① 中华民国大学院.全国教育会议报告(一、二)[M].上海:商务印书馆,1929:437-438.

根据以上总提案,学位分为学士与博士两级,学位授予权在于大学院,大学本身并无此项权力。在博士学位方面规定,"凡已得学士学位,继续研究三年以上,有学术上之发明或著作,经大学院依学位授予条例审查合格,由大学院授予博士学位。""凡在国外大学得某种学位者应称某国某大学某种学位,其有学术上之发明或著作,经大学院依学位授予条例审查合格者,由大学院授予博士学位。"[①]作为提案只能提出宏观纲领,具体"学位授予条例"提议由大学院负责制定。1928年10月,南京国民政府将"大学院"重新改回"教育部",这样当时全国教育会议所提《学位条例》的制定工作在名义上便是由教育部具体负责了。

（二）教育部关于博士学位制度的设计

根据笔者所掌握的资料,这一时期教育部先后拟定了至少三份学位制度草案,分别为1929年《学位条例草案》、1930年《学位授予法草案》,以及1935年新《学位授予法草案》。

1.1929年教育部《学位条例草案》中的博士学位制度设计

1929年5月7日,在行政院第二十三次会议上,时任教育部部长蒋梦麟提交了《学位条例草案》等多份草案。作为1928年全国教育会议有关学位制度提案的后续产物,《学位条例草案》是南京国民政府时期以教育部名义所最先拟定的一份学位制度草案。其在博士学位制度方面的规定主要包括[②]：

其一,博士学位候选人资格方面包括：(1)曾获国立、省立、市立或已立案私立大学学士学位或学士称号,继续在中央研究院或大学研究院研究三年以上者；(2)曾获外国大学学士或硕士学位,继续在中央研究院或大学研究二年以上者；(3)曾获外国大学博士学位,或在国外大学研究院肄业二年以上,预备博士学位者；(4)获得学士或硕士学位,并曾取得教授资格,在国立、省立、市立或已立案私立大学继续任课二年以上者。其二,博士学位论文审查与学位授予机构方面：由教育部组织博士学位试验委员会负责审查博士论文,而博士学位试验委员会由教育部部长聘请中央研究院院长、中央研究院主任、大学研究院教授、著名专门学者组成。如果博士学位试验委员会审查认为某博士候选人确有创造或发明并经过试验及格,即由国

---

① 中华民国大学院. 全国教育会议报告（一、二）[M]. 上海:商务印书馆,1929:435-436.
② 学位条例草案[J]. 教育杂志.1929(6):180-181.

家授予博士学位,因此博士学位是一种国家学位。其三,博士学位试验分笔试与口试,如果博士候选人属于第(3)、(4)类,则可免除笔试。考试时间上,规定每年暑假之前举行一次。若考试不及格,不允许再应下次考试;若是论文不合格则发还候选人进行修正,并允许下次继续提交。其四,每届博士学位试验结束后,由教育部部长提名国内外对于教育学术有特殊贡献者一二人,授予名誉博士学位。

以上《学位条例草案》共计十二条,其中第三至第九条全都是关于博士学位制度的专门条文,第一条同时涉及博士与学士学位。博士学位制度在当时学位制度框架中的比重与分量,由此可见一斑。可以看到,在博士学位由国家授予这一基本前提下,诸如博士学位考试、名誉博士学位授予等重要事项全都是由教育部具体负责。考试院尽管于1928年10月便已成立,但在此份《学位条例草案》中却看不到任何有关考试院的权力与职责,博士学位评定与授予基本上可以说是由教育部所掌管。

2. 1930年教育部《学位授予法草案》中的博士学位制度设计

1930年,教育部拟定的一份《学位授予法草案》成为考察南京国民政府前期有关博士学位制度建设的又一基本文献。①这一草案曾刊载于1930年6月21日出版的《浙江教育行政周刊》上,而该周刊系每周六"集稿",后一周的周三出版,由此可以推定其大概是在当年6月份或之前一段时间形成。草案内容与1929年的《学位条例草案》基本一致,仅在个别方面做了某些调整。所调整内容包括:在第(1)、(2)类候选人继续从事研究的机构方面增加了"北平研究院";取消了博士学位考试不及格者不得再应下次考试的限制,规定可以参加下一次考试;删除了1929年《学位条例草案》中关于博士学位试验委员会由教育部部长聘请中央研究院院长、中央研究院主任、大学研究院教授、著名专门学者组成的内容,仅以"由教育部另定"笼统提出。值得注意之处在于,在这一草案中依然看不到考试院的任何权力与职责。

3. 1935年教育部新《学位授予法草案》中的博士学位制度设计

至20世纪30年代时,中国高等教育领域迫切需要解决学位制度问题,但1930至1935年之间《学位授予法》一直处于停滞状态。直至1935年,在

---

①教育部拟定学位授与法草案[J]. 浙江教育行政周刊. 1930(42):1-2.

教育部的推动下《学位授予法》才重新进入审议、立法的快车道。

1935年2月19日,教育部所拟新《学位授予法草案》在行政院会议上获得通过。这一草案,一个重要的变化是将学士、博士两级学位制调整为学士、硕士、博士三级学位制。其中,第六条规定:"依本法取得硕士学位,在前条所指之研究院或研究所,依照法令之规定,继续研究二年以上,经该院所考核成绩合格,提出于教育部审定合格者,得为博士学位候选人。博士学位候选人,经教育部会同考选委员会组织博士学位评定会,考试合格,认为对于某种学科,确有贡献者,由教育部授予博士学位。博士学位评定会之组织及博士学位之考试细则,由行政院会同考试院另订之。"①

新博士学位制度设计具有三个重要特点:一是博士学位从之前的"由国家授予"改为"由教育部授予";二是博士学位考试从由教育部负责组织,调整为由教育部会同考选委员会组织;三是增加了博士学位评定会及考试细则由行政院会同考试院制定的内容。三个特点,既表现出教育部的"进争性",也表现出其"妥协性"。其实,教育部将博士学位"由国家授予"调整为"由教育部授予",某种意义上是重新回归到了1928年"由大学院授予博士学位"的制度设计。

以上便是南京国民政府前期教育部所拟《学位条例草案》与《学位授予法草案》中的博士学位制度设计。

(三)立法院所审议学位框架下的博士学位制度设计

1. 1929年立法院审议修正《学位授予法草案》中的博士学位制度设计

1929年5月18日,立法院第二十五次会议将《学位条例草案》交由戴修骏、陶玄、曾杰、王世杰、刘积学审查。五位委员中,除了王世杰因在请假之中未参与讨论,其余四人一致认为《学位条例草案》尚属妥善,可以修正通过,并以法律规定为《学位授予法》。②

与教育部最初所拟《学位条例草案》相比,1929年6月立法院所审议形成的《学位授予法草案》在博士学位制度方面所作调整体现在:其一,博士候选人资格方面,对于第(3)(4)两类的年限要求从前者的"两年"

①学位授予法全文[N].益世报,1935-02-22.
②法制委员会审查报告[J].立法院公报,1929(7):33-122.

以上改为"三年"以上。其二，博士授予方式方面，增加了由博士会推荐一种。但经过博士学位考试获得博士学位，究竟是由教育部、考试院还是国家授予，并未做明确说明。其三，考试院在博士学位制度框架中获得重要权力与职责，博士学位试验委员会从"由教育部负责组织"修改为"由考试院负责组织"。这是一个影响深远的调整，考试院与教育部在博士学位制度方面的权力之争由此拉开序幕，并一直延续至民国结束。其余方面，大体与1929年教育部《学位条例草案》一致。

2.1930年立法院再审议、修正《学位授予法草案》与《学位授予法施行法草案》中的博士学位制度设计

1930年，立法院第三十四次会议确定由戴修骏召集陶玄、王世杰、卫挺生等负责审议《学位授予法》。该审议小组先后开会讨论四次，之后于1930年7月10日正式向立法院提交了新《学位授予法草案》，以及《学位授予法施行法草案》两份草案。

细读两份草案可以发现，在博士候选人资格方面，与1929年立法院所审议修正的《学位授予法草案》相比主要是增加了曾任大学"副教授"一级。但考试院的权力与职责，却较之前体现得更加明显。例如，第七条规定博士应试人应于每届考试前三个月向考试院报名、缴费；第九条规定每届博士考试前，由国民政府考试院组织博士考选会，而博士考选会又是以考试院院长为主考官，每学科所设九位至二十五位同考官也是由考试院院长负责遴选；第十一条规定博士会以考试院院长为会长等等。[1]所谓由国家授予博士学位，正与考试院院长戴季陶的基本思想相一致，或者说正是戴季陶学位制度思想的反映。戴氏认为"高级学位之授予应由政府，而其推荐审定考试各项制度务须确实与教育相结合。在大学尚未完全建设成功，而学术尚未能独立发展之时期，高级学位以十分严格为原则，至十年、二十年或三十年后，高级学位之授予，可完全任之于大学及国立之高等学术团体。"[2]即博士学位短期内应当由政府授予，经若干年后最终过渡到由高校或科研院所授予。

再者，博士学位考试周期由之前的"每年一次"修改为"三年一次"。相应地，博士会对于博士的推荐也改为"三年一次"。明清科举考试，乡、会试通

---

[1] 学位授予法草案并学位授予法施行法草案案审查报告[J]. 立法院公报，1930(20)：42-46.
[2] 序言[J]. 考试院公报，1931(12).

常三年一个周期,这种时间调整可以说是科举考试或传统学位考试影响近代学位制度的又一显证。不仅如此,所谓"主考官"与"同考官"的说法,实际上也是直接沿袭自科举时代乡、会试中的"主考官"与"同考官"称谓。

3. 1930年立法院所拟《博士学位授予法草案》

在立法院前后所审议的学位制度草案中,博士学位制度也一直是一个重心。不仅如此,立法院还曾形成一份专门的《博士学位授予法草案》。1930年10月26日立法院法制委员会经讨论决定将《学位授予法》调整、修改为《博士学位授予法》。这一转变,充分彰显出博士学位制度在当时立法者眼中的分量与重要性。

1930年立法院所拟《博士学位授予法草案》总计十四条,主要内容包括:其一,博士学位包括文学博士、理学博士、法学博士、教育学博士、农学博士、工学博士、商学博士、医学博士;博士学位授予方式分为两类,一类是通过博士学位考试,一类是经博士会推举;在授予机构方面,规定博士学位由国民政府颁授,实际上也就是一种国家博士学位。其二,博士学位候选人资格包括:大学毕业并在国立研究院或大学研究院研究三年以上得有证书者;曾在外国大学获得过博士学位者;曾任公私立大学教授、副教授三年以上者。其三,博士学位考试分第一试、第二试,前者就前述八大学科分科命题,后者考查候选人著作。博士学位考试及考查博士候选人著作,由国民政府考试院组织博士考试委员会具体负责。而博士考试委员会由考试院院长担任主席,委员由考试院院长遴选国内外名宿并提请国民政府聘任,人数为五人至十人。其四,博士会方面,规划在第三届博士考试之后成立,并以国家授予博士学位者组成。①

不难发现,在这一份草案中考试院仍是博士学位考试的实际负责机构,相反却看不到教育部的权力与职责。不过,这一草案并未正式获得通过,因而也就没有正式发布。

4. 1935年《学位授予法原则》与《学位授予法》中的博士学位制度规定

1935年2月,时任教育部部长王世杰将《学位授予法原则》与《学位授予法草案》上呈行政院,之后由行政院上报国民党中央政治会议。在国民

---

①博士学位授予法草案[J].立法院公报,1931(25):59-61.

党中央政治会议第 446 次会议上,正式确定了《学位授予法原则》。该原则规定,博士学位候选人的基本资格为曾获得硕士学位在大学研究院或独立学院的研究所继续研究两年以上,经该院所考核合格者;不具有这种资格但在学术上有特殊贡献者,也可成为博士学位候选人,具体规定由考选委员会与教育部制定。博士学位候选人经过由教育部会同考选委员会组织的博士学位评定会考试合格,由国家授予博士学位。至于博士学位评定会的组织及博士学位考试细则,则规定由行政院会同考试院进行制定。①

1935 年 4 月 12 日,立法院召开第十二次会议专门讨论、制定《学位授予法》;之后,4 月 22 日以南京国民政府名义正式发布《学位授予法》。在博士学位制度方面,《学位授予法》简要罗列了《学位授予法原则》中的纲领性或者说方向性规定,之后并没有及时出台具体细则。

(四)考试院与教育部之间的权力博弈

通过全面、系统对比分析南京国民政府前期教育部所拟《学位条例草案》《学位授予法草案》与立法院所审议、修正、起草的《学位授予法草案》《学位授予法施行法草案》《博士学位授予法草案》,可以发现教育部与立法院、考试院之间在博士学位制度方面存在一种权力博弈现象。表面上看,是行政院所属教育部与立法院之间基本主张的差异;但就实质而言,其实是考试院与教育部之间的权力博弈。在 1929 年教育部所拟《学位条例草案》、1930 年《学位授予法草案》中,博士学位制度均是由教育部实际负责。而 1929 年立法院所审议修正《学位授予法草案》,则将博士学位试验委员会的负责机构从教育部调整为考试院。在行政级别上,考试院是与行政院平行的国家机构,而教育部则隶属行政院,因此,改由考试院负责应该说某种意义上体现出更加重视博士学位授予的一种思维。但在 1929 年立法院所拟《学位授予法草案》中,教育部原本为其自身而设的权力与职责,几乎全被归属到考试院。考试院与教育部之间,在博士学位制度中的权力与职责之争由此正式开始。之后,在 1930 年立法院审议、修正的新《学位授予法草案》《学位授予法施行法草案》及所制定的《博士学位授予法草案》中,博士学位考试、博士会组织及其推荐博士的权力基本上完全由考试院所掌控,教育部则很大程度上

---

①学位授予法原则[J]. 立法专刊,1936(12):8-9.

被排除在外。

考试院作为南京国民政府时期的国家最高考试行政机关,其本身不是立法机关,不可能由其来制定《学位授予法》,但却在《学位授予法》的制定过程中具有相当大的影响。由于立法院与教育部在博士学位制度方面存在巨大的分歧,以至于1931至1934的四年时间中,《学位授予法》的制定几乎处于停滞状态。直至1935年在教育部部长王世杰的积极推动下,经由国民党中央政治会议将《学位授予法原则》确定下来之后,立法院方以其为依据制定《学位授予法》。然而,在博士学位制度方面,1935年《学位授予法》仅是简单罗列《学位授予法原则》中几条有限的纲领性规定。作为博士学位制度核心文本的《博士学位评定会组织法》与《博士学位考试细则》一直没有出台。这样,在南京国民政府前期的学位制度建设中,博士学位制度实际上是失败了。

三、南京国民政府中后期的博士学位制度设计及争论

按1935年《学位授予法》规定,由行政院会同考试院建立"博士学位评定会"并制定《博士学位考试细则》。然而,《博士学位评定会组织法》与《博士学位考试细则》一度被搁置达五年之久,直至20世纪40年代才被重新提上议程。南京国民政府中后期,有关博士学位制度的探索主要是围绕《博士学位评定会组织法草案》与《博士学位考试细则草案》展开,这样,考察两草案前后的演变脉络便成为探讨此一时期博士学位制度设计及争论的主要内容。

(一)1941年教育部学术审议委员会第二次全体会议所修正《博士学位评定会组织法草案》与《博士学位考试细则草案》

1940年,教育部成立学术审议委员会,该组织的主要职能即包括"审核各研究院所研究生之硕士学位授予,暨博士学位候选人之资格事项"[①]。在当年教育部学术审议委员会第一次会议上,博士学位制度成为一个重要议题。之后,教育部拟定了《博士学位评定会组织法草案》与《博士学位考试细则草案》,并在1941年2月的学术审议委员会第二次全体会议上进行讨论。

---

① 教育部学术审议委员会章程[J]. 教育通讯,1940(5):11-12.

在此,我们看一下两份草案修正之后的主要内容。

首先,《博士学位评定会组织法草案》总共十条。该草案规定,博士学位评定会隶属于国民政府,主要任务包括审议博士学位论文、主持博士学位考试、决定应获博士学位者名单并呈请国民政府授予博士学位。在具体架构方面,博士学位评定会设立当然委员七人,委员十六至二十二人;其中,当然委员为行政院院长、考试院院长、教育部部长、中央研究院院长、考选委员会委员长以及国立大学校长二人,委员则由教育部部长会同考选委员会委员长、中央研究院院长从具有专门研究及特殊贡献且在学术界具有权威者,或是担任大学教授或主持学术研究或重要建设工作五年以上者中遴选。[1]值得注意的是,这份草案尽管是由教育部所草拟、修正,但第六条却规定博士学位评定会会议由考试院院长担任主席。一方面,当然委员中包括行政院院长,且行政院在名义上与考试院平行、互不隶属,另一方面在博士学位评定会会议中又规定由考试院院长担任主席,从政治学的权力视角来看,这种组织架构必然是不可行的。

其次,《博士学位考试细则草案》共计十一条。该草案值得注意之处包括:第二条规定博士学位考试每两年在南京举行一次;第七八两条规定博士学位考试包括笔试与口试,笔试科目为与博士学位论文相关的三科,笔试及格准予口试。[2]这些规定典型地反映出"以考试授学位"的文化传统,与科举时代"以考试授科名"可谓一脉相承。既然1935年《学位授予法》规定博士学位由国家授予,而且必须通过考试尤其是笔试,那么,规定仅在国民政府所在地举行博士学位考试便不奇怪。其余各条主要是关于博士学位口试即答辩的规定,兹不赘述。

(二)考试院的反馈意见与教育部对于《博士学位评定会组织法草案》与《博士学位考试细则草案》的再修正

上述由教育部所修正的两份草案,经由行政院而转至考试院。之后,考试院将修正意见反馈至行政院与教育部。那么,考试院当时的主要反馈意见以

---

[1]教育部学术审议委员会第二次全体会议记录[B].南京:中国第二历史档案馆,全宗号393,案卷号1300.

[2]教育部学术审议委员会第二次全体会议记录[B].南京:中国第二历史档案馆,全宗号393,案卷号1300.

及教育部学术审议委员会的主张又如何呢？

在《博士学位评定会组织法草案》方面，考试院提出将评定会委员从"十六至二十二人"改为"十六至二十四人"，并以具有博士学位为遴选前提，除非博士人选不敷才以非博士者充补。这一点得到了教育部的赞同意见。至于评定会组织架构，考试院主张设立主任委员及常务委员，由考试院院长担任主任委员，中央研究院院长、教育部部长、考选委员会委员长担任常务委员。但教育部学术审议委员会认为，博士学位的性质与任官考试不同，应由教育部商同考试院主持为宜。为提高效率起见，应采行主任委员及副主任委员制，因此拟定由考试院院长担任主任委员，由教育部部长担任副主任委员。①

在《博士学位考试细则草案》方面：其一，考试院提出删除教育学博士学位，仅设文、理、法、农、工、医六个类别。教育部则认为硕士一级学位中设有教育学一科，故应予以保留。其二，关于第一届博士学位候选人资格，考试院主张完全采取推荐或遴选的方法，但教育部认为应当以自行申请为主。此外，在博士学位论文考试方面，考试院主张淡化考试尤其是笔试色彩，以论文审查为主，就论文内容及相关内容辅以口试。此一方面获得了教育部的认同。②

以上教育部的主张，系其学术审议委员会第五次常务会议所讨论结果。之后，1942年4月教育部学术审议委员会第三次大会所确立的《博士学位评定会组织法草案》与《博士学位考试细则草案》，即是根据上述讨论意见修正而成。同年5月，教育部将修正的两份草案上报行政院，希望转经考试院同意后正式立法颁行，但其后收到行政院"缓办"指示。这样，博士学位制度便又被搁置了。

（三）1946年行政院对于《博士学位评定会组织法草案》与《博士学位考试细则草案》的再调整

1946年6月，行政院召集有关人员对博士学位制度进行再讨论、修正，之后函送中央研究院征询意见。其中，关于《博士学位评定会组织法草案》内容的调整包括：

---

① 学术审议委员会第五次常务委员会议纪录[J]. 高等教育季刊，1942(4)：243-247.
② 学术审议委员会第五次常务委员会议纪录[J]. 高等教育季刊，1942(4)：243-247.

其一，行政院认为中央研究院评议会是全国最高学术审议机关，理应参与博士论文审查事宜。这一点，在之前有关博士学位制度的设计与讨论中从未涉及。同时，鉴于考试院为主管考试的最高机关，因此主张在相关表述中应予以前置。于是，原草案第二条"由行政院、考试院会同组织之"被调整为"由考试院会同行政院及国立中央研究院组织之"。这是一个微妙的调整。如果将考试院前置，加上由考试院院长担任博士学位评定会主任，那么意味着由考试院领导行政院、教育部及中央研究院办理博士学位事宜。因此，其评定会必然需要进行调整。笔者尚未见到行政院审议教育部所拟修两份草案的内容，但根据审查修订后草案中当然委员中是"行政院秘书长"而非"行政院院长"，可以推断其原本即在这一方面做了调整。

其二，行政院将评定会当然委员中的中央研究院院长也相应调整为中央研究院评议会秘书，所称依据在于其比较了解全国学术概况。事实上，这一调整与将"行政院院长"改为"行政院秘书长"相类似。中央研究院作为全国最高学术审议机关，直接隶属于国民政府，从级别看与行政院、立法院、司法院、考试院、监察院平行。如果不做这一调整，就意味着由考试院院长领导中央研究院院长办理博士学位事宜，同样也存在一个行政权力级别的冲突问题。

其三，教育部原草案主张将名誉博士授予事项删除，行政院审查会则认为无论名誉博士性质如何，其授予机关均应为博士学位评定会，因此主张保留。同时，审查会还主张应以大学而非个人为遴选对象，这样可以避免当然委员代表有因卸任校长职务而需重选的问题。

至于《博士学位考试细则草案》，一方面行政院认为博士学位论文审查应予简化，其初审由各研究院所及教育部负责，二审由博士学位评定会负责。另一方面，关于不具有《学位授予法》第五六两条资格而欲申请成为博士学位候选人的补救问题，原草案第六条规定由教育部推荐，而审查会则主张改为由博士学位评定会推荐。[①]

以上为当时行政院的修正意见，之后以此为依据重新形成了两份新草案。

---

①博士学位评定会组织法及博士学位考试规则两草案[B]．南京：中国第二历史档案馆，全宗号393，案卷号1546．

(四)"大学博士"还是"国家博士":中央研究院、行政院、教育部与考试院关于博士学位授予权的争论

1935年《学位授予法》规定博士学位由国家授予,即实行"国家博士"制度,大学并无博士学位授予权限。但事实上,行政院及教育部并不真正认同这一原则。1946年8月,行政院致函作为全国最高学术审议机关的中央研究院,请其研究这一问题。"博士学位应否由政府统一考试颁给抑由政府核定之大学各别审定授予为一主要问题,须研究。"①1946年10月,在中央研究院评议会第二届第三次年会上,博士学位考试规则与授予方法作为核心问题之一引发与会代表的热烈讨论。"本会认为博士候选人平时之研究工作及博士论文,均应由政府核准设立研究所五年以上,并经特许收受博士学位候选人之大学及独立学院,自行审查考试,审查考试合格者,……由该校院授予博士学位"②。也即,中央研究院主张"大学博士",由大学负责博士学位授予事宜。这一主张,获得教育部及行政院的认同与支持。考试院则一直主张应由国家授予博士学位。"博士学位,各国制度颇不一律,即在一国之内亦有参差不齐。惟以一般而论,国家授与,较之学校授与水平为高。……最近二三十年间,不如仍依现行法所定,由国家统一评定授与,较为得计。"③所谓"由国家授予博士",意味着由考试院职掌博士学位授予事宜。

中央研究院与考试院在博士学位授予权及授予机构方面存在根本分歧,无法达成一致。1947年7月18日,南京国民政府第七次国务会议上提出了"政治审查委员会"的审查意见,"认为双方意见均有理由,惟事关学位授予法之变更,拟暂予保留。④1948年1月9日第十九次国民会议再次议定"照审查意见通过",这样博士学位制度最后又被搁置了。⑤原本呼之欲出的博士学位制度,再度戛然而止,直至1949年新中国成立也未能正式确立,从而成为中国近代高等教育史上的一大缺憾与不足。

---

①博士学位评定会组织法及博士学位考试规则两草案[B]. 南京:中国第二历史档案馆,全宗号393,案卷号1546.
②为博士学位评定会组织法及博士学位考试规则两草案由[B]. 南京:中国第二历史档案馆,全宗号全宗号393,案卷号1546.
③考试院意见 博士学位授予拟由国家统一办理[N]. 申报,1947-07-20.
④国民政府训令[B]. 南京:中国第二历史档案馆,全宗号393,案卷号1546.
⑤国民政府训令[B]. 南京:中国第二历史档案馆,全宗号393,案卷号1546.

四、反思与讨论

民国初期的《大学令》与《学位令草案》仅设一级学位,即博士学位,并且规定学位应由教育部呈请国家元首进行授予。至 1919 年,教育调查会主张博士学位宜由大学院或者说大学自身负责授予。1928 年全国教育会议相关提案则主张由作为教育部改革替代产物的大学院负责授予博士学位。教育部所拟 1929 年《学位条例草案》与 1930 年《学位授予法草案》主张博士学位由国家授予,博士学位候选人资格审查、论文审查、考试等具体工作均由教育部负责;但其 1935 年新《学位授予法草案》则将"由国家授予博士学位"调整为"由教育部授予博士学位"。1929、1930 年期间由立法院所审拟《学位授予法草案》《博士学位授予法草案》等,也主张由国家授予博士学位,但主要具体工作则主张由考试院负责。由于教育部与立法院基本主张的差异以及考试院与教育部之间的权力博弈,1935 年《学位授予法》正式发布后一直无法出台具体的博士学位制度。20 世纪 40 年代,教育部率先重新启动博士学位制度讨论,但其与考试院之间存在诸多分歧与争议。随后,行政院、教育部与考试院之间多次协商,分歧渐少,共识渐增。然而,后来中央研究院加入其中,其反对由国家授予博士学位的基本原则并获得行政院及教育部的认同,这样,它们与考试院关于这一原则的分歧更加白热化,争议更加激烈,直至民国结束也未能达成一致意见。

关于近代博士学位制度探索失败这一问题,以往学界多是强调抗战的影响。这种解释确有一定道理,但其只能从一个方面解释南京国民政府时期为何未能解决博士学位制度。北洋政府前期没有建立博士学位制度的原因,包括政权更迭频繁,教育部及相关部门人事频于变动,政令朝立夕改等。与此同时,当时中国高等教育刚刚起步,对于创立博士学位制度的需求尚不十分迫切。在笔者看来,南京国民政府前期之所以没有建立博士学位制度,根本原因在于考试院与教育部之间的权力博弈;中后期则在于教育部、行政院及中央研究院与考试院关于博士学位授予权的意见分歧。这是以往学界所忽略的一个重要方面。出于考试院与教育部之间权力平衡的考量,1935 年国民党中政会不得不在《学位授予法原则》中进行调和处理,规定由行政院(包括教育部)与考试院共同负责博士学位制度。但问题在于,这一原则既不合乎相关法律又违背教育规律。

首先，这一原则违背了《中华民国国民政府组织法》及《中华民国宪法草案》关于考试院职能的规定。1928年10月4日公布的《中华民国国民政府组织法》规定，"考试院为国民政府最高考试机关，掌理考选、铨叙事宜，所有公务员均须依法律经考试院考选铨叙方得任用。"[①]1936年5月5日的《中华民国宪法草案》规定，"考试院为中央政府行使考试权之最高机关，掌理考选、铨叙"；其所职掌考试的范围为"一、公务人员任用资格。二、公职候选人资格。三、专门职业及技术人员职业资格。"[②]两项法律十分清晰地规定了考试院仅负责公务员考试与铨叙，而不包括博士学位考试。事实上，早在1928年南京国民政府法制局即指出考试院不应负责学位考试。"（乙）考试院之考试权，究仅以任官考试权为限，抑或兼及其它考试（例如学位授予考试）。学位考试等事，似仍以划归教育行政机关掌理为宜，总理主张考试权独立实亦仅指任官考试而言。"[③]当时，立法院尚未成立，法制局是国家立法机关。但其后法制局被裁撤，立法院成立，并且其又竭力支持考试院参与乃至主持博士学位考试，从而在教育部与考试院之间造成一种长期而又难以协调的权力博弈。

其次，这一原则违背教育规律。胡适在1947年曾指出，"例如现行的《学位授予法》，其中博士学位的规定最足以阻碍大学研究。……都不可不修正《学位授予法》，让国内有资格的大学自己担负授予博士学位的责任。"[④]

据前文所述，考试院的"国家博士"主张，实际上也就是戴季陶院长的个人主张。那么，戴季陶为何坚决主张短期内应由国家而非大学负责博士学位授予？笔者认为，这与其曾留学日本有关。戴氏曾援引日本从"国家博士"学位到"大学博士"学位而引起的质量下降问题，用以论证由国家授予博士学位的必要性与合理性。同时，大概也与其对中国科举考试史颇为了解，所受科举时代"由国家授予科名"影响较深有关。而戴季陶之所以能够影响南京国民政府时期博士学位制度的探讨，尤其是前期立法院的主张，一方面

---

① 中华民国国民政府组织法 [J]. 司法公报，1929(1)：20-24.
② 中华民国宪法草案 [J]. 立法院公报，1936(81)：108-122.
③ 法制局请定施行考试制标准 [N]. 申报，1928-03-02.
④ 胡适. 争取学术独立的十年计划 [J]. 教育通讯，1947(6)：1-2.

在于戴氏本身即是国民党高层领导,且曾兼任立法院顾问;另一方面当时立法院法制委员会部分委员曾担任考试院考选委员会委员。例如,戴修骏曾担任 1930 年第一届高等考试典试委员会委员①,也即在考试院院长戴季陶的领导之下。又如,立法院法制委员会拟定 1929 年《博士学位授予法草案》时,其委员之一焦易堂曾于 1929 年兼任考试院考选委员会委员,1930 年兼任考试院高等考试典试委员会委员。②这样,他们自然容易支持戴季陶关于学位制度包括博士学位制度的基本主张。

  总之,近代关于博士学位制度的探索,更多地集中在南京国民政府时期。而博士学位制度探索失败的根本原因,则在于教育部、行政院以及后来加入的中央研究院与立法院、考试院之间的意见分歧,这其中考试院的主张其实又是戴季陶的学位制度思想。故一定意义上说,除抗战及内战等外在影响因素外,正是考试院或者说戴季陶的基本主张,影响了整个南京国民政府时期的博士学位制度建设,并且最终造成了中国近代博士学位制度探索失败这一历史缺憾。

  本篇发表于《教育研究》2018 年第 5 期,发表时有删减

---

①王奇生. 中国考试通史卷四(民国)[M]. 北京:首都师范大学出版社,2004:69.
②刘国铭. 中国国民党百年人物全书[M]. 北京:团结出版社. 2005:2296.

下篇

高考文理分合的历史与反思

2009年,在《国家中长期教育改革和发展规划纲要》征求意见稿中,"高中取消文理分科的必要性和可行性"被列为20大重要教育改革议题之一。针对高中教育阶段究竟应否实行文理分科的教育教学模式这一问题,教育学界与社会各界展开了广泛而激烈的探讨,学术报刊、新闻媒体纷纷刊发系列专文。这些探讨多是从高中教育一端出发进行的,但问题是高中文理分科问题并非是中学教育一方的事情,其解决还必须同时考虑高考文理模式的问题。高考由于巨大的"指挥棒"功能,其分科与否及科目具体设置状况,直接影响到基础教育的教育与教学。"只要高考分文理不同科目,高中文理分科是很自然的事。"[1]实际上,无论是在国家高中课程的教学大纲还是课程标准中,都没有文理分科的明确提法,目前的高中文理分科现象只是现行高考文理分科模式下一种自发的产物,当然也是一种必然产物。因此,对于高中文理分科问题的全面探讨与解决,还必须将视线拓展到高考文理分科问题上来。如此,一个关键的问题即在于,高考究竟是否应当采行文理分科的模式?

一

教育现实与教育历史之间往往存在着惊人的相似之处。考查高考文理分科的历史演变,对于破解当今高考以及高中文理分科问题的争论或许能够提供某些有益的启示。在这里,有必要简略回顾一下百余年来的高考文理分合模式状况。

---

[1]刘海峰. 文理分科乎[N]. 中国教育报, 2009-03-09(6).

民国前期高校在招生科目设置上具有一种高度的，甚至可以说是近乎完全的自主权，高考是否采行文理分科的模式以及具体科目设置等问题，基本上完全由高校自行决定。因此，不同高校在新生入学试验科目上往往存在着很大的差异。从整体上看，这一期间多数高校招生采行的是文理分科模式。如民国初期的北京大学招生，无论预科还是本科，都体现出了一种文理分科的思想，虽然有时这种文理分科又并非那么绝对。值得注意的是，部分高校曾实行过某种近乎合科的模式。以1923年南开大学的招生为例，该年度其文、商以及工矿各科入学考试科目基本上没有多大分别，文、商科必须考试物理或化学或生物学之一种，而工矿科则必须同时考试中外史地。换言之，无论是文科、商科还是工矿科，都是将中国历史、中国地理、世界历史、世界地理以及理化生之一种作为共同的入学考试科目。①

从抗战以至新中国成立国之前，多数高校招生采行的是一种"有限"的分科模式，文科大类的考生必兼考理化生（或其中之一二种），而理科大类的考生则必兼考史地（或其中之一种）。同时，在某些年份，不少高校所实行的几乎完全是一种文理"合科"的模式。如1940年，实行统考的各高校的考试科目，在参照中等学校课程标准的情况下，除了共同科目以外，文科大类的考生加考数学、中外历史、中外地理及理化，而理工农医等类别的考生则加考数学、物理、化学、中外史地。②这一模式，是紧密配合当时高中阶段进行"有限"分科或者可以说是某种"合科"而进行选择的结果。又如1944年，公私立高校文史大类与理工大类入学试验科目设置情形基本上一致，均为国文、英文（法文或德文）、数学、公民史地、理化生物五门。③这基本上可以说是一种"合科"的模式。

新中国成立最初几年，高考实行的完全是一种文理合科的模式，如1950、1951、1953年都是如此。1954年，为适应不同系科专业对考生学业成绩的不同要求，高考开启了文理分科的模式。该年度理科大类的考试科目为本国语文、政治常识、数学、物理、化学、生物、外国语，而文科大类的考试科目则为本国语文、政治常识、历史、地理、外国语。④可以看到，这是一种比较

---

① 王文俊,梁吉生,等. 南开大学校史资料选 [M]. 天津：南开大学出版社, 1989：315.
② 教育部教育年鉴编纂委员会. 第二次教育年鉴（二）[Z]. 上海：商务印书馆, 1948：535.
③ 教育部教育年鉴编纂委员会. 第二次教育年鉴（二）[Z]. 上海：商务印书馆, 1948：542.
④ 杨学为. 高考文献（上）[M]. 北京：高等教育出版社, 2003：52.

彻底的分科模式。此后直至"文革"之前，虽然文理两大类别的考试科目曾做过某些调整，但都是比较鲜明的分科模式。"文革"期间，由于统一高考制度被废止，高校生源选拔因此陷入了一种非理性的混乱状态。

1977年，高考制度得以重新恢复，其科目设置仍是分科模式。到20世纪末，不同省份纷纷进行高考科目改革，进入了一种模式设置"多元化"的时期。近几年来，高考科目模式有"3+文综/理综""3+大综合+1""3+大综合""3+3+基础会考"等多种模式。但总体上看，除了极个别情况之外，近四十年来高考基本上仍是采用文理分科的模式。

二

纵观整个20世纪前半叶的高考科目设置状况，可以发现其大致上经历了一个由"高校自主设置"到"相对统一设置"的历史发展脉络，从文理分科居多、合科兼而有之走向了一种"有限"分科的模式，或者也可以说是某种合科基础上的分科模式。20世纪下半叶，除最初几年实行的是完全意义上的合科模式之外，高考所采行的基本上都是比较鲜明的分科模式。亦即，报考文史大类的考生基本上不考理化生科目，而报考理工大类的考生则不需考试史地科目。总的说来，新中国成立之后除了极少数情况之外，六十年来高考所实行的基本上都是比较鲜明的分科模式。

高考其本质终究是为高校招生而进行的考试，因此应该更多地从高等教育的特点与需要出发来考虑问题。由于高等教育从本质上说是一种建立在通识教育基础之上的专业教育，因此在其招生关口必须同时考查学生文、理两大方面的知识与能力。但考虑到大多数人总是具有一定的文理偏向，因此高考模式又应当有所偏重，或者偏重于文史，或者偏重于理工。基于这一思路，民国中后期的高考文理模式颇有值得借鉴之处。当时，为解决高校生源文理"分家"甚至"隔绝不通"的弊端，在高中教育阶段即开始采行文理合科或者说一种合科基础上的分科模式。相应地，高考模式也必然要采取一种文理合科或者说一种合科基础上的分科模式，否则，由于高考强烈的"指挥棒"导向功能，这种为解决高中学生文理基础失衡的初衷便难以实现。因此，多数高校招生采行的是一种"有限"分科的模式，即文科大类的考生必须兼考理化生（或其中之一、二种），而理科大类的考生则必须兼考史地（或其中之一种）。

实际上,高中与高考文理分合问题,与其说是一个"定性"的问题,毋宁说是一个"定量"问题;与其说是一个"分"与"合"的问题,毋宁说是一个在何种程度上的"分"与"合"的问题。"分"与"合"都不是绝对的,更不应该是绝对的。就此而言,文理分科本身并没有错,而绝对意义上的合科也不见得完全可取。现行高中文理分科模式的弊端在于其"过早过度",其中十分重要的某些"合科"成分在很大程度上被削弱甚至取消掉了;而高考文理分科则沦为了会考的"替罪羊",在相当程度上承担了本应由会考承担的罪责。如果会考的权威性、科学性、可信性没有遭受人们普遍的质疑,如果高中文理分科并未"过早过度",或许便不会引发人们对于高考文理分科模式弊端的指责与批判。

三

对于高考以及高中文理分合争论进行破解的思路可以说有两种。一是继续采行当今高中文理分科的模式,但必须改变其"过早过度"的弊端,重建会考的权威性、科学性、可信性,甚至可以考虑适当提高其考试的难度,而高考也继续实行现行文理分科的模式。如果高考实行"鲜明"分科,即理工类不考史地、文史类不考理化生的模式,而会考又不能保证其权威性、可信性,则高中教育必定会出现实际运行中的"过早过度"分科模式。只要会考或学业水平测试与高考仅仅是"软挂钩",多数人重视的还是文理分科的高考。[①]另一种思路则是,高中阶段实行一种"合科"基础上的分科模式,同时高考也实行一种"合科"基础上的分科模式。亦即,基本上与20世纪40年代前后相似的高中与高考文理模式,二者都是文理彻底打通,又各略有偏重。相比较而言,由于会考权威性、科学性、可信性的解决可能更为棘手,而其考试难度的增加本身又是一个两难问题,因此,第二种思路的可操作性更大一些,更具现实性。

本篇发表于《大学教育科学》2010年第4期,有删改

[①]刘海峰.中国高考向何处去[J].北京大学教育评论,2010(4):2-13.

高考40年：科目改革探索历程

全国新一轮高考改革，通过必考加选考"3+3"科目及考试时间设置，不仅带来了高中教育教学方式的重大变革，而且为激活高校专业设置与调整注入一股强劲动力。选择性作为贯穿新一轮高考科目改革的一个核心理念，在2014年《国务院关于深化考试招生制度改革的实施意见》[①]，以及浙江、上海两试点省市高考综合改革方案发布后，得到了全国教育学界的普遍称赞与肯定。其实，某种意义上说，选择性这一理念基本上贯穿了1977年制度恢复以来的整个高考科目改革历程。2017年，既是浙江、上海首批试点高中学生参加新高考的年份，同时又是高考制度恢复40周年。在这样一个重要年份，回顾高考科目改革探索历程，反思高考科目设置内在矛盾，廓清新一轮高考科目改革所存问题，无疑具有特别的学术价值与实践意义。

从一种宏观视野来看，自1977年制度重新恢复以来，高考在科目方面先后进行过三次大的改革尝试。其中，第一次改革尝试发生在20世纪90年代初。当时改革意见的出台十分谨慎，其研究工作可以追溯至20世纪80年代有关高考科目改革的一场大讨论，而这一讨论是缘于中学阶段的"片面追求升学率"问题。1977年高考制度恢复之后，中学教育很快出现"片追"现象，甚至存在文科生不学理、化、生，理科生不学史、地的极端情况，由此造成学生知识结构偏狭、残缺的严重问题。20世纪80年代中期的高考改革研讨至少包括两条线索，一条是1984年《人民教育》杂志在第1至第7期开设了高考改革专栏，专门讨论高考分类、科目设置及计分比例问题；另一条

---

①国务院关于深化考试招生制度改革的实施意见（国发〔2014〕35号）. http://www.moe.edu.cn/publicfiles/business/htmlfiles/moe/moe_1778/201409/174543.html.

是教育部委托北京、上海、陕西、湖北、四川、吉林六省市分别会同北京师范大学、华东师范大学、陕西师范大学、华中师范学院、西南师范学院、东北师范大学研究高考改革办法。①

之后,国家采用了在高中毕业会考基础上改革高考的思路。不过,当时只有上海地区结合会考进行了试点改革,其他各省的高考科目暂不调整,仍是原来的"文六理七"模式。从高考制度变迁史来看,增加科目设置类别及选择性的改革思路成为当时的一种基本共识,并进一步演变为20世纪90年代初期的一种试点改革。

1990年10月,《国家教委关于改革高考科目设置的通知》发布,根据通知所附《关于改革高考科目设置及录取新生办法的意见(试行)》,高考科目分为四组,第一组:政治、语文、历史、外语;第二组:数学、语文、物理、外语;第三组:数学、化学、生物、外语;第四组:数学、语文、地理、外语。②这一改革方案,较之当时各省正在采用的"文六理七"二元分科模式,大大增加了科目的选择性。高校及系科、专业根据高考科目组的设置情况及各自特点选择一组作为考生的应考科目,考生则根据高校及系科、专业所要求的考试科目组以及本人的志向与兴趣选择一组参加考试。1991年,湖南、云南和海南三省试行了这种科目设置,即所谓的"三南方案"。

若抛开上海高考科目改革不论,那么,作为《关于改革高考科目设置及录取新生办法的意见(试行)》具体试点的"三南方案",可以说是1977年高考制度恢复之后在科目方面进行的第一次重大改革尝试。然而,由于方案设计的内在不足等原因,湖南、云南和海南三个省份仅试点一年便停止了,国家教委经过几年系统研究而形成的《关于改革高考科目设置及录取新生办法的意见(试行)》,只是昙花一现,随后被完全搁置。在今天看来,这一改革似乎是"浅尝辄止",但实际上主要还是在于国家对于高考改革的态度比较慎重。既然"三南方案"的基本改革指向存在无法克服的固有弊端,那么自然应该及时"回头"或者再转向。其后,全国各省普遍采用了"3+2"高考模式,即高考分文、理两大类,语、数、外为共同必考科目,在此基础上文科类加

---

①教育部学生管理司、本刊编辑部.《改革高考分类、科目设置与计分比例讨论》结束语[J]. 人民教育,1984(7):34.

②杨学为. 高考文献(下)[M]. 北京:高等教育出版社,2003:457-459.

考政治、历史，理科类加考物理、化学。较之"文六理七"模式，20世纪90年代的"3+2"科目设置确实在一定程度上减轻了学生的学业负担。然而，"一法立，一弊生"，高考取消生物和地理给这两门学科带来了灾难性的影响。不难预见，将生物与地理排除在外的"3+2"高考模式势必被新的模式所替代。

20世纪90年代末开始的"3+X"模式是1977年以来高考在科目方面所进行的第二次大的改革尝试。1999年《教育部关于进一步深化普通高等学校招生考试制度改革的意见》发布[①]，强调高考改革的基本指导思想为"三个有助于"，即有助于高等学校选拔人才、有助于中学实施素质教育、有助于高等学校扩大办学自主权。在高考科目方面，提出用三年左右时间推行"3+X"科目设置方案。"3"指语、数、外，为每个考生必考科目，英语逐步增加听力测试，数学不再分文、理科；"X"指由高等学校根据本校层次、特点的要求，从理、化、生、政、史、地六个科目或综合科目中自行确定一门或几门考试科目；考生根据所报志愿参加高等学校（专业）所确定科目的考试。就制度设计而言，较之1990年原国家教委《关于改革高考科目设置及录取新生办法的意见（试行）》，《教育部关于进一步深化普通高等学校招生考试制度改革的意见》通过"X"科目从更大范围上赋予了学生与高校更多的选择权与选择空间。

在"3+X"高考改革背景下，全国多数省份采用"3+文综/理综"模式，少数省份实行"3+文理综合"或"3+文理综合+1"模式。但至2005年时，多数试行"3+文理综合"或"3+文理综合+1"模式的省份，纷纷调整为"3+文综/理综"模式。如果说"3+X"高考在综合科目方面大体实现了改革目标，那么，其在增加科目选择性、增加高校及学生选择权与选择空间方面则无疑是失败了。各试点省份最终不约而同地取消学生可以自由选择某1门或2门高考单科科目制度设计这一事实，折射出"3+X"高考改革在增加科目选择性方面还存在着难以克服的障碍。究其原因在于，选择性意味着多元性、多样性，多元性、多样性意味着复杂性、不可比性；考生与高校的选择权与选择空间越多，高考招生制度也就越多元化、多样化，越多元化、多样化也

[①] 杨学为. 高考文献（下）[M]. 北京：高等教育出版社，2003：627-629.

就越复杂、异质,越复杂、异质也就越不可比。①同时,增加学生选择权意味着赋予了其忽略甚至近乎放弃某些科目学习的自由,由此,势必造成应试主义风气。尤其在避难趋易这一基本人性下,出于高考收益最大化的考量,大量考生纷纷"弃理选文",由此造成文理人才需求与培养、供给的"倒挂"问题,并且对物理、化学等理科顶级人才的培养与选拔造成巨大影响。

全国第三次即最新一轮高考科目大改革,根据2014年《国务院关于深化考试招生制度改革的实施意见》,在科目方面实行"3+3"模式。在"实施意见"中,明确地提出"增加学生的选择权",规定考生高校入学总成绩由统一高考的语、数、外3个科目成绩和高中学业水平考试3个科目成绩组成;保持统一高考科目分值不变,不分文理科,外语科目提供两次考试机会。计入总成绩的学考科目,由考生根据报考院校要求和自身特长在政、史、地、理、化、生等科目中自主选择。"实施意见"另一重要改革意见是提出了"应创造条件为有需要的学生提供同一学考科目参加两次考试的机会"。根据改革规划,新一轮高考改革自2014年启动试点,2017年全面推进,到2020年基本建立起中国特色现代教育考试招生制度。

作为先行试点的上海与浙江,两地新高考综合改革方案既然都是以国务院"实施意见"为基本依据,必然呈现一定相似性。但在科目与分值设置方面,两地存在若干差异。上海新高考成绩由语、数、外3门统一高考成绩和学生自主选择的普通高中学业水平等级性考试科目成绩构成,作为高等学校录取的基本依据。高考成绩总分660分,其中语、数、外每门满分150分,3门普通高中学业水平等级性考试科目每门满分70分。就选考科目组合而言,上海考生共有20种选择。浙江新高考必考科目语、数、外每门分值同样均为150分;其选考科目则是从政、史、地、理、化、生、技(含通用技术和信息技术)7门中选择3门按等级赋分,每门满分100分。这样,浙江新高考考生总成绩满分为750分。在选考科目组合方面,浙江考生共有35种选择。

上海与浙江新高考综合改革方案发布之后,引起教育学界及社会人士的广泛热议与普遍肯定。但随着两地改革实践的推进,方案的利弊效应也逐渐显现。两地都存在着不同程度的应试主义教育问题、学科专业录取要求与考

---

①刘希伟. 新试点高考招生制度:价值、问题及政策建议[J]. 教育发展研究,2016(10):1-7.

生知识基础匹配问题、分数不等值问题、考试效度与区分度问题。尤其是浙江方案,由于制度设计更为复杂,因而所面临的问题也相对更加复杂。

新一轮高考科目改革,与之前"3+X"模式具有一定相似之处。当前,上海与浙江新试点高考综合改革所出现的问题,包括应试主义问题、分数等值问题、考试区分度问题以及考生基于高考收益最大化的"弃理选文"行为等,在以往"3+X"改革中都有不同程度的体现。广东之前的"3+X"高考改革,江苏省"2008年高考方案"都与当前新一轮"3+3"改革具有诸多类似之处,因此,可以为全国新一轮高考改革提供若干有益启示。但新一轮高考科目改革也遇到某些新问题,比如时间维度上的"一考定终身"与"多考定终身"问题,选考科目考试次数的"一"与"多"问题等。再比如,上海、浙江两地新学考、高考综合改革方案,也启发我们应当重新思考学考与高考两者的功能以及如何实现良性互动。而浙江新试点学考、选考科目两次考试的制度设计,又可为其他省份尤其是将为考生提供学考或选考两次考试机会的省份,提供十分有益的经验。从这一意义上说,上海与浙江先行试验两种不同的改革方案,已经彰显出重要的试点价值。

高考制度一端连接基础教育,一端连接高等教育,不仅是教育改革的一个关键点,而且还是社会矛盾的一个聚集点。尤其在中国,高考是民众高度关注的一个重要问题,其改革高度敏感且"牵一发而动全身"。因此,各省在推进新高考综合改革过程中,应当高度重视可能出现的新困境,预研预判及时作出应对与调整,力争以稳健节奏取得高考改革的最大共识与成效。

本文发表于《华南师范大学学报(社会科学版)》2017年第5期

联合招考还是统一招考：
博弈脉络与现实思考

近二十年来，究竟应当实行单独招考、联合招考还是统一招考，一直是中国高校招生领域的焦点与难点问题之一。进入 21 世纪之后，先是出现了重点大学自主单考，之后各校纷纷结盟联考，形成"北约""华约""卓越联盟""京校联盟"等几大联盟。而在各联盟不时扩容的情况下，又有个别高校如南开大学与复旦大学先后退出联考。根据 2014 年 9 月 4 日国务院出台的《关于深化考试招生制度改革的实施意见》规定，自主招生不得采用联考方式，且须安排在全国统一高考后进行。[①]自此，大学联考可以说已被否定。如何看待这一宏观制度安排？联合招考与统一招考，究竟孰优孰劣？

回顾历史可以发现，民国时期已经存在联合招考与统一招考的实践；而新中国成立后的 50 年代，高教界又发生了一场关于应当采行联合招考还是统一招考的大论争。今天重新发掘高校联考与统考的历史发展脉络，其现实意义不言而喻。

一、20 世纪三四十年代高校招生联考与统考钩沉

在中国近代高等教育史上，截至抗日战争爆发之前，全国公私立高校基本上都是采取自主单考的方式进行招生。这样，一方面高校拥有高度的招生自主权，另一方面由于缺乏统一的入学标准，不可避免地存在各校招生质量参差不齐、考生疲于多处赶考、效率低下的问题。甚至还造成不少高校经过多

---

①国发〔2014〕35 号，国务院关于深化考试招生制度改革的实施意见 [EB/OL]. http://www.gov.cn/zhengce/content/2014-09/04/content_9065.htm.

次招生也还是无法足额录取，抑或为了足额录取而再三再四降低录取标准的问题。

20世纪30年代初，国联教育考察团在《中国教育之改进》报告书中指出："中国大学教育当前之第一难关，亦殊简单。即入学之大学生，多数缺乏适当之准备是已。中国有多数高级中学，成绩极为不良，至投考大学之学生，有多数毫无相当之资格，可受益于大学教育者。大学之入学试验，本系用以淘汰较劣之投考生，但亦无适当方法，使诸大学在入学试验上，常能保持其共同之标准，故被此校淘汰之学生，往往因他校之条件不甚严格，得以考入肄业，若再被第二校拒绝，尚有第三校可以收容。"[1]基于这一诊断，国联教育考察团开出了一条建议：由教育部举行一种"大学入学总考试"，并且"最好能聚投考一切国立大学之学生于一处而行之"；若此种方式无法实施，也应由"教育部将大学分为若干组而行之"。不难看出，所谓实行"大学入学总考试"，实际上是希望借由生源质量而提升高等教育质量。不过，由于种种原因，这种建议并未得到即时采纳，高校联考或统考在战前并未实行。

1937年，教育部规定中央大学、浙江大学和武汉大学、北京大学、清华大学等校试行联合招生。后因抗战爆发，中央大学、浙江大学和武汉大学进行了三校联考，而北京大学则与清华大学进行两校联考。学界通常认为，该年仅有中央大学、浙江大学和武汉大学三校联考。实际上，北大与清华两校也进行了联考，只是属于另外一个联盟而已。从时间上看，中央大学、浙江大学和武汉大学联考时间定在8月3日，考点设在南京、北平、上海、杭州、武汉、广州六市[2]；而北京大学与清华大学的联考时间也定在8月1日至3日，地点则设在北平、上海、武昌、广州四市[3]。两联考在时间上相冲突，考生只能择一报考。这一点，倒是与"北约""华约"联盟联考"撞车"不无相似。

至1938年，高校统一招生考试开始首次出现。这一年，教育部制定了国立院校统一招生大纲，规定国立大学及独立学院实行统一招考。[4]时间上统考定于9月1日至4日，在武昌、长沙、重庆、成都等地设立了12个招生处办理新生报名、考试等事宜。由于受到多方因素的影响，此次统考命题与阅

---

[1] 国联教育考察团. 中国教育之改进[M]. 南京：国立编译馆，1932：174.
[2] 中央、武汉、浙江三大学联合招生[J]. 兴华周刊，1937，34(23)：21-22.
[3] 北大、清华联合招生[J]. 全国学术工作咨询处月刊，1937，3(5)：48-49.
[4] 沦陷区上海国立院校仍自行招考新生。

卷仍由各招生区自行办理。参与该年度统一招考的国立高校计有22所，占当时公立专科以上院校（共50所）的44%①；应考人数11119名，录取5460名。②1939年，26所国立大学及独立学院全部列入统一招考，连同代招的省立河南大学与重庆大学，总数达28所。应考人数20006名（含同等学力者4209人），录取新生5371名。③统考由教育部统一命题，阅卷则由所在地国立大学负责，没有此类院校者送至附近评阅。到了1940年，针对前两年统考的不足，教育部将"临时性"的统一招生委员会改设为"常设性机构"，并改进了志愿填报及录取办法。考生志愿以学校和学院为单位，采用分组标准制录取学生。该年度统一招生规模进一步扩大，仅有新疆学院因交通关系未能参加，其余国立及省立大学与独立学院全部加入。共计有国立、省立大学及省立独立学院41所参与，设有16个考区、18个招生处；应考人数18151名，实考人数16160人（含同等学力者876人，不含上海四院校所招学生），录取7024名。④

再者，1938至1940年间，参加统一招考的公立高校还不同程度地实行了各类保送入学的办法。部分公立独立学院也参与了统一招生，其余公立独立学院与公立专科学校则均未加入统一招考，一直实行自主招考，并且呈现方式多元化的特点。

1941年，抗日战争进入相持阶段，由于交通等原因所致，统考被迫中止，公立高校采取了单独招考、联合招考、委托招生、成绩审查等多种招生方式。其中，高校联合招生方面，如1941年，中央大学、西南联合大学、浙江大学、武汉大学实行联合招生。⑤又如1942年，为方便学校及学生起见，教育部划分出十大考区，规定各考区内的公立大学及独立学院实行联合招考。1943年，燕京大学、齐鲁大学、金陵大学、金陵女子大学、光华大学等教会大学也进行

---

① （民国）教育部教育年鉴编纂委员会. 第二次教育年鉴（二）[Z]. 上海：商务印书馆，1948：531.
② （民国）教育部教育年鉴编纂委员会. 第二次教育年鉴（二）[Z]. 上海：商务印书馆，1948：533.
③ （民国）教育部教育年鉴编纂委员会. 第二次教育年鉴（二）[Z]. 上海：商务印书馆，1948：533-534.
④ （民国）教育部教育年鉴编纂委员会. 第二次教育年鉴（二）[Z]. 上海：商务印书馆，1948：536.
⑤ 宁静. 四大学联合招生应试记[J]. 学生之友，1941，3(6)：44.

联合招生。①1946 年,由厦门大学、暨南大学、中正医学院、福建省立农学院举行了福建区公立各院校的联合招生。②如此等等。

此外,值得一提的是,抗战胜利后当时的教育部曾召集部分大学校长,研讨如何恢复 1938 至 1940 年间的统一招生办法。1945 年,《燕京新闻》报道称:"各大学统一招生废止以来,已经四载。各校自行招生,困难不便实多。教育部近特召集渝郊各大学教务长研讨恢复统一招生办法,闻已获得一致意见"。③然而,当时未能恢复统一招考,原因主要在于客观条件不允许,可以说是一种不得已的选择。在此背景下,高校采行的是单独招考、联合招考、委托招生、成绩审查等多种招生方式,这种多元化招生方式一直持续至民国结束。

二、20 世纪 50 年代高校招生领域的"联统之争"

新中国成立之初,在顺应社会政治、经济过渡的背景下,高校招生考试制度经历了一个从单独招考—联合招考—统一招考的短暂过渡过程。④1952 年,中国走上了统一命题、统一考试、统一录取的"统考时代"。后在 1958 年,根据"教育革命"新形势,为强调政治条件全国曾实行学校单独招考或联合招考,但 1959 年又恢复了全国统一招考,直到"文革"之前都是采行此种统考方式。⑤

关于高校招生方式,20 世纪 50 年代曾出现一场关于究竟应当采行联合招考还是统一招考的"联统之争"。当时的高等教育部于 1955 年的 2 月、3 月组织了两次关于联考与统考方式的座谈。第一次座谈会的主要参加者为北京 16 所高等学校的教务长及相关业务部门代表,第二次主要包括出席全国工农速成中学教育会议的 46 所高校教务长(少数为院长、校长)等代表。在讨论中,形成了"联考派"与"统考派"两派意见,并分别形成联招与统招方案。

(一)"联考派"的意见

在先后参与讨论的 60 多所高校中,只有清华大学、北京大学、中山大学、

---

① 五大学联合招生考试将分期举行 [N]. 燕京新闻,1943,9(30). 原资料损坏不清,但能看到"第九卷,第三十期"字样.
② 国联教育考察团. 中国教育之改进 [M]. 南京:国立编译馆,1932:174.
③ 教务处丛讯 [J]. 厦大校刊,1946,创刊号.
④ 大学统一招生 [N]. 燕京新闻,1945-3-28 (2).
⑤ 刘海峰. 1952—2012:高考建制的花甲记忆 [J]. 高等教育研究,2012(6):78-84.
⑥ 刘海峰. 高考改革的理论思考 [M]. 武汉:华中师范大学出版社,2007:19.

交通大学和四川医学院主张联考。其依据在于：从高校招生的前景看必将逐步发展到各校单独招考，但还需经过联考这一中间过渡形式；联考是以学校为主进行录取，学生质量可以得到保证（主要是清华大学代表的意见）；举行两次招考，较之统一招考一次硬性分配指标更能照顾学生志愿；即使统考也需要花费不少人力，所以进行联考应当可以应付人力方面的需求。①

且需注意的是，清华大学、北京大学等五校尽管认同联考，但他们也承认这种招考方式还面临着一些难以解决的问题。比如，当时中山大学的代表指出，联考会造成部分学校无法一次性完成招生任务，甚至会因报考理科较少、难于调剂而影响综合大学理科招生计划的完成。又如，交通大学的代表担心无法完成其专修科的招生任务，北京大学的代表则提出联考省市在组织领导方面存在诸多不易克服的困难。

（二）"统考派"的意见

与少数人主张联考相比，其他绝大多数高校代表认为，尽管联考是向单独招考这一应然方式过渡的中间环节，但当时的具体条件尚不成熟，不应贸然改革，应继续贯彻全国统考的方式。甚至，还有部分学校对于所谓联考的优点表示怀疑，认为其并不见得一定优于统考。从当时参与讨论的代表人数来看，统考派可谓占据一种压倒性的优势，其对于联考的批判理由如下：1. 学生来源尚少，高中毕业生不敷招生需要，增加其他来源也为数有限，若实行联考将无法顺利完成招生任务。2. 较之统考，联考并不见得更能照顾考生志愿，其同样免不了统一调配，且学生的升学志愿不是定型的，关键在于引导教育。3. 联考分散进行，录取标准不易把握，质量无法保证，而如果委托他校招生则更不可靠。4. 联考手续繁复，学生在暑期可能需要参加多次考试，疲于应付；且推迟开学日期，又将影响统一教学计划的执行。5. 如果实行联考，仅有少数高校可以一次招足，其他参与联考的学校很大程度上是在单方面地为少数学校服务，而其本校却又需进行第二、三次招生。②

当时的《高等学校座谈今年招生工作方针问题纪要》，记录了统考派的发言内容，现举例若干如下：

---

①高等学校座谈今年招生工作方针问题纪要. 杨学为. 高考文献（上）[G]. 北京：高等教育出版社，2003：78-80.

②高等学校座谈今年招生工作方针问题纪要. 杨学为. 高考文献（上）[G]. 北京：高等教育出版社，2003：78-80.

表1 统考派部分代表发言纪要①

参会代表	发言内容
北京师范大学 ×××	"一次招不足再补足缺额有困难,清华、北大的某些'冷门'系科不见得无问题,天津大学的专修科肯定招不够"
北京俄专×××	"北京俄专去年招生1500人,志愿报考者只100人,其余都是计划分配的(现在80%的学生都能安心学习),因联合招生三五次都招不足。招不足的人数,如果高教部允许'实报实销',当然怎么招都可以"
中南矿冶学院 副院长×××	"今年学生来源不足,矿冶学院招生任务重(1260人)。学生认为采矿是'下地狱'不愿报考,同时多向往'通都大邑'、牌子亮的学校;如果联合招生,像矿冶学院这样新建的学校是完成不了任务的"
华中科技大学 副教务长×××	"我们虽然是工科学校,但是因为是新建校,联合招生,也会完成不了任务,主张统一招生"
东北人民大学同志	"今年学生来源不可乐观,不统一招生不行"
北京林学院 ×××院长	"条件不够,向前进一步,是脱离实际"
北京钢铁学院 教务长×××	"物资不足,要统购统销,学生来源缺乏,要统一招生"
山东农学院 教务长×××	"山东的学生多向往北京和东北地区的学校,如果这些地区的学校委托山东的学校招生,山东的学校就要'空忙一阵子'"
南京大学 副校长×××	"联合招生的话,华东地区的学校就首先要为华北地区的学校服务,然后才能进行自己招生,负担很重。"
武汉大学 副教务长×××	"实际上联合招生并不比统一招生更能照顾学生志愿,因为联合招生是性质相同的学校联合,这样,学生报了工科就不能再报理科(或医、农),事实上是限制了他(她)的志愿的。"
同济大学副教务长	去年非志愿报考的学生98%都能如期报到。

①高等学校座谈今年招生工作方针问题纪要.杨学为.高考文献(上)[G].北京:高等教育出版社,2003:78-80.

(三）基于联考与统考的招生方案

基于联考与统考的相关论断，分别形成了联招与统招两种方案。

联招方案为"中央统一计划、省（市）领导之下的各高等学校联合（或相互委托）招生"。也就是说，由高等教育部、教育部制定全国高校招生调配方案，规定各校在各地的大致控制数，以各校为主就性质相同或相近者组织联合招生；性质特殊无法联合，或在同一地区无相同或相近学校可以联合者，单独组织招生。全部招生工作，包括报名、考试、阅卷评分、录取分配，由相互联合招生的高校自行办理。由于当时的生源数量比较有限，因此很多学校将不可避免地出现无法一次足额录取的问题。[①]对此，一种解决方案为：缺额学校在第一次招生发榜之后，再以学校所在的省（市）或相邻省（市）为范围进行第二次招生。第二次招生时进行必要的调配，对于缺额学校录取时调配满额，不再进行招生。另一种解决方案是将缺额的学校公布，通知考试成绩及格而因志愿报考学校已经满额不能录取的考生，限期就缺额学校选填志愿。但问题是，由于此类考生可能遍布全国各地，在当时通讯条件下要在短期内征求到几万人的意见显然存在很大困难。加之再填志愿不可能与缺额学校恰相一致，因此，第二种解决方案缺乏事实上的可行性。而第一种方案进行二次、三次招生，其弊端同样十分明显。从这里来看，以联考的方式进行招生，在当时还存在多重难以克服的困难。

统招方案为"中央统一计划、省（市）组织领导，高等学校参加，并以原大行政区为范围集中地进行录取分配的全国高等学校统一招生"。也就是全国高校除特殊专业及极少数特殊院校外，一律参加全国统一招生。由高等教育部、教育部统一拟定各地学生调配方案；高校在省（市）招生委员会领导下，按照统一办法统一办理报名、考试、阅卷评分等工作；然后再以原来的大行政区为范围，根据各区学生调配方案进行集中录取分配。而录取分配是根据招生计划，依照学生考试成绩，在自愿的基础上参照其志愿进行；对于考试成绩较差、尚合录取要求但不能按其志愿学校、专业录取者，通过统一调配录取到报考人数较少的学校、专业，以保证全面完成计划。[②]

[①]高等教育部人事第二司关于一九五五年高等学校招生工作的几个主要问题的意见．杨学为．高考文献（上）[G]．北京：高等教育出版社，2003：70-72．

[②]高等教育部人事第二司关于一九五五年高等学校招生工作的几个主要问题的意见．杨学为．高考文献（上）[G]．北京：高等教育出版社，2003：70-72．

在全面深入讨论之后，只有少数高校同意联合招考的方案，多数学校主张继续贯彻统一招考的办法。在此，我们应当注意的是，统考派一方显然并非"一般水平"的院校，也并非专门学院。像南京大学、武汉大学、同济大学等高水平大学的代表，也都认为联考从根本上说还存在诸多障碍，因此仍当采取统考的方式。从统考派的发言纪要及相关论点可以看到，能否按时顺利完成招生计划、学生质量标准、财力负担是多数高校所重点考虑的几个关键问题。正是基于这几方面的考量，多数代表最终达成一种共识——只有统一招考的方式才是可行之道。高等教育部最后认为，要确有把握地完成高校招生计划，必须采行统一招考的方式。因此，1955年联合招考在与统一招考的博弈中未能胜出，全国高校仍实行统一招生。

以上便是1955年在高校招生领域发生过的一次有关联合招考与统一招考孰优孰劣的"联统之争"。

三、高校招生联考与统考的历史经验

民国时期高校联考之所以产生，一个重要考量是为解决单独招考人力物力重复浪费、效率低下的问题。在单独招考制度下，各校往往每年都要投入大量的费用，就全国而言无疑是一笔巨大的花费。"试看暑期中各地的报纸，都挤满了大中学校的招生广告。每个大学的广告费至少花数百元，也有在千元以上的，那么全国各国立大学合计，便要数万元。单就招生广告费一项而论，其耗费之钜，已足惊人。"[①]统考一开始即有借其划一或提升大学入学考试程度的意图。这一点，在前文已经指出。同时，统一招考也更可减少考生多地多次考试的奔波与艰辛、花费，而这对于贫寒考生来说无疑更具意义。"统一招生，在原则上有许多好处，是不成问题的。"[②]"至于各院校统考的诞生，则是抗战后一周年的事，着眼在统筹各院校学额，划一新生程度。两年来试行的结果，解决了各校在抗战期间自行招生许多不可克服的困难（交通工具的缺乏和用费上的过度浪费）；同时使各院校新生的取录有统一的标准，并对于院系名额作有计划的分配；更重要的是在无形中逐渐提

---

① 郭祖超. 对于国立各院校统一招生之管见[J]. 教与学月刊，1938，3(8):14.
② 潘光旦. 读二十七年度统一招生报告[J]. 今日评论，1939，2(9-10):135.

高了各院校新生的平均水准。"①据笔者目力所及,20世纪三四十年代似乎没有多少关于联考与统考的争论。因为在时人看来,联考与统考无非是一种"量的"不同,而非"质的"差异。的确,联考的优点,在统考那里基本上都具备,而且可以说更为明显。

关于民国时期的大学联考,以往曾有论者指出其是一种"区域联合"或说是以"区域联合"为基础。此种论断,应该说颇有道理。但我们同时也应看到民国大学联考的另一面相。例如,1937年中央大学、浙江大学和武汉大学联考,考点设在南京、北平、上海、杭州、武汉、广州六地,显然不是一种区域联合,而是办学水平相近的高水平大学之间的一种"层次联合",或者一定意义上也可以说是一种综合性大学之间的"类型联合"。再如,1943年燕京大学、齐鲁大学、金陵大学、金陵女子大学、光华大学几所教会大学的联合招生,尽管因为五校内迁一地而呈现"区域联合"的特征,但其同时又呈现鲜明"类型联合"的特征。由此可以认为,民国时期的大学联考既包括"区域联合",同时也包括"层次联合""类型联合"。这是全面认识民国大学联考所不可或缺的一个方面。

如果单独观察1940年之前的民国高校招生方式,其基本轨迹可以说是从单独招考开始,中经联合招考试点,再发展到统一招考。自1941年开始,由于抗战带来的交通困难等原因统一招考被迫停止;而1945年虽有恢复统一招考的动议,但其后全面内战爆发,统一招考再度因战争而被搁置。1945年恢复统考的意图,在某种意义上反证出当时教育部及高校已经十分认可统考的优势,只是迫不得已未能恢复。从这一意义上说,当时采行单考、联合招考、保送等方式也是不得已的一种选择。

自1952年以来,全国基本上可以说进入了一个统一命题、统一考试、统一录取的统考时代。然而,1955年高校招生领域出现"联统之争",从当时联考派与统考派所持论据来看,显然统考方式更为可取。

在20世纪五十年代的相关论争中,关于联合招考、统一招考与单独招考的关系问题,形成了一种共识:无论是当时的联考派还是统考派,均认为单独招考是高校招生发展的必然方向,联考则是由统考走向单独招考的一种中

---

①朱师邈. 大学统一招生能代替中学毕业会考吗[J]. 教与学月刊,1940,5(4):1.

间过渡形式。①联合招考既有集中统一的一面,也有单独分散的一面。统一集中的一面,例如统一的招生规程、统一的健康检查办法、统一的政治审查办法和统一的试题、统一考期、统一调配方案等。单独分散的一面,则体现在其是"以学校为主的联合招生"。联考统一集中的一面,可以保证完成招生计划和招收新生的质量;单独分散的一面,可以进一步发挥各个学校在招生工作中的自主作用。也就是说,高校招生必将从统一考试经过联合考试,最后发展到单独考试。

那么,这种"共识"是否科学、合理?能否经得起实践的检验?显然,这一判断恰与民国时期高校招生方式的发展趋势相反。而从近十年来高水平大学的自主招生中,我们看到的是一种截然相反的趋势:高水平大学在尝试单独招考之后,纷纷结盟走向联考。也即"从单考走向了联考",而不是"共识"所认为的"从联考走向单考"。这究竟说明什么?的确值得思考。尽管个别高校如南开大学与复旦大学退出了联盟,同时也有其他不少进行自主招生的高校一直是单兵作战,但结盟终究是当今自主招生的一大显著特征。早在20世纪90年代,刘海峰在论述高考改革的统独之争时便曾指出:"即使改统一高考为各校单独招考,受考试制度发展的内在动力驱使,高校必然还是会自动走向联合招考。"②高水平大学在自主招生中从单考走向联考,显然是因为联考较之单考具有多方面的优势。如此看来,20世纪50年代所谓"必然从联考走向单考"的断言似乎还可以再商榷。

高校联合招考与统一招考关系究竟如何?单从字面含义看,统考必为一种联考,联考必为某一意义上的统考。换言之,仅就字面意思而言,联考与统考主要是一种"量的差异"。如果将某一联考扩容,便成了一种统考。

比如,1938至1940年的高校统一招考,实际上也主要是公立大学与学院之间的统一或者说联合。当时称其为"统一招考",而如果按今天关于"联考"的理解,也完全可以称其为一种联考。在1938年第14期《国命旬刊》上的"浙江大学近讯鳞爪"中有一则"办理国立各院校联合招生"新闻,其中记称"教育部为便利中学毕业生升学,节省大学招生之人力物力,调整国

---

①高等教育部人事第二司关于一九五五年高等学校招生工作的几个主要问题的意见. 杨学为. 高考文献(上)[G]. 北京:高等教育出版社,2003:70-72.
②刘海峰. 高考改革的理论思考[M]. 武汉:华中师范大学出版社,2007:20.

立各大学之人数程度与招生办法,于今夏举办二十七年度国立各院校统一招生"。①由此可见,所谓"办理国立各院校联合招生",其实也就是1938年开始的国立大学及独立学院的统一招生。也就是说,当时仍有以"联合招生"指称"统一招生"的说法。再如,朱师逊在《大学统一招生能代替中学毕业会考吗》中,虽然主要是使用"统一招生"、统考的概念,但偶尔也用到"联合招生"。"关于大学联合招生与中学毕业会考合并举行的办法,英法两国的先例可供我国的参证。"②其实,其中所谓"大学联合招生"就是指当时的统一招生。尽管这种情况不是特别多见,但毕竟说明这种"统一招生"其实也可以称为"联合招生"。在另外一篇题为《大学入学考试为什么不会考》的短论中,作者沈有乾所谓的"大学入学考试的会考",其实也就是主张统一考试,因为会考通常即被认为是一种统考。但沈有乾在文中正式使用的是"联合招考""联合招生"的概念。再如,我国台湾地区曾长期实行的大学"联考",由于实施范围大,故在一定意义上可以说其也是一种"统考"。

以上这些史实与经验,无疑为我们今天正确认识联考与统考关系提供了一种重要参照与有益启示。

四、现实思考

近些年来,关于统一高考弊端的抨击愈来愈烈,高水平大学纷纷探索自主招生改革并实行单考(仍需以统考为基本录取依据),但之后又纷纷结盟联考。高校招生形式背后是否存在某些规律性的东西?从目前的现实来看,无论是科学性、公平性还是效率,统一高考都是其他任何考试方式包括单考与联考所无法比拟的。各校单考单招,无疑是一种最为理想的招考方式。但理想的不一定现实,只有现实的才是可行的。由于多方面的限制,包括社会诚信问题、高校招生部门命题资质问题③、人财物投入的效率问题等等,完全的单考单招尚不具备可行性。20世纪50年代,不仅单独招考难以实施,且联考也在博弈中让位给统一招考。同样,六十年之后的今天,也仍然无法实现单独

---

① 浙江大学近讯鳞爪[J]. 国命旬刊, 1938(14):23.
② 朱师逊. 大学统一招生能代替中学毕业会考吗[J]. 教与学月刊, 1940, 5(4):2.
③ 刘清华. 自主招生联考大学亟需加强招生评价研究职能[J]. 大学教育科学, 2011(3): 83-85.

招考。也正因此,近年来高水平大学才在自主招生中从单考发展为结盟联考。然而,问题的关键还在于,联合招考本身似乎又注定是一个悖论。

高水平大学联考最明显的弊端,在于各联考"撞车"的制度安排。其悖论之处在于:若各联盟错开考试时间,那么可能各联盟都要"赶早",而不愿意"落后";且错开考试时间又将增加考生多次赶考的时间与精神、物质负担。若联考统一考试时间,则又"撞车"。不同联盟的联考,时间上无论统一不统一都存在难以调和的矛盾。联考无论是以区域为基础,还是以层次、类型为基础,只要达不到相当规模,在效率方面便无法与统考相比肩。并且,诸如"撞车""增加多次考试负担"等问题也随之而来。除此之外,联考的科学性指标恐怕也难以与统一高考相比。而若将联盟扩容合并,某种意义上似乎又发展成了某种"统考"。如果联盟扩容合并发展为统考,那么便可以说是联考实现了自我否定。这也许正是联考本身的悖谬之处。实际上,这也正是20世纪三四十年代之前,从联合招考到统一招考发展的基本轨迹。从这一意义上说,《关于深化考试招生制度改革的实施意见》将高水平大学联考取消,也确实有其合理性。

学界与教育政策层业已形成的共识是逐步建立"分类考试、综合评价、多元录取"的招考制度①。按目前的宏观设计,所谓"分类考试"首先是基于普通高等教育和高等职业教育的分类。的确,"分类考试"无疑更具现实意义,同时也更为紧迫。就当前而言,与其让"撞车式"联考并存,还不如直接将之取消,令其让位于分类高考。或许,在将来高等教育毛入学率进一步提升,尤其是进入普及化阶段之后,届时地方普通院校或可直接申请入学,而高水平大学则可进一步探讨其专门的入学考试。这种入学考试,称为"高水平大学联考"也好,称为"高水平大学统考"也好,名称其实并不重要,关键在于其为高水平大学专有的入学考试。

本篇发表于《河北师范大学学报(教育科学版)》2017年第4期

---

①国家中长期教育改革和发展规划纲要(2010-2020年)[EB/OL]. http://www.gov.cn/jrzg/2010-07/29/content_1667143.htm.

2006-2009年"985工程"高校招生区域公平问题研究

一、问题的提出

自近现代意义上的高等教育出现以来,高校招生即呈现出鲜明的"地方化"特征,几乎所有层次与类型的高校都是如此。地方性高校招生"地方化"自不待言,而国立大学与之后的"重点大学"也同样呈现出这一特征。但是,过去人们对于这一问题并没有给予太多的关注。到了20世纪末,伴随着高等教育大众化政策的全面开启,人们对于高等教育入学机会的层次诉求不断上移,普遍追求优质的高等教育入学机会。实际上,高等教育大众化政策全面开启以来的十年,同时也是民众对于优质高等教育入学诉求最为强烈的十年。但"985工程"高校招生却呈现出鲜明的"地方化"的特征,对此人们进行了诸多的质疑与批判。教育部于2008年作出规定,要求各"985工程"高校在当地招生的比例要逐渐下调到不高于30%,从而将更多的招生名额投向中西部高等教育不发达的省份。[①] 那么,2009年各"985工程"高校向各省投放的招生计划数究竟如何?是否已据教育部的相关规定进行了相关的调整?因此,2008、2009年"985工程"高校招生名额省际投放比例的特征值得关注。同时,从纵向比较的角度出发,则需要探讨之前几年"985"高校招生的区域公平状况,并以此为参照来探讨2008、2009年"985工程"高校招生名额省际投放比例的特征。

---

① 教育部. 教育部关于下达2008年部属高校普通高等教育招生计划的通知[EB/OL]. 2008-02-01, http://www.moe.edu.cn/edoas/website18/47/info1207805668070647.htm.

基于以上考虑，以下对 2006 至 2009 年"985"高校招生的区域公平问题进行相关探讨。

二、2006—2009 年"985 工程"高校招生名额的省际投放特征

从数据的可获得性以及"985 工程"高校的层级与区域分布等角度出发，选取了 2006 至 2009 年北京大学、清华大学、复旦大学、上海交通大学、中山大学、西安交通大学、华中科技大学、厦门大学，共 8 所高校在各省（市）的招生名额及比例数，以及除此之外其他"985 工程"高校在 2009 年的本地招生比例数。但由于篇幅的限制，在此只列出北大、清华等 8 所"985 工程"院校在 2006-2009 年向本地所投放的计划招生（或实际招生）比例数，以及 2009 年各"985 工程"高校在不同省（市）所投放的计划招生比例数。同时，利用 2006 年各省普通高等学校招生统一考试报考比例数作为探讨"985 工程"高校招生区域公平的一个参考变量。根据以上各类数据，对于近几年来"985 工程"高校招生的区域公平问题进行相关的探讨。

表 1　2006-2009 年
北大、清华等 8 所"985 工程"高校的本地生源计划比例数[①]

本地计划比例数	2006	2007	2008	2009
北京大学	17.01%	17.30%	18.14%	22.00%
清华大学	15.52%	15.91%	15.82%	20.48%
复旦大学	60.10%	57.10%	52.22%	47.37%
上海交通大学	55.40%	50.28%	43.35%	34.39%
中山大学	61.56%	59.41%	56.21%	55.96%
西安交通大学	29.91%	30.69%	29.96%	31.80%
华中科技大学	45.86%	40.90%	41.38%	38.76%
厦门大学	43.35%	39.36%	37.17%	37.64%

①根据北京大学与清华大学最初公布的 2009 年所在地的计划投放比例数，两校在京的投放比例数分别占招生总计划数的 18.33% 与 17.07%。即便依此来看，两校在京投放的计划比例数较之 2006、2007、2008 三年也基本上呈现出了一种轻微的上升趋势。但后来，两校又分别在京各扩招约 20% 的比例，最终在京所录取的人数分别约占 2009 年招生总数的 22.00% 与 20.48%。

资料来源：本地计划比例数系根据以上各"985工程"高校招生网站所提供的相关数据计算而得,本地考生比例数根据《中国教育考试年鉴2007》中的相关数据计算获得。

表2　2009年"985工程"高校本地生源计划比例数①

院　校	本地投放比例	院　校	本地投放比例
北京大学	22.00%	南京大学	43.79%
清华大学	20.48%	东南大学	36.82%
中国人民大学	12.11%	浙江大学	60.21%
北京师范大学	7.01%	山东大学	50.66%
北京航空航天大学	10.62%	中国海洋大学	42.58%
北京理工大学	10.26%	武汉大学	29.49%
中国农业大学	9.77%	华中科技大学	38.76%
中央民族大学	2.88%	湖南大学	22.22%
天津大学	22.73%	中南大学	14.07%
南开大学	27.69%	国防科技大学	6.68%
复旦大学	47.37%	西安交通大学	31.80%
上海交通大学	34.39%	西北工业大学	24.58%
同济大学	27.24%	西北农林科技大学	25.07%
华东师范大学	34.83%	中国科学技术大学	13.64%
重庆大学	24.92%	中山大学	55.96%
哈尔滨工业大学	26.86%	华南理工大学	58.48%
吉林大学	29.49%	电子科技大学	30.71%
大连理工大学	32.62%	兰州大学	30.84%
东北大学	31.91%	厦门大学	37.64%

资料来源：系根据以上"985工程"高校招生网站所提供的相关数据计算而得。（复旦大学、上海交大包括了自主招生的投放比例,其他高校则未包括）

---

① 2009年四川大学在川的招生计划比例数暂未能获得。

通过分析2006—2009年北大、清华等8所"985工程"院校向各省（市）所投放的招生计划比例数以及其他各"985工程"高校2009年向本地所投放的计划招生比例数，可以发现这几年来"985"高校招生名额省际投放比例上的若干特征。

第一，各"985工程"高校本地生源比例变化情形存在一定的差异，多数有所下降，部分比较稳定，少数本地生源比例数呈现出轻微的上升趋势。如2006-2009年复旦大学与上海交通大学两校的上海生源比例均呈现出了明显的下降趋势：前者从60.10%逐渐下降到47.37%，下降了近15个百分点；后者则从55.40%逐渐下降到34.39%，下降达21个百分点。应该说，两校本地生源比例的下降幅度是比较明显的。中山大学、华中科技大学、厦门大学也都呈现出了比较明显的下降趋势。西安交通大学则几乎没有多大变化，基本上在30%上下。与此同时，北京大学与清华大学的本地生源比例数则表现出了比较明显的上升趋势。如北大的京地生源比例从17.01%逐渐上升至22.00%，相应地，清华大学则从15.52%上升到了20.48%。

第二，从绝对数值上看，各地"985工程"高校向京、津、沪、渝各地投放的比例并不高，但由于各直辖市考生规模较小，故相对比例即投放比例与报考比例之比率并不低，尤其是京、津、沪、渝各地"985"高校向各直辖市相互投放比例较高。如北京地区的"985"高校本地生源比例基本上在10%左右。一方面由于北京考生规模较小，基本上在1%，另一方面北京的"985"高校数量较多，故北京考生被"985"高校所录取的概率远远高于一般省份。又如复旦大学、上海交大向北京、天津投放的比例经常与其他一般省份相当，北京大学向天津、上海投放的比例甚至高于一般的省份。

第三，总体上看，虽然多数"985工程"高校向其所在省份投放的招生计划比例数呈现一定的下降趋势，但部分高校招生仍然呈现出明显的"地方化"特征。如2009年浙江大学的本地生源比例超过了60%，而中山大学与华南理工大学的本地生源比例一直在55%至60%之间。另外，山东大学与中国海洋大学向山东投放的计划比例数也比较高。不过，少数几所"985工程"高校招生"地方化"特征比较轻微，甚至不具有这种特征。如中国科学技术大学、中南大学、国防科技大学、中央民族大学2009年的本地生源计划比例数均比较低，分别在13.64%、14.07%、6.68%、2.88%。

第四，部分"985"高校招生呈现出一种"周边区域化"的特征，即往往在其周边省份投放较高的比例。复旦大学与上海交通大学向江苏与浙江投放比例较高,除上海之外,这两个省份是该两校所投放比例最高的地区。如上海交通大学在2006—2008年三年间,向江苏、浙江所投放的计划比例数基本上在3%至4%之间,明显高于一般省份1%～2%的比例。同时,从2009年开始,上海交通大学自主招生的地域范围开始突破上海而扩展至江苏、浙江两省,而复旦大学则开始面向浙江进行自主招生。实际上,还有不少"985"高校都表现出了这种招生的地域倾向特征。如华中科技大学向河南、湖南、江西,以及其他相邻省份投放比例较高;中山大学向广西、湖南、江西投放比例较高,向福建投放比例也相对较高;哈尔滨工业大学、吉林大学、大连理工大学向东三省投放比例较高。

　　第五,若不考虑本地生源比例,多数"985工程"高校在一定程度上体现了按考生规模比例投放招生计划的特征。如河南与山东往往都是"985工程"高校投放名额相对较多的两个省份。但由于各省考生规模差异较大,尤其是高考"大省"与"小省"之间的差异更是巨大,加之现行的"省部共建""省部市共建"的"985工程"高校投资体制等各种原因,"985工程"高校又难以完全按人口比例或考生规模比例进行投放。

　　总体上看,虽然"985工程"高校在招生上仍然呈现出比较明显的"地方化"倾向,尤其是部分高校如浙江大学、中山大学等生源"地方化"特征更为鲜明,但多数"985"高校的本地生源比例数已经有所下降。正是本地生源比例的下降,使得各省考生在被"985工程"高校录取概率上的差异较前几年有了某种程度缓和。不过,由于绝大多数"985"高校仍然存在生源"地方化"的招生倾向,在"985工程"高校省际分配不均与各省考生规模不同的背景下,这种概率差异仍然比较明显,公民受教育权或者说优质高等教育入学机会仍然由于地域差异而存在明显的差异,尤其是一些高考大省与中西部省份在优质高等教育入学机会上普遍低于京、津、沪、渝,以及东部高等教育比较发达的省份。

三、"985工程"高校招生区域公平问题的反思

　　时至今日,人们对于公平的诉求比以往任何一个时期都更为强烈,没有哪一个人或哪一个组织敢于对公平提出公开的挑战。然而公平本身又是一个充满多重冲突的矛盾体,如考试公平与区域公平便是高考制度伦理中的一对

基本矛盾。①由于各种原因所致,现行的高考制度模式选择了"分省定额录取优先,省内自由竞争"的模式。不过,问题是分省定额录取中的区域公平并没有实现其基本初衷,公民受教育权或者说优质高等教育的入学机会仍然由于地域差异而存在明显的差异。事实上,我们无论是以首重"平等"的罗尔斯的正义论还是以首重"自由"的诺奇克的正义论来观照这一事实,都会得出同样的结论:高考分省定额录取的现状同时削弱了其中的自由与公平的含量。

笔者认为,"985工程"高校入学机会的省际分配应该首先考虑各省考生规模比例,其次兼顾当地政府投资比例而向本科生源适当倾斜。就二者的顺序而言,考生规模比例这一因素必须而且明显优先于当地政府投资比例这一因素。换言之,"985工程"高校入学机会的省际分配应该更多地考虑各省考生规模比例,而适当顾及地方政府投资的因素。除此之外,仍然有一些理论上的问题需要进行澄清。这里略及一二,以做探讨。

第一,"地方化"与"去地方化"的标准问题。

虽然,在前文的数据分析中并没有设定,甚至也没有提及一个所谓招生"地方化"的判断标准,但从这些数据可以看出"985工程"高校招生"地方化"却又是如此鲜明无疑。事实上,这是一个无需设定标准进行论证的命题。现在关键的问题是,"去地方化"的标准是什么?教育部规定的不超过30%的标准是否能够消除"985工程"高校招生"地方化"的特征?从前文的相关统计数据可以发现,在各省的考生规模与"985工程"高校的省际分布如此失衡的背景下,即使"985工程"高校本地生源比例平均为30%,也不可能达到招生"去地方化"的目标。

另外,无论是30%的比例还是其他的上限比例规定,都不应该"一刀切"。浙江大学当初系由四所"211工程"院校合并而成,合并后的本科招生规模明显低于一般规模的四所"211工程"院校本科招生的总和,故如果统一按照教育部关于30%的规定来要求,也不尽合理。中山大学与华南理工大学在经费的来源上,广东省政府是按照1:2的比例提供配套经费,如此高比例的经费投入,使得两所"985工程"高校招生"去地方化"较之一般

---

①刘海峰. 高考改革的理论思考[M]. 武汉:华中师范大学出版社,2007:120-121.

"985工程"院校而言更为棘手。

第二,"985工程"高校招生与高等教育产权、高校办学自主权的问题。

从"985工程"高校的产权出发来看待其招生"地方化"的问题,或许会提供一种有益的视角。很显然,"985工程"高校的产权并不属于地方政府,也不在地方。地方政府对于"985工程"高校的投资可以给当地带来经济、社会等各方面的巨大收益,因此不能以招生名额的增加进行交易。"985工程"高校招生名额投放还牵涉到高校办学自主权的问题。现行"985工程"高校在各省间的投放比例显然是违反了社会公正的原则,但某种意义上,也必须从高校自身的角度出发思考问题。如高校招生中的"大小年"问题,高校在某一省份最终录取的人数往往受到报考考生数量的影响,或低于或高于所投放的计划招生数。出于能够招收到优秀生源的角度考虑,高校有时在生源质量较高报考人数较多的省份多录取一些考生,也具有一定合理性,这也是高校办学自主权的一种具体体现。[1]

人们对于优质高等教育入学机会的诉求无疑是普遍与深刻的,由于"省部共建""省部市共建"的投资体制,以及不同区域利益相关者的立场不同,优质高等教育入学资源的区域配置只能在各方做出一定让步的基础上达成一个各方都能够接受、认可的相对公平的方案。因此,"985工程"高校招生的区域公平问题也只能在渐进中获得解决。

本篇发表于《中国高教研究》2010年第3期

---

[1] 刘海峰.高考改革中的全局观[J].教育研究,2002(2):21-25.

新时期高考移民身份判定的三重困境

"高考移民"身份判定,不仅是一个实践问题,同时也是一个理论难题。伴随着人口流动的日益频繁,尤其是"流动人口不流动"格局的出现,这一问题的重要性日益彰显。在大规模人口流动现象已经成为中国社会一种常态特征的时代背景下,高考移民身份判定的复杂性超过了历史上任何一个时期,面临着道德、法律与技术三重困境。

一、近十年来的高考移民现象

一般认为,所谓高考移民是指在高校分省投放录取计划的招生体制下,由于高考录取率与考生竞争力的区域差异而造成的考生通过非法冒充户籍"移民"至更加容易录取省份参加高考的现象。[①]

现代高考移民问题,大约自20世纪80年代开始浮出水面。伴随着高等教育大众化政策的全面开启,这一问题不仅没有减缓,反而一度呈现出愈演愈烈的趋势。例如,2004年山东省高考缺考人数为10248人,其中多数缺考者被认为"移民"到了其他地区参加高考。又如新疆,每年都查处一批高考移民者。其中,2003年查处了2600余名,2008年为891名,2009年清理出了至少570名;2010年仍有466名高考移民者被查处。2008年,190名高考移民在青海被查处而失去高考资格,内蒙古则查处了3700多名高考移民者。[②]由于中国高校招生所采行的是分省定额录取机制,因此,高考移民通

---

① 刘海峰,樊本富. 论西部地区的"高考移民"问题——兼论科举时代的"冒籍"现象[J]. 教育研究,2004(10):76-80.
② 刘希伟. 清代科举冒籍研究[M]. 武汉:华中师范大学出版社,2012:315-317.

常情况下都是跨省（自治区、直辖市）冒考。不过，也有个别省份因省内高考录取线划定比较特殊，还存在"省内高考移民"现象。如山东省由于其存在多条"二本录取线"，曾发生过"省内非法跨考"的事件。此外，还有"成人高考移民"以及"国际高考移民"现象。

"高考移民"作为一个概念，既可指称高考移民这种现象，又可指称"人"，即"高考移民者"。过去，这一概念尽管在具体界定上存在某些差异，但总体上人们仍可对其达成一种基本的、共同的理解，而招生考试管理部门及公安部门在清查、判定高考移民身份方面，也几乎不存在什么理论困境。或者至少可以说，不存在明显的问题。新时期流动人口随迁子女高考问题的出现，则使得高考移民身份的判定遭遇到了前所未有的困境——道德困境与法律困境。除此之外，还包括通常意义上的技术困境。

二、高考移民身份判定的道德困境

在高考移民身份判定中，主观动机无疑应当成为一个主要或者重要的参考维度。在人口流动规模较小、频率相对较低的背景下，高考移民身份的判定，绝大多数情况下就是看其是否是故意在高考前夕非法冒充户籍至相对更加容易录取的地区参加考试，从而增加录取率或录取机会。也就是说，以往所被查处的高考移民者，绝大多数在主观动机上为有意非法违规跨考。尽管也存在某些因为父母工作流动等原因而造成的流动人口就地高考需求者，但人数比较有限，相对于绝大多数静态人口基本上可以说是"一粟之于沧海"，因此问题并不明显。在此情形下，虽然也有出于高等教育入学公平的考量而为高考移民进行辩护者，不过其终究只是极少数，民众主要还是持一种否定与批判的态度。由此，高考移民身份判定方面基本不存在道德方面的困境。

简言之，在人口相对静态的社会背景下，防治高考移民基本未曾遭遇"大量"因由经商、务工等原因而形成的"真正"流动人口随迁子女就地高考问题的挑战，故也就不存在造成大规模流动人口随迁子女无法就地高考的问题。

但在大规模人口流动已经成为中国一种常态社会特征的背景下，高考移民身份判定正在经历着一场严峻的道德考验。高考分省定额录取仅能适应静态人口的考试需求，却无法有效应对人口流动带来的挑战。封堵高考移民在过去所针对的基本上多是非法临时投机跨考者，但今天却在事实上成了阻碍流动人口随迁子女就地高考的一种制度障碍。

时至今日，大量的流动人口随迁子女并非像以往通常意义上的高考移民者出于增加录取率而有意"流入"某一地区，而是与由于谋生、工作需要而流动的父母一同随迁，从而遭遇到高考报名甚至是"无处高考"的问题。这些流动人口可能已经几年甚至十几年都定居在某一地区，属于"流动人口不流动"的情形；而并非那种在子女高考前夕才流入某一地区的情形，因此，并不存在缘于"高考移民"的"主观恶意"。由此，人们不禁要追问的是，以防止高考移民为由而限制大量真正因由父母务工流动而形成的随迁子女就地高考，是否合情合理？如果高考分省录取模式下各省录取率基本持平，那么，某一地区大规模外来人口的流入势必将在实质上占用原本属于该地区学生的高等教育入学机会，由此通过限制高考移民来维护地区高等教育入学名额，应该说具有明显的根据与合理性。否则，若是在原本即为高等教育入学机会地域分配不公的格局下，优质高等教育资源与入学机会高度聚集、丰富的地区，以维护本地考生利益为由，通过限制高考移民的手段将大量真正流动人口随迁子女限制在外，显然无法经受得起道德层面的评判。就此而言，在优质高等教育资源高度聚集的京、津、沪等大城市，高考移民问题的防治无疑正在遭遇一种前所未有的道德困境。不唯如此，海南、新疆、内蒙古等省区，为限制高考移民也将大量"真正"流动人口随迁子女限制在外，同样也是无法回避道德层面的困境。

评判一项制度是否科学、合理，道德伦理应当成为一个基本维度。所谓制度伦理即是制度本身所蕴含的伦理追求和道德价值理想，即制度的合伦理性、合道德性，或者说是人们从既定制度的本质规定和运作框架中引出道德价值和道德规范，以伦理道德作为尺度和标准对其进行道德评判。[1]在大规模人口流动背景下，以高考户籍制来防治高考移民现象的发生，实在是无法经受得起道德层面的考验。而在当今各省纷纷采行自主命题的背景下，高考移民的防治与高考移民身份判定所遭遇的伦理拷问又更加复杂、严峻。在此双重背景下，以限制高考移民为由，造成了大量流动人口随迁子女既无法在流入地考试，也难以或者根本无法返回户籍地考试，甚至还直接造成了"偌

---

[1]何颖. 制度伦理及其价值诉求[J]. 社会科学战线，2007(4):37-41.

大中国无处高考"的怪象。

三、高考移民身份判定的法律困境

新时期高考移民身份判定所面临的第二重困境为法律困境。这一方面与道德困境密切相关。法律与道德之间具有高度一致性,也有一定的差异,合道德者不一定合法,合法者不一定合道德。

高考移民不仅冲击了高考分省定额录取的制度规定,而且滋生出某些非法牟取暴利的"中介组织",并引发了诸多的社会腐败与法律争讼问题。对于高考移民,少数人也在为之鸣不平,认为其是对现行高等教育入学机会地区分配不公的一种反抗,但更多的人则将之视为一种侵占海南、内蒙古等高考洼地省份招生名额的非法行为。按现行的制度规定,高考移民显然属于一种非法、违规行为,对此人们似乎习以为然。那么,高考移民究竟是否属于违法行为?而限制高考移民究竟合法还是违法?

中国宪法学会副会长、北京大学张千帆教授近几年来一直以法学的视野关注中国高校分省录取问题、流动人口随迁子女教育,尤其是中、高考权利问题。从大学招生指标制度和录取标准的地方差异出发,张千帆分析了高等教育机会不平等的社会后果,指出招生指标等高等教育领域的地方保护主义行为违背了宪法平等原则。法律上的平等并不限于法律适用上的平等,也不限于立法上的实体平等,而是意味着所有公共权力行为必须符合平等原则,其中当然包括教育部、各省教育厅,以及全国各地所有公立学校影响考生高等教育机会的政策或措施,更不用说对考生命运影响直接而巨大的大学招生和考试制度,因此招生考试平等化的主张只是宪法平等原则和受教育权的直接拓展。①这其中的逻辑在于:高等教育入学机会地域分配不公,如此,出于地方保护主义而防治高考移民,并在事实上限制真正由于经商、务工而造成的真正流动人口随迁子女高考权利问题,显然是不合法的。法律本应是自由、公平、平等的守护者,现在却因地方保护主义而造成大学招考不公,因由防治高考移民出台的法规、政策与条例等直接造成了大量"真正"流动人口随迁子女无法就地考试的问题。

再者,某些省份不同层级的教育行政部门,在高考户籍制方面所做出的

---

① 张千帆. 中国大学招生指标制度的合宪性分析[J]. 中外法学,2011(2):248-269.

某些规定本身就口径不一、相互冲突,直接造成了"合法借机"考试机会的落空,乃至于最终陷入无处高考的实践困境。

例如,2008年曾有88名"西安考生"由于学籍和户籍不符合陕西省招考政策而被取消高考资格,原因竟是西安市与陕西省的高考政策相互冲突。当时,这些考生完全满足了西安市高考报名的相关条件,但却没有满足陕西省的统一规定。陕西省和西安市的招生规定中有一条细微但却至关重要的差异:在灞桥区和西安市的规定中,均指出"跟随父亲或母亲户口迁入我市、军转安置、工作调动等正常落户者,不受户籍、学籍年限限制";而陕西省的规定则是,"考生本人跟随父亲(母亲)因军转安置、工作调动等正常迁移在陕落户者,不受户籍、学籍年限限制"。后者的表述中,比前者少了一条"跟随父亲或母亲户口迁入我市"。其中的14名考生将西安市招办、灞桥区招办和区教育局告上法庭,请求恢复他们在陕西省报名参加高考的资格。这起罕见的"群体诉讼案",时称中国"高考移民诉讼第一案"。①

又如,广西作为经济欠发达地区,为发展经济吸引外来人口投资制定和颁布了若干地方性政策法规,如购房入户、纳税入户、投资入户、亲友入户等等。2009年11月30日,广西壮族自治区教育厅和公安厅联合发布"桂教考试(2009)5号"文件,即《关于加强户口迁移人员普通高考报名和享受照顾政策资格审核工作的通知》,规定外省迁入人员参加高考报名的条件为(1)具有广西常住户口(户口在高考报名截止日前迁入);(2)应届生具有一年高中学籍。而2011年10月12日,广西教育厅和公安厅又联合下发了"桂教考试(2011)6号"文件,即《关于调整和补充户口迁移人员普通高考报名资格审核规定的通知》。这一文件规定外省迁入人员参加高考报名的条件是(1)户口迁入时间满三年(自迁入当日到普通高考当年的9月30号);(2)应届生具有三年高中学籍。高考报名条件的这种突然调整,直接造成了上千考生无处高考的问题:既不能在广西参加高考,因学籍年限尚不合要求;也不能在原籍省份参加高考,因为户籍已经迁出原籍地。政策朝令夕改,既不合道德层面的要求也不合法。即使调整,也必须留出一个缓冲期,避免因政策调整本身不合法而造成合法落户考生无处高考的问题。

①中国高考移民诉讼第一案追问:我的高考权在哪[EB/OL]. http://news.sohu.com/20080514/n256838821.shtml.

总而言之,从法律的角度来看,出于防治高考移民而出台的地方保护主义政策法规,因将大量"真正"流动人口随迁子女限制在流入地高考之外,在事实上构成一种违法行为。由此,从根本上考量,其也是高考移民身份判定所面临的一种深层次法律困境。而由于各地教育行政部门所规定高考报名条件本身之间相互冲突,抑或是报考政策朝令夕改,缺乏稳定性或缓冲期,从而也造成合法落户考生最终无处高考的法律困境。

四、高考移民身份判定的技术困境

纵观最近几年的高考舞弊手段可以发现,其已呈现高科技化、集团化的特征。同样,高考移民身份的判定也面临着技术层面的困境。当然,这并非一种新困境,以往治理高考移民也都面临这一问题。

高考移民对于考生而言无疑是一种高利害、高风险的投机行为,总有人绞尽脑汁试图铤而走险;而同样由于高利害,这种现象本身催生了诸多专门从事办理户籍与学籍事宜的非法中介。高考移民行为催生了高科技舞弊手段,舞弊现象本身又催生出高科技防弊手段,但往往是紧接着再催生出新的、更先进更隐蔽的作弊手法。在考试舞弊与防弊的博弈中,往往是"道高一尺,魔高一丈",舞弊者常常能够像假币一样可以以假乱真。而更为重要的问题还在于,户籍部门与学校中的某些不法人员直接参与甚至组织高考移民,为之办理非法户籍与学籍。即使防治技术再先进、再发达,其也终究是由"人"发明创造,而人是"活"的,故在相关制度、政策的执行中总有某些不法者可以成功非法翻越法律的"防火墙"。

此外,一方面,在海南、内蒙古以及新疆、青海等省区,的确有部分本地户籍人员将其子女送至东部发达省份"借读";另一方面,某些非法高考移民者往往冒充这种"借读"身份舞弊,因此,为区别、辨别出其中的舞弊者具有相当的难度。尤其是高考洼地省份的某些本地人员与外来非法高考移民进行"利益合谋",诸如借助"结婚落户"等手段实现高考移民,此种手段更是难以察觉。或者即使察觉其目的在于高考移民,可能也难以进行处罚,因为其可能满足了相关的报考政策所规定的条件。当然,此种现象不仅是高考移民身份判定所遇到的一种技术困境,从更深的意义上说也是一种法律困境。

当然,只要加强制度建设、加强高考移民的防治与打击力度,即使无法完全杜绝这一问题,也仍可极大减低此类现象的发生机会。

五、结语

以上所论新时期高考移民身份判定所面临的三重困境,其中的道德困境与法律困境无疑更为根本。所谓技术困境,毕竟是在道德与法律困境之后的技术问题。尤其是在京、沪、粤等省市,流动人口随迁子女高考问题已经成为极为紧迫的一大教育问题,因此其高考移民问题的防治所面临的道德与法律考验也尤为严峻。如何稳妥地解决流动人口随迁子女高考问题,成为关乎防治高考移民道德与法律困境的根本。

笔者以为,高考移民问题的最终根源与其说在于户籍,毋宁说是在于高考分省定额录取。因为只要实行分省定额投放招生名额,便形成一种"区域间的博弈",如此,即使取消高考户籍制,那么也必须寻找到另外一种控制工具以便实现"真正"的分省定额。这种控制工具,尽管可能不称为"户籍",但其所发挥功能却应与当今户籍的控制功能相一致。不少学者主张完全取消分省定额录取,实行全国统一命题、统一录取分数线,如此既可彻底解决由来已久的地区间高等教育入学机会不公问题,又可解决高考移民以及流动人口随迁子女高考问题。然而,这种思路未必可取,究竟要不要分区定额,是否应彻底取消高考户籍制,看似容易实则相当复杂。

中国考试史的发展一再表明,分区定额在中国具有基本的合理性与必要性,在经济与教育发展呈现明显地区差异、阶层差异以及校际差异的当代社会,加之重视教育甚至是过于重视教育的传统文化的影响,尚不应简单取消分省定额录取的机制,流动人口随迁子女高考问题很难找到一种完美的解决方案。考试公平与区域公平是中国高考制度框架中的一个两难选择。现阶段,还无法简单地通过"一刀切"彻底终结高考户籍制,而只能对其进行有限松绑,根据各省具体情形因地制宜制订方案,逐步推动流动人口随迁子女高考问题的解决。在此基础上,加强高考移民问题的防治,切实维护高考的公平与秩序。

本篇发表于《教育发展研究》2013年4期

"高考移民"的新动向与治理策略

高考户籍制,即高考与户籍紧密捆绑、考生必须在户籍地报考与录取的规定,是中国高考制度的重要属性。随着异地高考政策的发展,高考户籍制呈现一定松动,但仍是中国高考制度的一项基本属性,且其在未来相当长时期内难以发生根本性变化。高考移民与异地高考作为高考户籍制下具有密切关联的两个问题,二者在人口流动日益频繁的背景下呈现出复杂交织状态。由于异地高考的正当需求,高考移民身份判定面临着道德、法律与技术三重困境。反之,高考移民问题则直接影响异地高考政策的宽严标准。

从形式上看,异地高考问题的凸显,一定程度上遮蔽了传统意义上的高考移民问题。有关高考移民的话语部分为异地高考所替代,高考移民的防治部分地整合到异地高考政策系统,后者成为一个出现频率更高的概念。然而,话语形式的转变并不意味实质问题的消退,高考移民仍是中国高考基本架构下的一个重要问题。尤其是随着防治力度的加大,高考移民行为较之以往更为隐蔽,加之出现新变种,其治理也变得更加复杂。

一、"高考移民":一项顽症

考试移民作为中国一项独特的教育与社会问题,可以说自古有之。早在传统科举考试中,即存在考生冒充户籍至更容易录取地区参加考试的现象,这在当时一般称为"冒籍"。一千多年的科举考试史表明,在分区定额录取机制下,冒籍应试是一项不折不扣的顽症。1905年,科举制被废止,然而考试移民现象却仍存在于近代高校招生考试中,且也称"冒籍"。

当代高考移民,大约自20世纪80年代开始出现。伴随着高等教育大众化政策的全面开启,这一问题一度变得异常严峻。根据相关报道可以发现,

2003、2004年前后的高考移民问题尤其严重。大约自2005、2006年起，全国各省区对于高考移民的打击力度加大，之后开始呈现某种减缓之势。然而，严格说来，这仅是据相关媒体报道得出的一种表面判断。高考移民作为一种违法违规行为，隐蔽性是其固有特征。为了增强隐蔽性，甚至还有"千万不要考状元"的考量与选择。正像科举冒籍难以根治，高考移民现象也几乎从未根除。例如，2010年新疆查处了466名高考移民者[①]；2011年，该区又清理高考移民267人。[②]2013年，青海省西宁市城西区通过学校初审及与相关部门联合审查，查出报考资料不全以及存在问题考生456人。后经进一步查证、取证，在报名初审阶段取消3人的报考资格，复审阶段取消4名考生报名资格，限报考生26人。其原因包括考生家长隐瞒省外迁移资料、空挂户籍、一人两户、冒名顶替、户口迁入时间不合规定等。与此同时，西宁市城中区也查出因户籍问题、本人高中三年不在青海就读者12人，复审时取消2人的报考资格，另有7人自愿放弃报考、20人被"限报"。[③]

近几年，所查处的影响较大的高考移民案件则有甘肃平凉高考移民案、重庆开县高考移民案，以及内蒙古高考移民案等。2012年8月至2013年1月间，出于运作高考移民的目的，河南籍人赵某、张某与甘肃平凉籍人陈某通过私刻公章为10名河南籍考生非法办理平凉市崆峒区籍户口、身份证和兰州市新亚中学学籍。[④]

再如，内蒙古地区每年都曾查处一定数量的高考移民。2013年，内蒙古丰镇市擅自为高考移民者办理报名手续，并造成多次群体性上访事件。[⑤]同年，赤峰学院附属中学为并未在本校"实际就读"的学生即高考移民者办理高考报考手续。之后，丰镇市被取消各类教育考试考点设立资格，赤峰学院附

---

① 新疆今年已查处466名高考移民考生 [EB/OL]. http://edu.qq.com/a/20100608/000419.htm. 中国高考移民诉讼

② 新疆今年清理"高考移民"267人减少近一半 [EB/OL]. http://www.xinhuanet.com/chinanews/2011-06/08/content_22957898.htm.

③ 封堵高考移民西宁市74人被取消资格或限报 [EB/OL]. http://www.qh.xinhuanet.com/2013-05/24/c_115888128.htm.

④ 崆峒检院公诉首例"高考移民"案 [EB/OL]. http://gsfzb.gansudaily.com.cn/system/2013/09/18/014683826.shtml.

⑤ 内蒙古丰镇市因接纳高考移民被取消考点设立资格 [EB/OL]. http://www.nmg.xinhuanet.com/xwzx/2013-08/27/c_117114502.htm.

属中学也被取消高考考点设立资格。①根据最新的数据,自 2014 年以来内蒙古清退的高考移民计有 1465 人,其中包括参加高考预报名而未正式报名的 828 人,改报高职高专的 477 人,取消报考资格的 75 人,公安部门查实户籍造假后清退的 85 人。此外,在高三学业水平考试数据库中,还有属于区外身份证号的考生 10932 人未参加高考报名。②1465 名高考移民足以令人震惊,而属于外省区身份证的 10932 人,估计大多也是属于高考移民者。仅一个省区,即查出如此大规模的高考移民,由此不难想象当前高考移民问题的严重性。内蒙古自治区,应该说既是高考移民治理力度较大的一个地区,同时又是一个重灾区。这种矛盾现象,正反映出其高考移民问题的严峻性、复杂性与顽固性。

《中国青年报》社会调查中心进行的一项民意调查显示,"91.2% 的受访者认为身边就有'高考移民'"。③的确,在中西部教育相对落后省份,可以说一直都存在高考移民问题。以上所举列的案例虽不能说仅为冰山一角,但足以说明高考移民仍是当前中国高考基本框架下的一个重要问题。

二、"高考移民"的新动向

1. 利用政策空隙提前空挂户籍与学籍,以异地高考为外衣

异地高考需求尚未大规模凸显之前,全国高考移民问题一度极其严重。由于异地高考还没有显现为高考移民的一种重要背景,甚至其概念也还没有出现,所以,当时的高考移民自然也谈不上需要"正式"披着异地高考的外衣。随着异地高考需求的不断增加,全国各省在纷纷探讨异地高考政策的同时,也一并增加了对于高考移民问题的关注。异地高考问题全面进入国家教育政策顶层设计者视野并渐次推进的过程,也是高考移民问题逐渐得以重视并着力清理的过程。一定意义上说,正是异地高考促进了高考移民问题的治理。在此背景下,高考移民的一种动向便是利用政策空隙提前空挂户籍与学籍,以异地高考为外衣。

从户籍来看,以往高考移民者在高考前夕伪造户籍即易得逞。而从近五

---

① 内蒙古自治区招生考试委员会办公室文件.关于取消赤峰学院附属中学应届高中毕业生跨旗县区参加高考报名的通知 [Z]. 内招办考(2013)4 号.
② 李玉波.内蒙古严打"高考移民" [N].中国青年报,2015-05-27,第 6 版.
③ 王聪聪.91.2% 受访者坦言身边存在高考移民 [N].中国青年报,2013-07-30,第 7 版.

年所查处的相关案件来看,高考移民在落户时间上呈现提前之势。高考移民者的这种行为,在于使其报考条件尽可能与各地异地高考政策的户籍要求相一致。当前,高考移民者大多都是"披着异地高考的外衣"。一般说来,"异地高考"是指在原籍地之外地区,在符合当地高考报考规定情况下参加高考的情形。相反,对于那些未能符合相关报考政策规定便在异地参加高考的情形,通常情况下都称之为"高考移民"。换言之,异地高考基本上是指合法、合规在原籍之外地区参加高考的现象或行为;高考移民则是指违法、违规在原籍之外参加高考的现象或行为。利用政策漏洞以异地高考的形式至更加容易录取的地区应试,从动机上来说,与传统意义上的高考移民完全一致。当然,如果完全符合了某地异地高考的政策规定,只能视作合法的异地高考。这在一定程度上反映出当前高考移民身份判定的复杂性。

从学籍来看,当前高考移民的一个特点是空挂学籍、就读原籍。过去大多省份主要是通过户籍防范高考移民,对于学籍的要求相对较松。随着全国范围异地高考政策的渐次发展,高考户籍制总体上开始松动,原先通过户籍防治高考移民的方法部分地转移到了对于学籍的控制上。当前,异地高考政策大多都包括异地高考者"真正就读"或"实际就读"的时间要求。这一点,就像科举时代的异地考试政策,最初并未明确规定"实际居住"某地的要求,后来出于防止考生以"寄籍"为外衣"冒籍"应试从而增加了这种要求。①在对考生学籍要求提高的情况下,高考移民者除了提前落户外,还须获得并空挂学籍。空挂学籍与就读原籍,犹如硬币之两面,后者在于提升考试竞争力。例如,2014年底,内蒙古呼和浩特市教育局对该市两所民办中学进行突击检查发现,在持自治区外身份证号的690名学生中有590人不在本校实际就读,大多属于空挂学籍。这些高考移民者,每逢学业水平考试等重要节点回校"应卯"考试,其余时间均在原籍就读。①据调查发现,内蒙古地区的不少外来高考移民者都是先将户籍迁移至某旗县,然后到其他旗县中学办理假学籍或空挂学籍。户籍与学籍不在同县,增加了舞弊行为的隐蔽性。

总之,因由异地高考对户籍与学籍的要求所致,当前高考移民的一大动向是在落户与注册学籍时间上明显提前,并且空挂学籍、就读原籍。

---

①刘希伟.异地高考的历史参照:清代异地科举考试政策探论[J].教育研究,2015(2):130-138.

2.利用私立中学和中等职业学校作掩体,假借异地高考或冒充本地考生

当前高考移民的又一动向是以私立中学和中等职业学校作掩体。在中西部基础教育相对落后的高考洼地,为防治高考移民,异地高考政策尤为审慎。在这样一种背景下,非法运作高考移民的难度自然增大。为顺利达到目的,不少高考移民者选择私立中学或中等职业学校作为掩护。当然,这种情形其实在以前的高考移民问题中也同样存在,同时选择挂靠普通高中学籍的高考移民也不在少数。此处,笔者意在说明,利用私立中学和中等职业学校掩护假冒异地高考或本地考生,呈现某种增加趋势。

一定意义上说,私立学校已成当前高考移民的主灾区之一。首先,相对于公立高中而言,私立高中因其"私立"属性,地方教育行政部门的监管比较薄弱。其次,某些私立学校由于办学水平低下面临生存困难,且空存较多学籍。此类私立学校十分容易与高考移民者形成利益合谋,从而联合舞弊。根据2009年7月30日的《中国青年报》报道,当时《洛阳晚报》上经常刊登为外地私立中学招揽生源的广告,或是招收高一新生,或是招收插班生,其招揽口号包括"到重庆上高中,考大学更轻松","选新疆高中,考名牌大学"等。借用官方报媒登载高考移民广告,高考移民成为非法但却公开的产业,由此可见这一问题的严重性。2010年宁夏所查处的170人高考移民案件中,以民办学校为掩体者达136人,占80%的比例。[②]2013年11月,内蒙古呼和浩特市教育局所查处的曙光和开来两所存在严重高考移民问题的中学,同样也都为民办学校。再如,轰动一时的2014年重庆开县高考移民案也是属于这种情形。不难发现,部分不法私立中学为提高知名度和升学率,主动招揽高考大省的考生,从而造成高考移民问题。

除私立中学外,中等职业学校是新近高考移民者所青睐的另一掩体。上文所举《洛阳晚报》上所登载的高考移民广告,除私立中学之外还包括中职学校。2009年,宁夏所查处的170名高考移民中,"职转普"注册学籍者

[①] 空挂学籍现象严重 内蒙古将清理高考移民[EB/OL].http://edu.people.com.cn/n/2014/1222/c1006-26248436.html.

[②] 宁夏"高考移民"案牵出百余涉案人[EB/OL]. http://www.nxnews.cn/newscenter/newskj/201009/t20100920_899288.htm.

25人,伪造中专毕业证者3人。①2013年,内蒙古呼和浩特市在清查高考移民行动中发现,个别职业高中(职教中心)在招生入学时为学生注册职业高中学籍,但在实际教学过程中却是教授普通高中课程,并按普通类参加高考。2014年重庆开县高考移民案,也是利用中职学校可以在异地招生的政策空当,先让河南籍学生报考该县中职学校,在实现户口迁移后再退学并继而为其办理敬业中学高中学籍。由于中等职业学校本身可以异地招生,同时在政策允许范围可以转户,这样等于是可以为高考移民考生提供户籍,因此,也就成为滋生高考移民问题的又一温床。

3. 利用"高考扶贫"政策进行省内高考移民

中国高校招生所实行的是分省定额录取机制,一般意义上的高考移民都是跨越省、自治区、直辖市非法应试。前文所列举的基本都是省际高考移民。以往个别省份,如山东省曾因存在多条"二本"录取线而出现"省内跨市"高考移民问题。伴随着高校招生政策的发展,高考移民问题也呈现某些前所未有的新变种。其中,将户籍迁移至实施"高考扶贫"专项计划县市从而进行省内高考移民,成为当前高考移民的一种新动向。

在高等教育入学机会呈现明显区域差异、城乡差异的背景下,教育部出台了向中西部落后地区尤其是农村籍考生倾斜的招生计划。按《教育部关于做好2015年重点高校招收农村学生工作的通知》规定,"国家专项计划"面向农村和贫苦地区考生;"高校专项计划"面向农村考生,由教育部直属高校和其他自主招生试点高校承担,招生计划不少于学校本科招生规模的2%;"地方专项计划"由地方重点高校招收农村学生,招生计划由各省(区、市)根据本地实际情况确定,原则上不少于有关高校本科一批招生规模的3%。由于利益驱动,部分考生(包括城市户籍者)设法将户籍迁移至实施"扶贫"计划的县市,甚至是该类县市的农村,从而以贫困地区、农村考生的身份享受此种照顾名额。据调查发现,"越来越多县领导不再送子女到省城读书,而是送往贫困县高中就读,与农村孩子争夺政策照顾机会。"①这种行为,与传统意义上的跨省高考移民不同,属于省内高考移民,甚至还可能是同

---

① 宁夏"高考移民"案牵出百余涉案人[EB/OL]. http://www.nxnews.cn/newscenter/newskj/201009/t20100920_899288.htm.

② 白靖利,闫祥岭. 别让高招扶贫名额沦为官员子女的"唐僧肉"[N]. 科技日报,2014-09-30,第7版.

一县市内部城乡户籍的转换,成为当前"扶贫"背景下高考移民的一种新变种。从制度层面来说,"省内跨县"高考移民,其根源在于"高考扶贫"带来的"省内分区录取"机制。尤需注意的是,由于城市考生占用原本面向农村考生的招录名额,所以"扶贫"背景下的高考移民所涉及的不仅是省内不同地区(县市间)高考录取的差异,还包括城乡差异。

城市考生将户籍迁移至农村,甚至同一县市的城市户籍学生利用"高考扶贫"政策转为农村户籍考生,进一步增加了高考移民身份判定的理论困境。就程序正义而言,如果此类考生"有效"利用农村"扶贫"招生政策漏洞,在形式上并未违反相关政策规定,那么应当视为合法合规行为;但就实质正义而言,此类行为实际是城市考生占用农村生源的优质高等教育入学机会。就动机而言,其显然是在"有意侵占"原本并不面向他们的高等教育入学机会。鉴于当前"高考扶贫"计划,其初衷显然不是针对为获取优质高等教育入学机会而将户口从城市转移到农村的城市考生,故笔者认为此类行为应该认定为高考移民。也即,这一问题的本质在于"借'异地高考'之名,行'高考移民'之实"。

至于以占用"高考扶贫"计划为目的的跨省高考移民者,实际与传统意义上的高考移民大体相似。只不过,迁移至这些农村、贫困地区,还可更进一步享受其"高考扶贫"专项名额。

三、"高考移民"的治理策略

关于高考移民,一种十分流行的看法认为这一问题的根源在于户籍制度。这其实只是一种表面观察。高考移民的根源与其说在户籍,不如说在于分省定额录取机制。户籍仅仅是实现高考分省定额录取的一种工具。当前部分省份如福建、江西等的"高考户籍制"有所松动,发展到了"高考学籍制",正是体现了这种控制工具的变革。只不过,在异地高考逐渐放开的大趋势下,福建、江西等省份学籍与户籍获得的难易程度与过去有所差异而已。而在京津沪等地,即使现在彻底取消高考户籍制,代之以高考学籍制,那么,其对于学籍管控的严格程度一定不亚于当前的户籍管制。

制度根源之外,高考移民问题的深层原因在于其社会根源。高考移民所折射的是全国各省区之间的教育资源与教育发展水平、经济发展水平差异。

高考移民既牵涉流出省份的利益,更直接影响流入省份的考生利益。作为扰乱高考秩序的一种舞弊行为，一直是社会关注的重要问题。尤其是考生利益受侵的流入地，对此更是高度重视。另一方面，人们在批判高考移民现象的同时，也在呼吁促进省际高等教育入学机会的均衡分配。对于高考移民，不同的人持有不同的价值判断，但多数人持否定态度，仅少数人表示一种"同情之理解"。毕竟其首先是一种违规、违法行为，教育发达地区的考生不能因为本地考试竞争激烈便侵占教育落后地区考生利益。

在高考移民的治理方面，通常认为从长远来看应当加大中西部落后省份的教育投入。确实应该加大中西部省份的教育投入，然而全国各省教育发展水平，包括考生的考试竞争力相接近的时间节点，恐怕永远都是一种"将来时"。同样，所谓"宜疏不宜堵"的策略，也大抵如此。笔者以为，除了优质教育均衡策略发展的"疏"，当前更须"堵"，应当进一步加大高考移民的防治力度。高考移民史以及科举冒籍史一再证明，凡是防治松懈必然加剧考试移民问题，凡是严格防治则可降低考试移民的频率与人次。在此，结合当前高考移民的动向，同时参照科举时代冒籍应试问题的治理经验，对高考移民的宏观治理策略略做讨论。

1. 严格执行异地高考政策，避免"两地"无法报考困境

在异地高考政策有限度、渐进性放开的背景下，高考移民者更加依赖异地高考的外壳。当前高考移民者，大多是以"合理"利用异地高考政策的名义进行身份套利。基于此，必须完善异地高考政策，以严密、细致、清晰的制度设计，在逐步推进异地高考的同时，有效防治"有意"高考移民者。如果异地高考政策模棱两可，则易造成高考移民寻租温床与套利空间。若此，"有意"利用政策尤其是以获得户籍乃至学籍，从而以异地高考形式获得在流入地参加高考的机会，必然造成异地高考与高考移民身份判定的困境。如果判定为异地高考，那么有损本地考生的利益，且其动机原本即为高考移民。如果判定为高考移民，则其又符合异地高考政策。以往高考移民之所以容易实现身份套利，一个重要原因在于政策本身不够完善，尤其是缺失"实际就读"的硬性规定，即"无法可依"；另一方面，则在于"执法不严"，不能严格执行相关政策。其实，如果政策严密并能切实实施，基本可以封堵高考移民。近年内蒙古地区之所以能够查处如此大规模的高考移民，应该说是得益于"实际就读"这一硬条文，得益于能够切实执行这一规定。整体而言，当前多数省份的异地高考政策已比较严密，可以说是"有法可依"。如此，关键便在于是否能

够切实严格执行,即在于能否做到"有法必依""执法必严""违法必究"的问题。

与之相关的一个问题是,若为修正政策漏洞或两可问题而进行调整、补充,基于政策的延续性与衔接问题,应当设置一定的缓冲期,或者是采取相应的善后政策,避免造成"真正"流动人口子女既无法在流入地又无法在原籍地高考的两难问题。

2. 教育行政部门、高中校、户籍管理部门协同治理,加强民办高中、中等职业学校的监管

在考试舞弊与反舞弊的博弈中,往往是"道高一尺,魔高一丈"。舞弊行为不断推陈出新出现新的花样;反过来,正是舞弊行为的变化不断刺激反舞弊手段的发展。凡是被查处的高考移民案件中,无不存在权力寻租与钱权交易。在高考移民问题中,或者是高中学校包括中等职业学校弄虚作假,或者是户籍管理部门徇私舞弊,或者是地方教育行政部门权力寻租。且很多情况下,中等学校与教育行政部门、户籍管理部门,因为合谋利益而共同舞弊。因此,应当加强高中校包括中等职业学校与地方教育行政部门、户籍管理部门的协同合作,构建三方之间的监督机制。尤其是,应当加强相关部门主要负责人的问责力度。同时,鉴于私立中学和中等职业学校是高考移民者所青睐的重要掩体,各地应当特别注意加强民办高中、中等职业学校考生学籍与户籍的监管力度。

对于空挂户籍与学籍问题,还可借鉴传统科举考试中的担保机制①,探索考生之间的监督机制。比如,可以要求实际居址邻近的考生互相监督,因为这些考生间彼此相对熟悉,包括是否为本地考生、是否空挂户籍与学籍等,从而形成一种有效约束机制。再者,可以探讨以高中校班级为单位,由权威部门定时公布高考报名信息,包括姓名、学号、身份证号等。这种公告机制,对于防治临时高考移民者以及空挂学籍者,具有重要意义。

3. 提高"高考扶贫"地区考生户籍与学籍年限要求,探索基于考生综合信息的录取机制

针对贫困地区尤其是贫困农村的"高考扶贫"计划,其初衷当然具有合

---

① 刘希伟,刘海峰. 清代科举考试中的冒籍问题及其现代启示[J]. 教育研究,2012(1):140-147.

理的价值与意义，也是世界各国一种比较普遍的做法。然而，当前中国实施的"高考扶贫"计划，其制度本身还需进行完善。一方面，"扶贫"计划以城乡户籍为界，本身即容易造成户籍交易。比如，面向农村考生单独招生的"高校专项计划"，其基本报考条件为：申请考生及其父母或法定监护人户籍地须在本省（区、市）实施区域的农村，本人须具有当地连续3年以上户籍和当地高中连续3年学籍并实际就读、符合当年统一高考报名条件。据此，如果某地城市户籍学生提前将户籍迁移至实施专项计划的农村地区，将身份转变为农村考生，便可报考面向农村考生单独招生的"高校专项计划"。面向农村贫困地区定向招生的"国家专项计划"，与由地方重点高校承担招收农村学生的"地方专项计划"，同样也存在这种风险。另一方面，扶贫计划以城乡户籍为界，与取消城乡差异的户籍改革方向相悖。有的省份，如河南、黑龙江、安徽、陕西等已从形式上取消城乡户籍，统一为"居民户口"，如此，便很难直接从"农业""非农业"角度区分城乡考生。而若从居住地来看，则在城市化进程中、在人口流动的背景下，显然也是一大难题。

就短期之计而言，为有效防止"高考扶贫"背景下的高考移民，包括省内高考移民与省际高考移民，可以进一步提高考生户籍与学籍方面的要求。比如，可以考虑至少将初中段的学籍及户籍一并要求在内，即"申请考生及其父母或法定监护人户籍地须具有所实施区域连续6年以上户籍和当地初、高中连续6年学籍并实际就读"作为基本条件。如此，通过提高报考条件，将户籍与学籍年限提高到6年，甚至更长，至少可以在一定程度上起到防治作用。

从长期来看，"高考扶贫"计划未来发展的方向应是增强作为招生主体的高等院校的角色与作用。在增强高校办学自主权包括招生权的改革视野下，高校可以综合生源地、父母职业与收入、中小学入读学校等因素而非仅仅依据户籍进行录取，使"扶贫"计划真正面向贫困考生。如此，既有助于解决当前"扶贫"背景下的高考移民问题，也有助于解决其他相关问题。

本篇发表于《教育发展研究》2015年第15期

"高考户籍制"的
历史镜像、现实困境与反思

高考制度与户籍始终处于一种紧密"捆绑"的状态,"高考户籍制"成为中国高考最为显著的制度属性之一。20世纪90年代之前,高考户籍制在总体上几乎没有遇到任何有力的挑战。但伴随着中国城市化进程的逐渐推进,大规模人口流动现象日益频繁,流动人口随迁子女的"就地高考"问题开始浮出水面,同时高考移民问题也始终屡禁不止,高考户籍制正在经历着前所未有的冲击与挑战。时至今日,高考户籍制已经成了一项重大而又棘手的教育改革议题。

一、高考户籍制的历史镜像

若从更为广阔的视野出发,可以看到传统社会的科举制度同样呈现与户籍紧密"捆绑"的一种特征。科举制度与高考制度均是以分区定额与原籍应试为基本原则,在这一点上二者可以说是如出一辙。故此,在一定意义上可以说,"高考户籍制"的历史原型可以追溯至"科举户籍制"。在此,我们以清代为例,探讨其"科举户籍制"下冒充户籍参加考试的问题,即科举冒籍现象。科举冒籍现象中恰好有两大类别分别与当代高考移民以及流动人口随迁子女就地高考问题高度相似,这无疑有助于为我们认识当今高考户籍制提供一种有益的历史参照。

按清代"科举户籍制"的相关规定,通常情况下考生必须在原籍地以本身所属户籍类别参加科举考试。除此之外,又存在针对流动人口而实行的寄籍应试之法。所谓寄籍应试是指考生离开原籍地在其他地区应试,一般说来此种应考方式需要以置有田产、庐墓为必要入籍（亦即"落户"）条件，且入籍年限需在二十年以上。由于各地经济、社会状况不同，入籍条件不同，寄籍应试有时也存在一定的变通之处。不过，总体上而言，除个别特殊情形之外清代有关寄籍应试、防止冒籍应试的诸条文规定基本上都体现了这种"定例"要求，而与寄籍、冒籍有关的考试事件，主要也是按照这种"定例"要求进行裁决。

  在清代，某些考生既不遵行原籍应试的规定，又不以合法的方式寄籍应试，如此，冒充户籍考试便成了一种十分普遍的问题。从地域与籍类（即户籍类别）两个角度，可以将清代科举冒籍分为"单纯的跨地域冒籍""单纯的跨籍类冒籍"以及同时兼具跨地域与跨籍类特征的"混合型冒籍"。其中，单纯的跨地域冒籍即是在本身户籍类别内部进行跨地域冒籍应试，如民籍考生不按原籍应试的规定进行报考，而是到其他相对容易录取的地方冒充民籍应试，便是属于此种情形。这种现象大致与当今一般意义上的高考移民现象相对应。单纯的跨籍类冒籍主要是缘于清代户籍分为民籍、商籍、卫籍、旗籍等几个类别，且不同类别的录取率往往存在一定的差异。例如，一般说来商籍考生的录取率较之民籍考生要高得多，这样民籍考生在本地设有商籍的情况下，通过冒充商籍考生参加考试便是属于单纯的跨籍类冒籍。[①]另外，清代通常为某些地区的少数民族考生设有一定的专门名额，一些本地的民籍（主要是汉人）考生也经常冒充少数民族应试，这也是一种"非跨地域性"的冒籍现象。此种情形与当今一些汉族考生冒充本地少数民族户籍参加高考非常相似。

  再者，清代科举冒籍又可分为有意冒籍与无意冒籍。有意冒籍即不法考生基于增加录取率的考虑，有意通过冒充户籍而参加应试。无意冒籍主要是一些考生由于不熟悉相关规定而被判定为冒籍应试的情形。如某一考生已经入籍某一地区，且达到了二十年的年限规定，但因在报考之时没有向寄籍地政府说明其为"寄籍"应试，发觉后同样将判定为冒籍应试。又如，一些在流入地尚未落户或者是尚未达到相关年限规定的考生，通过某种途径参加了考试，发觉后也将同样被判定为冒籍应试行为。这种情形，与当今流动人口随迁

[①] 刘希伟. 清代科举考试中的"商籍"考论——一种制度史的视野[J]. 清史研究, 2010(3): 83-89.

子女无法在流入地参加高考的情形可以说有着惊人的相似之处。二者本质上都是在"真正"人口流动的背景下,由于不能顺利落户从而无法在流入地获得应试资格的问题。

清代科举冒籍的原因与背景十分复杂,除了科举竞争的区域差异、籍类差异外,普遍甚至较大规模的人口流动也是其重要的缘由之一。众所周知,清代人口流动的现象相当普遍,尤其是在"盛世滋丁,永不加赋"以及"摊丁入亩"的政策下,人口规模迅速增加,人口流动现象越发普遍。但入籍某一地区在绝大多数情况下需要以置有田产、房产等为必要条件,且一般至少需要达到二十年以上的年限规定才可以参加科举考试。这种要求不能不说近乎苛刻,一来置产并不容易,二来年限规定较长。既然无法顺利落户,那么流动人口要么无法就地应试,要么只能冒充户籍参加考试了。

二、高考户籍制的现实困境

20世纪上半叶,高校在更多的情况下是实行自主招生,虽也有"冒籍"应试问题但并不多见。自1952年全国统一高考建制以来,分区定额与原籍应试成为其两项基本原则。在原籍应试原则之外,针对某些特殊情况的考生也存在一定的变通之法。如1955年规定,"对于考生来说,一般规定就是在所在地区报考在那里招生的学校;所在地区无考区设置者,可在临近考区报考;个别考生因具有一定专长而所在考区没有适合其专长的学校招考,或因为家庭关系必须报考其他地区的学校者,经过一定的批准手续,可以到申请的地区投考。"①之后,此类变通规定一直存在。总体上看,至20世纪90年代之前,高考户籍制几乎没有遇到有力的挑战。但近二十年来,尤其是进入21世纪以来,高考移民问题与流动人口随迁子女的高考问题,尤其是后者,对于现行高考户籍制带来了前所未有的冲击与挑战。

(一)高考移民问题的冲击

从20世纪80年代以来,高考移民问题开始浮出水面。②而伴随着高等教育大众化政策的全面开启,这一问题非但没有减缓,反而呈现出愈演愈烈、

---

①杨学为. 高考文献(上)[M]. 北京:高等教育出版社,2003:76.
②刘海峰,樊本富. 论"西部地区"的高考移民问题——兼论科举时代的"冒籍"现象[J]. 教育研究,2004(10):76-80.

屡禁不止的趋势。如 2004 年，山东省高考缺考人数为 10248 人，比 2003 年增加 685 人，其中多数缺考者被认为是移民到了其他地区参加高考。[①] 2007 年安徽省查出了 608 名高考移民。[②] 2008 年，内蒙古至少查处了 3700 名高考移民者。[③] 同年，在山东与甘肃两省之间又发生了高考移民与跨省替考相互交织的舞弊案件。曾轰动一时的"李洋事件"与"宋笑天事件"仅是大量高考移民案件中的两个典型而已。

当今高考移民与清代科举冒籍有着诸多的相似之处，二者都是通过冒充户籍移民至相对更容易录取的地区参加考试，同时都存在普遍性、反复性、高发性等特点。对于高考移民，一部分人大加鞭挞，认为其占用了海南、内蒙古等边远省份的高考名额；另一部分人则为之鸣不平，认为其是对于现行高等教育入学机会地区分配不公的一种反抗。二者虽价值判断迥异，但却都有一定道理。的确，现行高考之所以进行分省投放名额，最重要的一个考虑便是为了照顾区域公平，尤其是照顾文化教育相对欠发达地区的录取名额，而高考移民无疑冲击、破坏了这一初衷。不过，另一方面，分省定额录取从而首重区域公平的考量，也由于北京、上海等大城市的录取率远远高于河南、山东等高考大省而大打折扣。无论对之鞭挞，还是为之辩护，高考移民行为终究是对于现行高考户籍制的一种破坏与冲击。如此大规模的高考移民，不仅冲击了高考分省定额录取的初衷，而且还同时滋生了牟取非法暴利的某些"中介组织"，引发了诸多的社会腐败与法律争讼问题。

（二）流动人口随迁子女"就地高考"问题的挑战

如果以年为观测单位，则近十年来一般意义上的高考移民充其量每年大概也就是几万人的规模，其对于现行高考户籍制的冲击虽然是客观存在的，但却不足以撼动高考户籍制的根本合理性与合法性，甚至可以说其实际冲击效果也是有限的。事实上，现行高考户籍制所面临的更大挑战来自流动人口随迁子女就地高考问题。

---

① 郑燕峰. 山东高考"移民"成风凸现考试体制漏洞 [EB/OL]. http://news.sina.com.cn/e/2004-06-28/04533538661.shtml, 2004-06-28.

② 武静. 安徽省查出 608 名高考移民 [EB/OL]. http://ah.anhuinews.com/system/2007/06/07/001760046.shtml, 2007-06-07.

③ 李泽兵. 社会监督是医治"高考移民"的良方 [EB/OL]. http://news.xinhuanet.com/newscenter/2008-07/15/content_8550320.htm, 2008-07-15.

改革开放以来,伴随着户籍的逐渐松动,人口流动日益频繁。其中,1995、2000、2005年,全国流动人口的规模分别约为0.7亿、1亿、1.5亿。[①]如此大规模的流动人口,在世界人口发展史上可以说是绝无仅有的。在流动人口中,大量处于基础教育学龄阶段的子女一同随迁,亦即通常所谓的"流动儿童"。其中,正在接受初中教育者亦占据了很大的比例。据有关研究,2005年全国14周岁及以下流动儿童规模达到了1834万。[②]在这1834万流动儿童中,同时存在跨省流动、省内跨县流动以及县内流动三种类型。而在全部1126万学龄流动儿童中,跨省流动儿童占据了36.2%的规模,这一比例应该说是比较高的。同时,跨省流动儿童主要集中在东部发达地区,广东、浙江、江苏、上海等省市所接收的跨省流动儿童占全国跨省流动儿童总数的56.5%。[③]在上海市,流动儿童在全体儿童中所占比例高达30.80%,这意味着每3个儿童中就有1个是流动儿童。北京、浙江、天津与福建在这一比例上分别为23.83%、14.5%、12.84%、12.08%。需要注意的是,以上有关流动儿童规模的调查,其年龄段是限定在0—14周岁。而联合国《儿童权利公约》则是将"儿童"的年龄段界定为18周岁以下,如果按照这一界定,则流动人口随迁子女的规模应该更大。另外,根据《中国流动人口发展报告2010》,2009年中国流动人口数量达到2.11亿人,如此,今天流动人口随迁子女的规模无疑应该更大。

当代由大规模人口流动所引发的无法落户从而无法就地参加高考问题,与清代某些情形的科举冒籍现象非常类似。如同前文所述,清代在大规模人口流动的背景下,一些流动人口由于无法顺利落户,故其子女也就无法在流入地参加科举考试。现在,某些地区如北京、上海以及其他一些地区如浙江嘉兴等,对于流动人口随迁子女的中职教育已经开始开放,但对于高考的限制则相当严格。由于中考与高考之间仅隔三年,若在中考方面放开流动人口随迁子女的考试机会,则无疑等于是增加了高考方面的控制难度。因此,在某些地方从中考开始即对于流动人口随迁子女进行严格限制,如北京、上海等均是如此。2009年北京中考,有一万余名流动人口随迁子女只能借考,却无法

[①] 段成荣,等. 改革开放以来我国流动人口变动的九大趋势[J]. 人口研究,2008(6):30-43.
[②] 段成荣,等. 我国流动儿童最新状况[J]. 人口学刊,2008(6):23-31.
[③] 段成荣,等. 我国流动儿童最新状况[J]. 人口学刊,2008(6):23-31.

直接被当地高中学校录取,只能自己联系高中学校。①2010年,北京先后出现了五次万人签名请求放开高考户籍限制的事件。②高考户籍制正在经历着一种前所未有的挑战。

随着计划经济向市场经济的过渡,各个地区出现了不同的落户政策,包括投资落户、购房落户、亲属投靠落户等几种模式。③这一点与清代"入籍"规定往往需要以置有田产、房产为必要条件非常相似,二者都需要以相当的经济实力为基础。这些方式的落户,对于绝大多数的流动人口尤其是农民工而言,基本上是难以想象的。既然无法顺利落户,在现行高考户籍制下跨省流动人口随迁子女便无法在流入地参加高考。

此外,探讨高考户籍制的困境,除了直接关注流动人口尤其是跨省流动人口随迁子女以外,还必须同时关注留守儿童。根据相关的研究,2005年全国0—17岁的农村留守儿童规模达到了5861万,而15—17岁的大龄农村留守儿童规模则高达1012.2万人。④大规模的"大龄儿童"之所以选择留守,其中的重要原因之一便是如果选择与父母一起流动外出,那么他们将遭遇到难以,甚至无法顺利参加高考的难题。从这一意义上说,留守儿童尤其是父母为跨省流动的大龄留守儿童问题,同样是对现行高考户籍制的一种拷问。

在人口流动越发普遍而高考户籍制瞬时又无法放开的背景下,教育部出台了高考借考的政策。根据教育部发布的《2009年普通高等学校招生工作规定》,"异地借考"的一个必要前提是考生户籍所在地和借考地试卷相同。这在各省纷纷自主命题的背景下,无疑等于是一道无法越过的政策障碍。其次,高考借考对于借考人的身份有着严格的限制,只限于"因公长期在非户籍所在省(区、市)工作的人员或其随身子女"。此一要求极大地限制了借考者的范围。再次,高考借考还需要严格的审批程序,借考人需同时向借考地和户籍所在地的省级招办提出申请并经同意后方可借考。由于这些要求相对比较严苛,因此现行高考借考政策的可操作性与实际意义不免要大打折扣。再

---

①陈凯一. 万余非京籍中考生在北京借考不能被直接录取 [EB/OL]. http://news.sohu.com/20090623/n264689153.shtml,2009-06-23.

②杨世建. 中国高考难迈户籍门槛改革时间表"难产" [EB/OL]. http://learning.sohu.com/20101209/n278193207_2.shtml,2010-12-09.

③王文录. 我国户籍制度及其历史变迁 [J]. 人口研究,2008(1):43-47.

④李泽兵. 社会监督是医治"高考移民"的良方 [EB/OL].

者,虽然个别地区例如福建省与深圳市等对于高考户籍制的规定有所放缓,但流动人口尤其是跨省流动人口随迁子女就地高考问题仍然十分严峻。①

三、高考户籍制的反思

高考改革牵涉面广、影响重大,往往牵一发而动全身,因此对于高考户籍制进行调整与改革必须十分审慎,否则可能引发更多更大的问题。

我们仅从高考移民与跨省流动人口随迁子女就地高考问题的复杂关系,便可看到高考户籍制改革的敏感性与复杂性。如果说高考移民问题通过严格户籍、学籍管理尚可在相当程度上得以缓解的话,那么流动人口随迁子女就地高考问题的解决就没那么容易了。问题的关键还在于,高考移民的身份与跨省流动人口随迁子女的身份在某些情况下呈现出一定交织状况,这无疑使得高考移民身份的判定比以往变得更为复杂。对于跨省流动人口随迁子女借读高中阶段者而言,其究竟应否认定为"高考移民"?抛开借考不论,按现行的高考户籍制这种考生由于不能获得流入地户籍,因此将无法在流入地参加高考。就此而言,如果其通过某些途径在流入地参加了高考,则发觉后将被判定为"高考移民"。但这种"高考移民"与通常意义上为了增加录取率而在高考前夕临时"移民"至其他地区应考的"高考移民"显然又是完全不同的。因此,对于高考移民问题的严格防范,势必将影响到跨省流动人口随迁子女就地高考问题的解决。

从理论上说,如果完全实行自主招生而不考虑区域公平问题,不对教育欠发达地区配置专门名额,则基本上可以解决高考移民以及流动人口随迁子女就地高考问题。但抛弃区域公平对于中国目前的高考制度而言缺乏起码的可行性,因为1300年的科举演变史表明,总体上必须首先采行区域公平的模式,在此基础上再以考试公平进行选才。②如果完全放开户籍限制,按照考试公平原则招生,则虽可解决高考移民以及流动人口随迁子女就地高考问题,却同样因为区域公平的缺失而缺乏可行性。也有人提出放开户籍,对于流动

---

①段成荣,等.我国大龄农村留守儿童现状[J].中国青年研究,2008(10):25-30.
②刘希伟.中国历史上的"高考移民":清代科举冒籍研究[D].厦门大学博士学位论文,2011:299.
③刘海峰.科举选才中的南北地域之争[J].中国历史地理论丛,1997(1):153-168.

人口进行动态监测,完全按人口比例分配招生名额,同样也是行不通的。由于这一做法本质上仍然是分区定额录取,如此,一些教育发达地区的考生将大量流向教育欠发达地区从而引发"高考移民"问题。同时完全放开户籍的限制,北京、上海等大城市的高中学校也将难以负荷,且势必将影响到当地考生的利益,甚至有可能对于社会稳定带来安全隐患。目前北京只允许部分"非京籍"人员子女包括知青子女、专业技能人才子女、部队随军子女等在京高考,而没有完全放开所有跨省流动人口随迁子女的高考机会,实际上在一定意义上说也是一种不得已的选择。由于流动人口侵占流入地学额而引发的土客冲突问题,在清代科举史上并不鲜见。而如果不放开户籍,则又与所谓的参照各地流动人口数量投放招生名额相矛盾。可见,高考户籍制的调整与改革,由于考试公平与区域公平这一两难问题而相当棘手。

　　无论如何,既然普遍的大规模人口流动现象已经成为中国社会的重要特征,那么以某种合理、可行的方式逐渐放松高考制度与户籍的紧密捆绑,便成为一种必然的趋势,一种应然的改革方向。从根本上来说,高考移民问题与跨省流动人口随迁子女就地高考问题,对于现行高考户籍制的构成的冲击与挑战之所以难以瞬时解决,在很大程度上与经济、社会发展以及高等教育入学机会,尤其是优质高等教育入学机会存在明显的城乡差异、地区差异有关。因此若从长远来看,从宏观上加大调整城乡之间、地区之间的经济、社会发展包括教育发展水平,将有助于高考移民问题与跨省流动人口随迁子女在流入地高考问题的解决。同时,作为一项复杂的系统工程,高考户籍制的调整与改革需要教育部门与其他相关部门进行协调与配合。因此只能通过试点,然后由点到面,逐渐推广,最终完成一场渐进性的系统改革。

　　本篇发表于《国家教育行政学院学报》2011年11期

论流动人口随迁子女异地高考政策的新进展

高考户籍制是中国高考最为显著的制度属性之一。20世纪90年代之前，高考户籍制总体上几乎未曾遇到任何有力挑战。伴随着中国城市化进程的逐渐推进，人口流动日益频繁，流动人口随迁子女高考问题开始浮出水面，成为一项牵涉面广、影响重大的教育与社会问题。

中央高度重视流动人口随迁子女高考问题，教育部等部委以及各地相关部门之间通过多方合作，协同调研各地实情，探讨随迁子女高考问题的破解策略。经多方多年努力，2012年成为异地高考政策的"破冰之年"，各省纷纷出台相应报考政策，高考户籍制总体呈现松绑态势。在某些省份，已经取消高考户籍制，流动人口随迁子女异地高考问题的解决取得重要进展。

一、松绑"高考户籍制"：一种应然的政策方向

进入21世纪以来，流动人口随迁子女教育问题逐渐凸显，并日益成为一项事关国家全局的重大教育问题。早在2005年时，全国14周岁及以下流动人口随迁子女规模即已达到1834万。在这一大规模流动人口随迁子女群体中，同时存在跨省流动、省内跨县流动以及县内流动三种类型。而在全部1126万学龄随迁子女中，跨省流动者占据36.2%的规模，具有较高的比例。跨省流动人口随迁子女主要集中在东部发达地区，广东、浙江、江苏、上海等五省市所接收的跨省流动人口随迁子女占全国跨省流动儿童总数的56.5%。在上海市，流动人口随迁子女在全体儿童中所占比例高达30.80%，意味着基本上每3个儿童中就有1个是随迁子女。北京、浙江、天津与福建在这一比例

上分别为23.83%、14.5%、12.84%、12.08%。①

根据《中国流动人口发展报告2011》，2011年中国流动人口数量达到2.11亿人，如此，今天流动人口随迁子女的规模还要更大。2010年，中国人民大学人口所根据2005年全国1%抽样调研推算，全国当时至少有264万农民工随迁子女需要接受高中教育，且还将有552万农民工随迁子女陆续进入高中阶段。②这说明，农民工随迁子女主体已经开始进入高中阶段。

在高考户籍制下，流动人口随迁子女必须按规定返回户籍地报名，参加户籍地省份高考。但在各省纷纷进行高中课改实验，并各自探索高考模式与政策改革，尤其是各自进行自主命题的背景下，所谓流动人口随迁子女返回原籍地参加高考很多情况下根本不具可行性，以至于出现了"偌大中国无处高考"的怪象。伴随着随迁子女异地高考呼声的日益高涨，此一问题变得越发严峻。随迁子女异地高考问题，无疑已经发展到了亟须进行破解的一个关键时点。

无论如何，既然普遍的大规模人口流动现象业已成为中国社会的重要特征，且所有进步社会的运动都是"从身份到契约"的过程，那么，以某种合理、可行的方式逐渐放松高考制度与户籍的捆绑，便成为一种必然的趋势，一种应然的改革方向。

二、流动人口随迁子女异地高考政策思路：权力下放的格局

近二十年来，随着中国经济、社会的转型，高等教育经历了诸多重大的转变。其中，作为高等教育入口的高考制度，也同样进行了多层次、多角度的改革，且这种改革仍在继续进行中。

纵观高考改革，无论是从全国统一命题到纷纷采行分省自主命题，无论是研究型大学的自主招生改革还是高职院校的自主招生改革，无论是高考模式还是高考加分政策等等，均可看到"权力下放"是其中的一项重要特征。流动人口随迁子女异地高考政策问题，既关系到流动人口随迁子女的教育权问题，也关系到本地考生的既有利益，不仅高度敏感，而且牵涉面广、错综复杂。针对这一在不同省份复杂程度不一、难度不同的问题，国家没有采取全国"一刀切"的宏观思路，而是采行因地制宜的思路，将之交于各省自行制定

---

①段成荣，等．我国流动儿童最新状况[J]．人口学刊，2008(6)：23-31．
②吴霓，等．农民工随迁子女教育的五大趋势及对策[J]．当代教育科学，2010(7)：11-15．

解决方案。

2012年8月，国务院办公厅转发教育部等部门的《关于做好进城务工人员随迁子女接受义务教育后在当地参加升学考试工作的意见》中指出，各省、自治区、直辖市人民政府要根据城市功能定位、产业结构布局和城市资源承载能力，根据进城务工人员在当地的合法稳定职业、合法稳定住所（含租赁）和按照国家规定参加社会保险年限以及随迁子女在当地连续就学年限等情况，综合确定随迁子女在当地参加升学考试的具体条件，制定具体办法；北京、上海等人口流入集中的地区要进一步摸清底数，掌握非本地户籍人口变动和随迁子女就学等情况，尽快建立健全进城务工人员管理制度，制定出台随迁子女升学考试的方案。

总体上看，国家解决流动人口随迁子女异地高考问题的基本思路是，"以地方为主实施，不搞'一刀切'，因地制宜解决"。正是基于这一指导思想与解决思路，各地根据其教育资源、流动人口规模等具体情况，纷纷研制异地高考政策，并于2012年底公布了相关报考规定。

三、流动人口随迁子女异地高考政策省际差异

在国家将流动人口随迁子女异地高考政策权力下放地方的基本格局下，由于高考录取率、人均优质高等教育入学机会、流动人口规模等的不同，异地高考政策也呈现出一定的省际差异。

大致说来，盘点与梳理流动人口随迁子女异地高考政策，可以分三类省份切入。第一类为京津沪粤等地区。此类地区优质高等教育入学机会丰富，流动人口规模庞大。第二类为海南、内蒙古、新疆以及广西等省区。相对而言，这类地区本身优质高等教育资源并不丰富，但由于基础教育相对薄弱，历来成为高考移民流入的主要省份。同时，此类省份的流动人口规模也相对较小，远不像京津沪粤等省市高度密集。第三类为其余剩下省份。这一类省份在高考录取率及优质高等教育入学机会上存在一定差异，但相对都已出台政策自2013或2014年开始放开高考户籍制。当然，这并非等于可以"于高考前夕临时前往应试"，因为在一定意义上，其相关控制方式已经由"高考户籍制"演变为"学籍凭证制"。

首先，关于第一类地区。根据最新报考政策规定，京津沪粤等省市在高考户籍制方面未出现明显松动。北京市规定，自2014年具有居住证明及稳定住

所,稳定职业及社保满6年,子女有学籍且连读就读高中满3年,可参加其高职考试;毕业后可以参加升本考试录取。①同样,广东省规定从2014年开始,在该省具有合法稳定职业、合法稳定住所并持有连续3年以上居住证明、按国家规定参加社保累计3年以上的进城务工人员,其随迁子女具有广东中职学校3年完整学籍者,可以报名参加高职院校的招生考试,与广东户籍考生同等录取。②相比较北京而言,在广东省随迁子女考生必须通过"中职→高职"这一特定渠道才可能升入高职院校。

至于上海市则实行"居住证积分制"。流动人口如果能够获取A类居住证,那么其随迁子女可以就地参加中、高考。否则,若为C类居住证,只能就地参加中等职业学校的招生考试。③因此,问题的关键在于流动人口能否通过积分获取A类居住证。按相关规定,除外来高端人才外,一般流动人口尤其是农民工基本不可能获得这类居住证。故所谓通过居住证积分制解决流动人口随迁子女高考问题的做法,对于大多数流动人口随迁子女而言,几乎没有多少实质性意义。

其次,关于第二类地区。海南、内蒙古、新疆以及广西等省区所公布的最新高考报考政策规定,流动人口随迁子女只有通过落户并达到一定年限以及学籍年限要求的情况下,才可能获得就地高考并与当地户籍考生享受同等录取待遇的资格。此类省份历来都是高考移民者的主要流入地。出于防范高考移民的现实需要,均未放松高考与户籍的捆绑,高考户籍制没有出现根本性的松动。不难看到,这些省份对于流动人口随迁子女异地高考政策的规定,较之一般省份即第三类省份无疑要更为复杂。

例如,海南省将外省籍务工人员随迁子女在该省就读、居住年限和外省籍务工人员缴纳社会保险、居住年限以及从业情况,作为参加海南高考的准入条件和报考批次的资格。其规定自2014年始,考生本人拥有海南省初、高中合计6年学籍、6年居住时间、法定监护人缴纳社保满6年者,可以与当地考生同等报考、同等录取。否则,若学籍满3年、居住达3年、缴纳社保达3

---

①进城务工人员随迁子女接受义务教育后在京参加升学考试工作方案[EB/OL]. http://www.bjedu.gov.cn/publish/portal0/tab67/info26690.htm.
②广东省出台异地高考方案[EB/OL]. http://learning.sohu.com/20121230/n362046016.shtml.
③上海敲定异地高考方案:家长须持居住证A证[EB/OL]. http://learning.sohu.com/20121230/n362046325.shtml.

年，但均不到6年时间者，则只能报考本科第三批及高职高专。若这些条件都达不到三年，则只能报考高职高专。①

又如，内蒙古自治区规定，从2014年开始"本人具有内蒙古高中阶段学校（含中等职业学校）学籍且连续就读满2年；家长在内蒙古拥有合法稳定住所、合法职业且纳税（或按国家规定参加社会保险）均满2年"的考生，可以就地报考高职高专院校。这方面的规定，与京津沪粤等省市规定基本类似。若要参加普通高考，则考生本人必须具有内蒙古高中阶段学校（含中等职业学校）学籍且连续就读满2年；本人取得内蒙古户籍满2年；考生家长在内蒙古拥有合法稳定住所、合法职业且纳税（或按国家规定参加社会保险）均满2年。②其高考报考规定与户籍仍紧密捆绑，高考户籍制并未出现松动。

再如，新疆规定，流动人口随迁子女高中阶段在疆就读满3年，并且有在疆就读三年的学籍档案和学业水平考试成绩或会考成绩，考生本人及父母在疆有常住户口且户口迁入时间不少于两年，才可以就地参加高考。其他省份如广西、云南、青海的高考政策总体上均仍与户籍密切挂钩。若无户籍，则或者根本无法获得异地高考的资格，或者只能报考高职高专、本科三批等志愿，而无法享受与当地考生相同的报考与录取权益。

不过，仍可注意的是，贵州已经开始松绑高考户籍制。该省规定，自2014年起，"外来人员随迁子女在我省取得初中毕业证书，高中阶段在我省连续就读三年，有我省高中阶段三年完整学籍。考生高考报名前，其父亲（或母亲）在我省居住，有合法稳定住所、合法稳定职业，持有我省居住证（或暂住证）和在我省连续缴纳社会保险均在三年以上（含三年）"，可以就地参加高考。③

再次，关于第三类地区。除了京津沪粤以及海南、内蒙古、新疆、青海等高考移民主要流入省份外，其余全国各省自2013年开始已经基本放开或者是取消了高考户籍制。例如，黑龙江、安徽、山东、福建、四川、浙江、河北、湖南以

---

① 海南"异地高考"方案出台设定三个准入门槛[EB/OL]. http://www.bjd.com.cn/edu/201301/10/t20130110_3454557.html.
② 内蒙古公布异地高考方案渐进方式防高考移民[EB/OL]. http://learning.sohu.com/20130104/n362323707.shtml.
③ 贵州省人民政府办公厅文件（黔府办发〔2012〕63号）. 贵州省外来人员随迁子女报考普通高等学校暂行规定[EB/OL]. http://www.gzszk.com/html/zcfg/2013121/2450.html.

及重庆等省市,均已取消高考户籍制,规定只要拥有3年高中学籍、学习经历等便可就地参加高考。当然,某些省份还需要辅以一定年限的社保缴纳证明。即使如此,这种要求应该说也并不苛刻。这其中值得关注的地区诸如:第一,重庆作为直辖市,已经取消高考户籍制;第二,江西甚至规定具有一年以上学习经历并取得学籍者即可就地报考。①黑龙江、安徽、山东、福建、四川等十余省份,高考户籍制已明显松绑。在此情形下,为防治高考移民,多数省份要求随迁子女以流入地学籍及相关年限为基本报考凭证,由此可以说,其对于高考移民的防治已经由高考户籍制发展到了一种学籍凭证制。

四、反思

通过梳理流动人口随迁子女高考政策的最新规定可以发现,这一问题已经取得了明显的进展,多数省份已基本解决随迁子女的高考难题。所谓京津沪地区不放开高考户籍制此一问题便没有解决的说法,固然也有一定道理,但终究要看到目前所已经取得的重要进展。否则,在黑龙江、安徽、山东、福建、四川、浙江、河北、湖南等诸省份,大量流动人口随迁子女在未获得户籍的情况下,根本无望就地高考。当然,京津沪与海南、内蒙古等高考移民流入严重的省份,流动人口随迁子女异地高考问题依旧严峻,其彻底解决还存在相当大的难度。

首先,在高考户籍制下,京津沪等地区的高等教育入学机会远远高于其他省份,尤其是河南、山东等"高考大省"。作为既得利益地区,京津沪自然不愿放开高考户籍制。但是,高等教育入学机会地域严重不公的格局,既不合理也不合法。因此,调整高等教育入学机会地域不均的问题,成为一种应然的改革方向。在京津沪考生享受优质高等教育入学机会的背景下,大量流动人口随迁子女却既无法就地高考,也难以返回原籍地参加高考。由此,流动人口请求放开高考户籍制的呼吁越来越高。近年来相关呼吁基本都是借助于合理、合法渠道进行。从近几年的发展态势来看,流动人口对于取消高考户籍制的呼声,已经发展到一种亟待破解的临界状态。作为一项国家教育考试制度,高考不能因为"地方主义"而影响"大多数人"的教育权利,更不能因此而影

---

①江西省教育考试院网站,"我省向社会公布外省籍务工人员随迁子女高考方案"[EB/OL]. http://eea.jxedu.gov.cn/ksyptgk/zkkx/2012/12/20121213042638252.html.

响社会的和谐与稳定。

在权力下放、多元改革、多地试点的复杂高考改革图景下,难以通过统一的"一刀切"方式解决流动人口随迁子女高考问题。京津沪等地区流动人口随迁子女高考问题最为棘手,因为其既有利益异常丰厚,而流动人口又高度聚集、随迁子女规模庞大。在此情形下,若贸然进行剧烈改革,恐将引发社会震荡。因此,分阶段、分步骤逐步放松京津沪地区高考与户籍之间紧密捆绑的机制,成为一种必要的改革思路。以一种渐进改革的方式推进高考户籍制的改革,一方面可以逐步解决随迁子女高考问题,另一方面可以减缓因调整高等教育入学机会地域分配而引起的社会震动,力争收到一种稳健的改革效果。

其次,海南、内蒙古以及新疆、青海等省区,由于流动人口规模相对较小,随迁子女高考问题不像京津沪等地区来得紧迫。不过,尽管如此,这些省份终究也有诸多因由各种原因造成的流动人口,因无法顺利落户从而形成随迁子女不能就地高考的问题。其中,尤为值得关注的是,贵州省以往也是高考移民比较严重的一个省份,但现已松绑高考与户籍之间的捆绑关系。因此,其在这一方面具有一种重要的标志性意义。对于贵州而言,现在最重要的问题之一,便是如何根据该省相关规定防止高考移民问题。从理论上说,若能够彻底执行"获得该省初中毕业证且连续就读三年高中"便可就地高考的政策规定,那么其改革便是成功的。海南、内蒙古等作为高考洼地的省份,也可借鉴贵州省的相关规定。届时,问题的关键同样在于如何有效防治高考移民。从治理实践来看,只要加强制度建设、加大防治尤其是问责力度,高考移民问题虽不能完全禁绝,但也基本可以解决。① 故此,海南、内蒙古以及新疆、青海等省区流动人口随迁子女高考问题的解决,其难度小于京津沪等地区,相对更为容易。

总之,高考作为一项复杂的教育与社会制度,影响重大,牵涉面广且高度敏感。京津沪地区由于历史和现实的原因,流动人口随迁子女异地高考的解决具有相当的挑战性。在松绑高考户籍制的大方向下,相关改革应当分阶段、逐步推进,切实维护高考制度和社会的稳定与秩序。

本篇发表于《教育与考试》2014年4期

---

① 刘希伟,刘海峰. 清代科举考试中的冒籍问题及其现代启示[J]. 教育研究,2012(1):141-147.

新试点高考招生制度：
价值、问题及政策建议

2014年9月，国务院出台《关于深化考试招生制度改革的实施意见》，以高考制度为核心全面推进中国教育考试制度的转型与发展。根据这一实施意见，浙江、上海作为试点省市先行启动高考综合改革计划，以为全国新一轮高考招生改革的全面铺开探索有益经验。从这一意义上说，高考招生试点改革无疑是当前中国教育领域的一项重要研究课题。

浙、沪新高考招生试点改革，作为中国统一高考史上力度最大、影响最为深刻的一次改革，具有重要创新价值。但高考是一项高竞争、高利害、高风险的大规模教育考试，不仅制度本身高度复杂、敏感，而且内含着若干基本矛盾与两难选择[①]，因此，几乎任何一次高考改革都无法做到"零弊端"。浙、沪新高考招生试点改革方案在呈现多重突破与创新价值的同时，也不可避免地潜含着一定制度缺陷。随着两地高考综合改革的系统推进，新制度的利弊效应也逐渐显现，并且越来越清晰。尤其是浙江，由于每门选考科目赋予考生两次考试机会，因此所面临的问题也更加复杂。在全国其他省市即将陆续进入新一轮高考改革的背景下，对浙、沪新试点高考招生制度的利弊效应进行及时盘点与反思，具有重要的理论意义与实践价值。

一、新试点高考招生制度的创新价值

（一）赋予学生充分选择权

以生为本是教育的基本理念。同样，考试制度的一个基本理念，也应是以

---

① 刘海峰. 高考改革论[M]. 杭州：浙江教育出版社，2013：226-233.

生为本。以生为本的具体体现之一,就高中教育教学而言即是加强其选择性,赋予学生充分的自由选择权;对于高考而言,则是赋予考生选择考试科目的空间。放眼国际,奉行专业分化原则,实际上已成为高中教育和高考招生的一种惯例。[①]

综观浙江与上海新高考招生制度,二者一个共同核心理念是扩大考生选择权。这种选择权的价值,集中体现于高考选考方面。比如浙江,考生可根据自身兴趣特长和报考院校及专业要求自主确定选考科目,选考科目组合达35种之多。同时,选考科目的考试时间点也有4次选择,每一选考科目可以有两次考试机会。再如上海,学生选考科目组合类别也有20种。这样的制度设计,在中国统一高考历史上是一种前所未有的变革。在新一轮高考制度改革方案出台之前,高中新课程改革即强调增加学生的选择权。从这一意义上说,高考制度赋予学生选择权,正与高中新课改赋予学生选择权相呼应,并且从更深层次、以更大力度推进了高中新课改。如果说以前的高考文理分科或合科模式对"人的差异"观照相对不够,显得"统一"与"冰冷",那么现在高考选考制度设计则通过贯彻"选择性"理念,充分观照考生的个体差异,并因此而得以彰显"个性"与"温度"。

(二)增加高校招生自主权

在浙、沪新高考招生制度下,高校可以选择不同考试招生模式,自主确定是按专业还是按专业招生类录取;同时,高校还可以自主设置某一专业考生的选考科目要求。这显然是一种普遍的、重要的权力回归。一定意义上可以说,借助于这一回归,高校招生自主权正在由多年的呼吁变为现实。另一方面,高校在录取考生时,可以对学考科目考试等级作出规定要求,这也增加了高校的自主权。尽管高等院校自身可能在专业报考要求的选考科目设置方面尚未做好充分准备,同时不同高校在专业报考科目方面要求的差异直接增加了学生了解某一专业报考规定的复杂性,但将不同专业的具体报考要求交还给高校自身,终究是增加了高校招生自主权。此外,浙、沪统一高考招生改革还将学生综合素质评价作为录取的参考依据,应该说一定程度上也是高校招生自主权的体现。在综合素质评价与高校招生进行"硬挂钩"之后,这种体

---

① 冯生尧.论专业分化的高中选修、高考选考和院系分招制度[J].课程·教材·教法,2011(4):3-10.

现还将更加明显。

（三）激活高校学科、专业调整

按照浙、沪新高考招生制度，考生以"专业＋学校"模式填报志愿，按专业（类）平行投档而且录取不分批次。随着院校投档优先发展到专业投档优先，过去学科、专业难以调整的困局迎来破解契机。在专业投档优先的制度设计下，热门专业拉动、带动冷门专业，进而为后者调剂生源的效应基本消失，冷门学科、专业将直接遭遇基于考生专业选择而带来的冲击。"专业＋学校"的平行志愿模式，势必从根本上激活高校作为招生主体的主动性，并在高校学科、专业之间形成一种强劲的洗牌效应，这是新高考招生改革的又一重要价值。当前浙江与上海两地一些高校正在开展学科与专业评估，正是新高考招生制度激活高校学科、专业调整的具体体现。

二、新试点高考招生制度的若干问题

选择性是贯穿我国新试点高考招生制度的一个关键词。从根本上说，此次浙、沪新高考改革的突破与创新，诸如取消高考文理分科、实行"必考＋选考"、扩大高校招生自主权等，均是借助于赋予考生、高校选择权而得以实现。然而，物极必反，选择性意味着多元性、多样性，多元性、多样性意味着复杂性、不可比性。考生与高校的选择权与选择空间越多，高考招生制度也就越多元化、多样化，越多元化、多样化也就越复杂、异质，越复杂、异质也就越不可比。如果说近二十年来，在权限下放的基本改革思路下，中国高考制度本来即已呈现统一性减弱、异质性增加的特征，那么，新一轮招生改革则更进一步降低了高考制度的统一性，增加了其异质性。从教育测量与评价的角度来说，应当高度重视高考异质性所衍生出的诸如匹配、等值及效度、区分度等问题。

概而言之，浙、沪新高考招生制度下源于选择性的矛盾包括选考科目确定时间的矛盾、选择性与应试性的矛盾、选择性与全面性的矛盾、选择性与匹配性的矛盾、选择性与可比性的矛盾等。另一方面，由于浙江省赋予考生同一科目两次选考的机会，且选考开考时间较早，而上海则非如此，因此两地新高考制度所存在的问题也不完全相同。基于此，以下对于两地新高考制度的剖析与讨论将不予平均用墨。这里，着重从应试主义教育、学科专业录取要求与考生知识基础匹配、考生考试分数不等值以及效度与区分度等几个问题进行分析。

（一）应试主义教育问题

应试主义作为中国高考制度下的一种常态现象，几乎存在于任何一次高考改革中。甚至在高校自主招生中，也可观察到一股应试主义风气，教育市场上面向自主招生的专业咨询、培训产业日趋发达。无论高考如何改革，考生与高中校一定追求自身利益最大化。而追求高考利益最大化的行为，必然导致应试主义教育现象。

从浙江新高考制度改革实践来看，尽管并未出现原本有学者所担忧的文理分科问题（至少在形式上没有出现严重的文理分科问题），但应试主义风气却仍无法彻底根除。从学生角度来讲，选择最擅长的科目作为高考选考科目，其余只要能够通过学业水平考试，即有利于实现高考分数的最大化。从高中校角度讲，其一方面尽可能尊重并满足学生选考意向，另一方面也可能根据学校优势与特色引导甚至劝诫、要求学生选考某些科目。无论引导还是劝诫抑或是硬性要求，只要学生确定选考科目，即可能影响其整个高中阶段的基本学习"格局"。正是从这一意义上说，浙江高考选考方面存在"一选定终身"之弊。在高考利益最大化原则下，选考之外的学考科目难免重新沦为"鸡肋"。当然，浙江新高考改革下的应试备考由于以赋予学生选择权为前提，所以，与以往文理分科意义上的应试不完全相同。以前高考备考，在语、数、外之外或者备考文科科目，或者备考理科科目；而在新高考制度下，所备考选考科目除了文科科目或理科科目外，还包括文理交叉组合。再者，问题的关键还在于，某一选考科目一旦完成考试，特别是获得理想的高分数之后，考生便可能不再将精力用到这一科目的学习上。2015年下半年浙江省首次选考之后，获得等级赋分满分者以及其他自认为理想的高分成绩者，可能便不会再花费多少时间与精力在这些科目上，而是全力学习、备考其他科目。从高二第一学期即开始的对某科目学习的"有意"忽视，究竟是不是一种合理的教育现象？由于这种策略性选择符合高考利益最大化原则，因此也就容易成为考生与家长、高中校的一种共识。而在笔者看来，这恰是新高考制度下值得警惕与反思的一种教育现象。

相对而言，上海地区由于其高考选考最早也是安排在高二下学期进行，因此，所谓"一选定终身"之弊相对要轻一些。当然，其考生也一定同样追求高考利益最大化，因此必然出现考生重视高考科目、忽视非高考科目学习的现象及某一选考科目考试完全被"策略性忽视"的现象。只不过,由于其自第二批试点学生开始,最早的高二下学期选考仅限定地理与生命科学两门,因此,这种对于已完成选考科目的"策略性忽视"问题相对较轻。浙江早先一步开启的选考改革实践提醒我们,高考选考不宜过早,否则势必造成"策略性忽视"某些科目的问题。总的来说,选择同时意味着放弃,选择性教育与考试理念意味着放弃某些科目而专心于所选择的科目,这样自然也就出现应试主义教育问题。

(二)学科专业录取要求与考生知识基础匹配问题

正如前文所言,在新一轮高考招生改革中,呼唤多年的高校招生自主权部分回归高等院校,其主要体现在高校可以设置不同专业的选考科目规定。这一回归的价值,为高等教育界所普遍认同。然而,一个根本问题在于,长期习惯于按统一高考分数录取的高等院校,是否已经做好相应准备?

按照新高考招生改革方案,高校专业(类)设限选考科目范围最少为零门,最多为3门。具体而言,无选考科目设限要求的,考生无论选考什么科目均可报考该专业(类);如果指定为1门的,只有选考了该科目的考生才能报考;指定为2或3门的,考生选考科目中只需1门在高校确定的选考科目要求范围内,即可报考该专业(类)。2017年在浙江省招生高校的所有专业(类)中,不限选考科目者占54%,设限选考科目者占46%,其中设限范围为1门的占5%,2门的占8%,3门的占33%。有学者据此指出,"实际上只有33%的高校专业具有明确的主体责任意识,对自身专业对学生知识结构和职业取向的独特性有明确完整的认识。"[1]根据有关统计,在招生院校所提出选考科目要求的专业(类)中,选择最多的是物理,涉及设限专业(类)的81%;其次为化学,涉及64%;再其次为技术,涉及36%;生物、历史、地理、政治分别涉及32%、19%、15%、13%。考生选考物理即可报考(包括高校设限选考科目为物理或没有设限选考科目)的专业(类)达到91%,化学达到83.5%,生物达到68.8%,政治达到59.7%,历史达到62.8%,地理达到60.9%,技术达到70.6%。考生选考任何3门,至少可以报考约66%的专业(类)。[2]

---

[1]傅维利.高考改革与高校责任主体的回归[J].中国高等教育,2015(12):12-14.
[2]教育部网站."浙江2017年高校选考科目公布"[EB/OL]. http://www.moe.edu.cn/publicfiles/business/htmlfiles/moe/s5147/201503/184332.html.

再如上海,其37所本科高校共设置1096个的专业(类),提出选考科目要求的专业主要集中在理工科。其中,规定3门科目要求中最多的组合是物理、化学、生命科学,达217个专业(类);再次是物理、化学、地理组合,有22个专业(类);没有提出科目要求的有655个,涉及专业(类)主要有管理、法学、艺术等。①没有对选考科目提出任何要求的专业(类)所占比例高达60%。

以上数据不能不引发我们思考:理论上某一专业是否存在最佳的科目报考要求?或者说是否存在学科专业录取要求与考生知识基础匹配的问题?不同专业其生源的知识基础与能力结构是否可以抑或应当存在某些差异?如果不存在这种差异,那么赋予高校专业报考科目设置权便没有实质性意义,高校自然也不必设置报考科目要求。在笔者看来,在高考选考制度设计下,学科专业录取要求与考生知识基础匹配问题是客观存在的。至于具体如何匹配,需要通过严谨的科学研究进行回答。根据以上报考要求统计,对于未设定选考科目要求的专业(类),如果出现考生知识基础与专业培养基础要求不相匹配问题,届时如何解决?与之紧密相关的一个问题是,对于未设定选考科目要求的专业(类)所招收生源,其群体内部必定存在选考科目差异,而选考科目的差异又意味着其学科知识结构与基础的差异。在此背景下,某一专业新生的专业(类)课程如何设置,如何开展具体的教学等等。这些都是学科专业录取要求与考生知识基础间的匹配及相关衍生问题。

(三)基于考生群体异质性的分数可比性问题

此次浙江与上海新高考选考科目所采用的是等级赋分制。浙江方面,选考科目以高中学考成绩合格为赋分前提,根据事先公布的比例确定等级,每个等级分差为3分,起点赋分40分;共计21个等级,满分100分。上海方面,高考选考方面设立5等11级,最低分为40分,最高分为70分。按等级赋分的确具有相对合理性,但不能忽视基于考生群体异质性等原因而造成的分数可比性问题。

1. 同一科目不同次考试之间的分数不等值问题。事实上,高考从标准分回到原始分,本来即存在分数不等值问题。但在新高考选考制度下,由于不同

---

① "上海37所高校2017年高考选考科目要求公布"[EB/OL]. http://edu.sina.com.cn/gaokao/2015-02-03/1602456870.shtml.

次考试之间考生群体异质性的原因,分数不等值问题变得更加突出。以浙江为例,假设某一科目 A 次选考方面的学生能力整体比较低下而原始成绩均在 80 分以下,B 次选考学生能力整体优异且原始成绩均在 80 分以上。按照等级赋分原则,A、B 两次选考排名前 1% 的考生都将获得 100 分。然而,B 次选考的 100 分与 A 次选考的 100 分,显然不具有同样的意义。统计意义上相同的 100 分,并不必然保证在教育与心理上具有相同意义。当然,出于辨析需要,这一案例中考生群体异质性比较典型。但浙江新高考招生制度确实无法有效应对这一基本矛盾。当前,浙江高考选考方面出现的"田忌赛马"应考策略,一定程度上即造成了基于同一科目不同次考试之间考生群体异质性的分数不等值问题。高校招生不应采信"田忌赛马"竞争策略下低能力者的高分成绩,而是应以实际能力为基础择优录取。很显然,"田忌赛马"选考策略同时削弱了高考招生科学性与公平性双重价值。同样,根据上海新高考选考政策,地理与生命科学在高二、高三下学期均可进行选考,这样在理论上也存在同一科目不同考次之间的分数不等值问题。但由于其首次选考是安排在高二下学期,相对而言,此时竞争相对充分,因此同一科目不同次考试之间的分数不等值矛盾,相对浙江可能更加缓和,甚至也可以忽略不计。

2. 不同科目之间的分数可比性问题。此次浙、沪新高考改革之后,由于考生选考科目不同,从而将不可避免地会出现某一专业投档考生选考科目不同,并由此而引发分数可比性问题。选考科目虽是按等级赋分,但仍存在可比性问题。如果某一选考科目某次出现高能力、高水平考生"扎堆"报考,那么,其中某一优秀考生可能获得低分;对于报考人数少,总体能力、水平较低或一般的选考科目来说,其中某一中等考生却可能得到高分。换言之,同一次考试不同科目的相同等级分数,其含金量可能不同;不同次数不同科目的相同等级分数,其含金量可能不同。"因为每次测试的难度是很难掌控的。这个问题在涉及合成高考总分,或者在容许一年多次考试时将变得十分突出。"[1]事实上,基于考生群体异质性的不同科目之间的分数可比性问题,也正是前几年高考标准分制改革的一种教训。

不同科目之间的不等值问题,直接带来了高校录取方面的难题。例如,报

---

[1] 杨志明. 高考原始分合成:问题与改进思路[J]. 教育测量与评价(理论版),2015(10):61-64.

考某一专业（类）的不同考生之间，其具体选考科目可能差异很大。尤其是对于未设置任何科目要求的专业，可能出现考生之间选考科目组合类别多样，甚至是完全不同的现象。在这种情况下，高校究竟应该如何进行录取成为一个重要难题。如果直接按总分高低排名录取，显然同教育与测量基本原理相悖。与此同时，如何录取总分相同但选考科目不同的考生，也是新高考选考制度设计下应当预先考虑的重要问题。

（四）考试效度与区分度问题

与分数可比性密切相关的是高考招生的效度与区分度问题。根据浙江新高考选考等级赋分规则，卷面成绩排名前28%的考生，赋分都在82分及以上，这意味着近三分之一的考生能以80分以上的成绩计入高考总分。并且，考生在选考方面还有两次考试机会，可以选择一次高分计入总成绩。在2017年新高考招生中，同分情况可能比较普遍，考生成绩分布可能呈现扁平化。在这种情况下，语、数、外可能成为影响高考总成绩的关键科目。"由于高中学业水平考试本质上是水平性考试而只具备部分选拔性功能——具体体现在加试题上——以及获得最高等级的群体比例过高，其区分度十分有限。"①"等级赋分在一定程度上会影响学科特别拔尖者的相对优势。""在原始分的区分度（标准差）较大的情况下，等级赋分有可能缩小原始分的差距（如物理），在原始分的区分度较小的情况下，等级赋分则会扩大原始分的差距（如化学）。如何控制选考和学考科目的区分度，将会是考试机构必须面临的挑战。"②再如上海，高考选考成绩分为5等11级，分值在40-70之间，选考科目对于考生总成绩区分度的贡献同样也比较低。

高考标准分改革的历程已经提醒我们，不能只关注考生在报考同一科目考生群体中的相对位置，而是必须同时考虑不同科目报考者之间的群体差异，考虑考生的绝对水平。正如前文所举例子，高能力组与低能力组其等级赋分集基本一致，但高能力组中的低水平考生其成绩却低于低能力组的高水平考生。这种能力与成绩"高低倒置"的现象，直接降低了考试的效度与区分度。不仅如此，正像高考采用标准分一样，等级赋分对学科能力平衡的学生更

---

①秦春华. 我对浙江高考改革方案的忧虑[N]. 中国青年报, 2015-02-02.

②文东茅, 等. 等级赋分对高考区分度的影响——对浙江"九校联考"数据的模拟分析[J]. 中国高教研究, 2015(6): 17-21, 72.

为有利。除此之外，对于第一次考试获得满分的考生，如果再参加同科目的第二次选考，还直接通过"占位"增大考生群体规模，从而对选考成绩总体百分比分布带来影响。尤其是，如果低能力者第一次是依靠"田忌赛马"错位竞争策略获得满分或高分，那么其第二次选考"占位"行为更加混淆考试的效度与区分度。基于低效度、低区分度测验的录取决策，不仅缺乏科学性且对于接受测验的人来说也是不公平的。在这一意义上，考试的科学性是一种基础，没有考试的科学性也就无法保证考试的公平性。

三、新试点高考招生制度的政策建议

高考制度是一个矛盾统一体，不同矛盾与矛盾不同方面相互依存，互相转化。某一矛盾解决的同时，往往又滋生出新的矛盾。高考是一把锋利的双刃剑，利弊效应均十分显著。以上所探讨的浙、沪新高考制度下的若干问题便是高考制度内在矛盾的生动反映，而且十分典型地反映出高考的高竞争性与高利害性。整体上看，浙江省由于选考安排次数多，赋予考生每一选考科目两次考试的机会，且选考开考时间过早，因此，其目前所面临的问题也更加复杂。

高考改革牵一发而动全身，浙、沪新高考试点综合改革至今已启动一年半时间，在这样一种背景下，相关政策建议应当以原方案框架为基本前提。一定意义上说，应试主义与高考竞争是一对孪生兄弟，短期内没有完美的解决之道，故在此暂不讨论如何解决应试主义这一中国教育顽症。在不改变浙、沪新高考方案基本框架尤其是等级赋分制的前提下，结合上述几方面问题，笔者尝试提出以下政策建议：

（一）建议浙江推迟高考选考时间安排，选考开考最早从高二下学期开始，同时将选考时间安排减少至两次

按现行浙江省新高考试点改革方案，选考科目考试安排在高二上、下学期与高三上、下学期。笔者以为，高二上学期即安排选考存在时间过早之弊，其结果是很大程度上造成了大多数考生"因感仓促"而不报考，少数人则利用这一机会参加选考，从而造成某一科目报考人数过少、考试竞争不充分的问题。某次某科考试竞争不充分，直接造成其与后面竞争充分的同一科目之间分数不等值的问题以及在此基础之上的效度与区分度问题。

针对浙江新高考选考等级赋分规则,有学者建议进行等值处理。①笔者以为,尽管等值处理是一种国际通行做法,但这种方法将使原本即已十分复杂的浙江高考选考制度更加复杂化,而标准分制度在中国引入与退出的实践表明过于复杂的分数转换制度很难得到考生、家长及高中校的认同,因此,通过等值方法处理可能难以获得广泛民意支持。尤其是在浙江已经完成首次高考选考情况下,短期内的制度改良应当以原有设计为基本前提。

为此,建议浙江推迟并减少高考选考时间安排。即:在高二下学期安排第一次选考,高三上学期安排第二次,总计安排两次。相比于高二上学期,尤其是当年10月份即安排选考,至高二下学期开始首次选考可以在很大程度上避免考生因感到仓促而暂不应考的顾虑,这样也就解决了考试竞争不充分的问题,同时在一定程度上有助于减少因考试竞争不充分而造成的同一科目不同考次,以及不同科目之间的分数不等值风险,并因此而提高考试效度与区分度。在选考时间安排次数上,由4次减少到2次,同样也有助于减少因考试次数过多而造成的分数不等值及其相关问题。

(二)建议浙江限制某选考科目第一次获得满分者不得再参加第二次考试

在以往高考制度中,由于全体考生均在每年7月或6月参加统一高考,没有所谓多次选考的制度设计,因此,不存在考生选择一次高分成绩计入最终高考成绩现象,也不存在考生"占位"问题。而在浙江新高考制度下,由于每位考生在每一选考科目上有两次考试机会,故存在某一科目第一次选考即获得满分或高分考生继续参加本科目二次选考的"占位"问题。无论这种考生再次考试成绩如何,其只要再参加同科目二次选考即增大了当次选考考生群体规模,而考生群体规模的增大客观上对其他考生在全体考生中的相对排名是不利的。相反,这种"占位"行为对于"占位"者而言,则是完全利好的。而如果第二次考试成绩排名比较靠前,那么结果等于是"占位"者有意将其他考生"挤"到了后面的位次。如果"占位"者首次考试是依靠"田忌赛马"选考策略或说竞争不充分状态而获得满分或高分,那么再次"占位"选考则完全缺失道德基础,属于典型的"损人利己"行为

---

① 马跃,韦小满. 新一轮高考改革中的测验等值问题[J]. 考试研究,2015(5):63-69.

策略。在教育行政部门未出台"占位"禁令的前提下，占位者完全可以以"合理利用"竞争策略的名义抵御道德谴责。基于此，笔者建议，教育行政部门应当出台政策规定，限制某选考科目第一次获得满分者不得再参加第二次考试。通过这种限制规定，一来可以消除"占位"问题，二来也有助于降低考试举办成本。

（三）建议上海加大高考选考科目的分值区间

上海新高考"3+3"科目设置，与之前的"3+1"相比，体现出相对全面甄别的国家试点改革意志。但与浙江相比，上海新高考选考科目分值区间小，因此，考生选考科目成绩相对密集，选考科目对于考生总成绩区分度的贡献率自然降低。这样，语、数、外三门科目在考生总成绩中的比重与贡献仍比较大。上海高考选考科目的总分值区间为120—210分，而浙江高考选考科目总分值区间则为120—300分，尽管前者考生规模明显小于后者，但其分值设置终究是相对弱化了选考科目的地位。在这样的高考科目与分值设计下，考生将在"高考指挥棒"的引导下更加重视语、数、外的学习。换言之，尽管上海高考"3+3"科目设置较之"3+1"是一种重要的改进，但其力度还应进一步加大。基于此，笔者建议上海可以适当加大高考选考科目的分值区间设置，比如可以像浙江一样将分值设定在40—100分之间。当然，加大分值区间并不意味着一种终极的完美，却至少可以引导学生更加重视选考科目的学习，同时有助于提高选考科目对于考生总成绩区分度的贡献率。

（四）加强学科、专业录取要求与考生知识结构匹配性研究

新一轮高考招生试点改革的一个重要进展是招生自主权部分向招生主体回归，高校可以自行确定专业（类）的科目选考要求。然而，高校作为招生主体，如何有效行使选考科目设置权力却是一个疑问。由于在"必考+选考"高考模式下必然出现专业录取要求与考生知识结构匹配问题，所以，高校应当充分利用这一权力以规避不匹配问题。但前文所引相关数据显示，2017年在浙江省招生高校的所有专业（类）中，不限选考科目占比达54%；上海的比例也高达60%。就此而言，加强学科、专业录取要求与考生知识结构匹配问题研究，成为新高考制度改革下的一项重要研究课题。由于这一问题已经十分迫切，建议尽快从国家层面或省级层面启动相关研究。

高考制度一端连接基础教育，一端连接高等教育，其对于教育的影响是

全局性的。高考综合改革作为一项复杂而艰巨的系统工程[1],应当充分考虑不同利益相关者的诉求。除了加强顶层论证与设计以及科普宣传外,新高考招生试点改革应当高度重视社会舆情,重视考生及家长、高中校、高校等各方的建议,在充分、广泛听取学界与社会各界反馈意见的基础上,以稳健节奏逐步推进相关举措,力争取得改革的最大成效。

本篇发表于《教育发展研究》2016年第10期

---

[1] 张亚群. 高考综合改革目标的实现路径[J]. 教育发展研究,2015(18):3.

关于浙江新高考改革的若干思考

作为试点省市之一的浙江省,其新高考招生制度具有多重突破性价值,诸如增加学生选择权、终结文理形式分科、增加高校招生自主权、激活高校专业与学科调整等等。随着高考综合改革的推进,新制度的利弊效应也逐渐得以显现,并且越来越清晰。笔者之前曾撰文剖析浙、沪新试点高考招生制度的价值、问题及相关政策建议[①]。本篇则是专门针对浙江新高考招生制度所作的进一步思考。

一、学生学业负担方面

"减负"是中国基础教育领域的一个老大难问题,但其成效却一直不理想甚至可以说收效甚微。[②]多年以来,高考被视为学生负担过重的一个根本决定因素,因此在高考改革中"减负"成为一个基本价值导向。在2010年《国家中长期教育改革和发展规划纲要》中,"减轻中小学生课业负担"是一个重要方面;[③]《国务院关于深化考试招生制度改革的实施意见》则直接指出"一考定终身使学生学习负担过重"[④],故减负也是新一轮高考招生制度改革的重要目标之一。新高考试点改革的这一出发点无疑值得充分肯定,而且也是社会大众的一个期待。浙江新高考制度设计的一个基本初衷是将学

[①] 刘希伟. 新试点高考招生制度:价值、问题及政策建议[J]. 教育发展研究,2016(10):1-7.
[②] 郑若玲. 高考思辨[M]. 北京:经济科学出版社,2013:233-234.
[③] 教育部网站. 国家中长期教育改革和发展规划纲要(2010-2020年)[EB/OL]. http://www.moe.edu.cn/publicfiles/business/htmlfiles/moe/moe_838/201008/93704.html.
[④] 教育部网站. 国务院关于深化考试招生制度改革的实施意见[EB/OL]. http://www.moe.edu.cn/publicfiles/business/htmlfiles/moe/moe_1778/201409/174543.html.

业负担与考试压力分散到整个高中阶段,希望借此减少学生的学业负担与考试压力。但问题在于,"多次分散考试"制度下学生有关学业负担的体验是否一定优于"一考定终身"下的学业负担体验?学生在学业负担与考试压力方面果真可以相对更轻松?更幸福?"多次分散考试"与"一考定终身",究竟哪种制度设计下学生学业负担与考试压力更重?这恐怕是一个值得反思的重要问题。

表面上看,浙江新高考制度通过高考选考科目制度设计,将原来统一、集中的"高考"部分地分散至高二与高三阶段。但实际上,"多次分散"考试具体到教育教学实践后,其复杂性远远超乎当初的预想。高考压力不是一种总量固定的压力,而是一个可以无限裂变的变量;其并不随着分散设计而减少,相反分散至哪一阶段,哪一阶段就引发学生的高度重视,并由此而增加学生的学业负担与考试压力。不仅如此,高考选考、学考虽从高二年级才开始,但在当年10月底,也就是高二上学期开学不久即进行。而学生为了准备这种选考、学考,尤其是前者,不得不在高一下学期乃至暑假期间辛苦备考。结果不是减轻了学业负担与考试压力,反而是增大了考试压力与紧张心理。原本可能是高三紧张一年,现在是三年都很紧张;原来是高三忙碌一年,现在是三年都很忙碌。

浙江省教育厅2015年下半年对全省进行调研时发现,并开科目超过8门是高中学校所普遍存在的问题。针对学生问卷调查结果显示,有89.4%的高二学生表示自己该学期所学课程超过8门,而其中又有65.5%的学生共修习了11门课程。造成这种问题的原因之一在于高中二年级的高考选考。有的高中校为应对2015年10月底的第一次高考选考而加强了必修模块的教学,同时又加开了生物、技术等课程,这样便造成或导致了高二上学期特别是学考、选考之前一段时间内修习科目多、学生课业负担重的问题。[①]并开11门课程对于正处于身心发育阶段的高中生来说,无疑是一种高负荷、高强度的课程安排,无论身体上还是精神上都是一种严峻考验,没有"钢铁般"的意志恐怕真是无法承受。难怪有考生叫苦,"高一、高二活得像高三,高三像复读"。不仅如此,问题的关键还在于,在如此高强度、高负荷的考验身心极限的

---

①浙江省教育厅网站. 浙江省深化普通高中课程改革巡查报告 [EB/OL]. http://www.zjedu.gov.cn/news/144835682175765411.html.

学习任务下,又如何来保证学习效率呢?

再者,由于近几年高考考试难度降低、区分度下降问题,新高考改革背景下的高校招生将越来越重视甚至在某些情况下不得不借助于学考成绩完成。因此,相对于新高考综合改革之前,学考逐渐变得更加重要。尤其是在新高考制度改革背景下,浙江三位一体等形式在内的高校自主招生,进一步强调、提升了高中学考的地位与影响。这样,不少学生还普遍感受到一股来自学考的压力。

二、高考选考科目确定依据、考试时间与考试影响

新高考制度强调以学生为中心,通过赋予学生自由选择权而彰显因材施教、因材施考的教育与选拔理念。文理分科固然较之完全的合科更能顾及学生的个性差异,但浙江新高考选考制度较之简单的文理分科又更能照顾学生的个性差异。某种意义上说,简单的文理分科模式对于人的个体差异的观照仍然不够,甚至在很多情况下抹杀了人的个性。而浙江新高考选考制度,通过赋予学生自由选择语、数、外以外的考试科目,基本上可以照顾到每一个学生的个性差异。这是新高考选考制度最根本的价值所在。但高考制度本身复杂、灵敏,某一制度改进往往同时衍生出若干新的制度弊端。浙江新高考选考制度在充分尊重学生个体差异的同时,也面临着选考科目的确定以及具体考试时间安排等重要问题。

1. 选考科目确定依据

从理论上说,高考选考科目的确定至少涉及学生兴趣爱好、高校目标专业关于科目的要求、高中校师资力量与教学水平、潜在竞争对手的科目选择,以及自己的竞争实力等几个方面。在最理想的层面上,对于某一学生来说几个方面可能基本一致,不存在根本性冲突。也即选择某科作为高考选考科目时,既符合学生兴趣爱好又符合高校某专业招生科目要求,既是其所在学校擅长的科目又能避开强者或者是胜出对手。但这种几个维度恰相一致的情况,在现实中恐怕极少存在。那么,在几个方面存在冲突的时候,究竟应该以哪一方面依据为主?或者换个思考问题的角度:高中校知道学生该如何确定科目吗?学生家长知道吗?学生本人知道吗?学生当然应该学会选择,包括在选择的过程中成长,但这终究像是在一个"似乎什么还都不知道"的年龄,却要确定"人生大事"。从抽象意义来说,高中校师资力量与教学水平以

及竞争对手的选考科目,以及自己的竞争实力可以合并归结至高考分数最大化收益。这样,除了高校目标专业的必选科目要求外,影响学生确定高考选考科目的主要因素可以化约为学生兴趣与考试分数最大化。同样,两大因素既可能是一致的,也可能是冲突的。据了解,在某些高中校,考生无法依据自身的兴趣选择高考选考科目,因为他们不得不迁就学校的现有师资力量。而在某些高中,学校甚至劝导学生或者选择"全文"或者选择"全理",同样也是要求服从学校的意志与安排。一些考生原本根据自身兴趣确定了选考科目,但最终还是被学校劝退。这是值得高度重视的一个教育现象;另一方面,客观地说高中校也确实有其师资、教学设施等方面的苦衷与困难,一味苛求与批判而不关注其改革软硬件短板无助于实际问题的解决。无论如何,以学生为本是一条基本教育原理,教育首先应该尊重并发展学生的兴趣与爱好。可是在这里,兴趣却因为师资力量、教学设施,因为考试分数最大化需求而被压抑,高考的教育功能被异化。

2. 高考选考科目确定时间问题

时间变量是浙江高考选考系统至关重要的另一变量,其直接影响到学生高中三年的基本学习格局,特别是时间结构。由于浙江新高考选考最早一次安排在高中二年级上学期,确切来说为当年10月底,因此,在高一确定高考选考成为高中校的一种普遍做法。当前,浙江省许多高中校都是在高一下学期结束之前确定三门选考科目。正如前文所言,在很多情况下无论高中校还是学生及家长都不知该究竟应该如何权衡、如何选择。尤其是在高一即完全确定选考科目,应该说存在过早之弊。但在当前高考选考制度设计下,又不能迟至高二才进行确定,否则根本来不及参加第一次选考及学考。因此,高考选考科目确定时间的下限,即是高一下学期结束之前。当然,即便如此,对于参加第一次选考与学考的学生而言,也是仅有有限时间进行备考。

另一个关键的问题在于,高考选考科目一旦确定之后是否可以进行修改。关于这一点,目前多数高中校是仅提供极少数调整名额,大多数学生一旦确定选考科目便不能再进行变更。高中校之所以作出这种规定,主要是基于教学秩序的考虑。确实,如果大量学生可以任意改动选考科目,那么对于正常的教学秩序影响十分巨大,甚至于无法开展正常、有序的教学。同样,对于学生来说,在未正式报名选考之前或许还可以修改选考科目。但只要正式参加选考考试,那么一方面其考试成绩可能直接计入高考总成绩;另一方面在等级赋分制度下,其成绩又不仅是"自己的",同时还直接影响到其他学生的成绩排名与等级分数。这也是为什么浙江省规定在参加完某一选考科目之后,不得再申请变更的缘由之一所在。

3. 高考选考科目考试影响

如果某一选考科目第一次考试即获得高分,那么对于学生而言则是完全利好的;但若没有发挥好,则会形成一系列的负面连锁反应,影响到整个学习计划。假设某一考生在高二上学期即依靠能力或运气获得高分,而之后则集中学习其他科目而暂停或者忽略该选考科目,那么可能出现的一个问题是其进入大学之后该科目无法适应大学课程。尤其是通过"田忌赛马"错位竞争获得高分者,这一问题可能更加严重。对此,有一种流行的说法认为,这恰恰是赋予了学生自主安排学习的空间,正可以彰显学生主体性。对此,笔者不敢轻易苟同。这种为了应试可能将近两年不再学习某一选考科目,到底是符合教育规律,还是违背教育规律?这种行为究竟应该倡导,还是应该反思、调整?这一现象既然是由考试的指挥棒功能所致,那么便不能以完全交由学生、交由"市场"而置之不理,而是应该予以充分的关注与重视。

三、竞争的合理性问题:基于能力还是基于策略

浙江新高考选考科目所采用的是等级赋分制。这种计分制度,较之复杂的标准分相对简单得多,也确实具有一定合理性。但正如标准分并非完美无缺一样,等级赋分也存在弊端。采行等级赋分制,其样本必须具有足够的代表性且满足正态分布。很显然,在浙江新高考选考第一次考试中,绝大多数重点高中学生几乎很少参与报考,因此其考生群体既不具充分代表性,又无法保证符合正态分布。这样,不仅某一科目不同次考试之间的考生群体的异质性导致了等级赋分的不等值性问题,而且不同科目不同考生群体之间的异质性也在一定程度上造成等级赋分的可比性问题。"由于选考科目是按科目、考次和固定比例赋等级分,不同科目的报考对象是不同的,即不同科目的考生能力分布是有差异的。"[1]这也就是当前浙江新高考选考制度中所存在的"田忌赛马"错位竞争问题。

---

[1] 李金波. 新高考招生制度下的等级赋分制[J]. 教育测量与评价(理论版). 2016(4):48-51.

高考是一个复杂的竞争系统，既包括考生之间的博弈，又包括高中校之间升学率的博弈，尤其是重点大学、"一本"升学率的博弈。考生之间与高中校之间的博弈存在很大程度的重合，但又不完全相等同。在新高考选考制度下，普通高中为避免"遭遇"重点高中考生同场同次竞争，选择避开后者的错位竞争策略。中等水平、能力的考生如果与高水平、高能力考生同场次竞争，排名势必靠后，一般所获等级分会较低；但其若与低水平、低能力的考生同场次竞争，则可排名靠前，从而获得高的等级赋分。高考招生选拔，究竟应该以学生实际能力、水平为依据，还是以混淆考生能力与成绩的竞争策略为依据？很显然，应该以学生实际能力、水平为根本依据、实际依据。报考应考、备考策略当然重要，不应一概否定，但能力、水平本身更为根本。当选考策略、应考策略足以混淆能力、水平与考试分数，从而在二者之间造成相反性的错误赋分时，必须对于滋生这种错位竞争策略的制度空间予以修正。

与之相关的另外一个问题是，新高考选考科目的难度与区分度问题。在近几年考试难度整体下降的背景下，高考本来即已存在一定程度的区分度问题。此次浙江省高考选考科目，其试卷是通过在学考基础上增加若干题目而形成，这样也比较容易造成难度与区分度问题。尤其是不同次学考与选考之间，容易出现难度差异问题。据不少考生反映，2016年4月份的选考与学考，就比2015年10月份的更难一些。这一点提醒我们，关于新高考选考科目，包括学考部分，恐怕还应对其难度与区分度给予一定关注。

由于错位竞争策略，高能力、高水平的考生可能获得低等级分数，而低能力、低水平的考生可能获得高等级分数。一旦出现这种问题，不仅考试选拔的效度、区分度无从谈起，而且效率与公平也都无从谈起。针对田忌赛马式策略造成的竞争不充分，以及考试分数不等值等问题，有人指出随着改革的综合推进，竞争将会越来越充分，如此，不同次考试之间的考生将呈正态分布，并且群体之间将会达到基本均衡。届时，所谓的考试分数不等值以及区分度等问题，便可迎刃而解。这种观点固然有一定道理，但笔者并不完全认同。随着综合改革实践的推进，尤其是田忌赛马式错位竞争策略所致弊端的显现，考试竞争将会越来越充分。但问题还在于，在浙江新高考选考制度设计中，其首次选考安排时间过早。假如这一点不改革的话，便意味着将有大量考生在高二上学期开始不久就要进行高考选考。其实，第一次学考安排如此之早也同样存在弊端。学生在如此之短的时间内，往往需要同时学习大约十来门课程，确实无论对于身体还是精神来说都需要承受一种很大的压力,而且学习效果也难以保证。在以往的高考制度下,教学容易做到井然有序;而在新高考选考安排如此之早的制度下,教学秩序的保障确实存在很多困难。在高二上学期即进行选考,到底是正常的还是不正常的?按照正常的教育教学规律,能否在这一时间完成并备考充分?即使按照赞可夫高难度、高速度、理论知识占主导的教学原则,恐怕也难以在一年时间即完成高考招生选考科目的备考工作。更何况,首次选考即获得高等级赋分,还可能造成有意暂停或忽略该选考科目学习的问题。

四、一项建议:推迟选考及学考时间、减少次数安排

《国务院关于深化考试招生制度改革的实施意见》是通过顶层设计经过系统谋划而成,而作为贯彻"实施意见"的浙沪新一轮高考试点改革方案,自然也是在征询、吸收专家学者专业意见,并在广泛征集高中校、高校等高考利益相关者相关意见的基础上出台的。因此,无论是"实施意见"还是浙沪新高考方案,都鲜明地体现出科学决策、民主决策的特征。但人的理性设计能力终究是有限的,即使顶层设计也永远无法完全预计复杂的教育改革实践。在很多情况下,作为试点省份的教育行政部门、高中校以及高校都只能摸着石头过河,毕竟实践中充满了诸多变异与不确定性。任何一种改革都涉及利益的调整与分配,尽善尽美的顶层设计几乎从来都不存在。同样,高考改革几乎从来都是利弊共生,十全十美的高考改革方案即使在纯理论上恐怕都不存在。

正是因为人类的理性设计能力是有限的,所以高考改革必须先行试点、稳妥推进。就此而言,浙江新高考试点改革无疑具有重要价值。一定意义上说,浙江新高考试点改革已经形成了若干重要的经验与启示。这其中,尤其值得一提的是,在其选考制度设计下由于考生在每门选考科目上拥有两次考试机会以及选考安排次数与节点较多,而引发的竞争不充分、分数不等值等问题,为其他省份的新高考制度改革的跟进提供了有益的启示效应。

此次浙江新高考制度改革,应该说提前做了大量的、比较充分的准备工作。笔者认为,在大框架不变的情况下,可以通过采取一项举措限制以上几种弊端,这就是对高考选考制度做出调整。具体来说,可以考虑推迟高考选考与学考时间安排,选考与学考开考最早从高二下学期开始,同时将考试时间安

排减少至两次。这样,可以极大地降低考试竞争不充分的风险,同时在一定程度上有助于减少因考试竞争不充分而造成的同一科目不同考次以及不同科目之间的分数不等值风险,并因此而提高考试效度与区分度。基于此,也就可以极大地减少"田忌赛马"错位竞争现象出现的可能性。同时,这一举措因向后推迟选考与学考考试时间,从而也利于从时间维度上减轻学生课业负担与考试压力。需要特别指出的是,至于第二类弊端,也可以借此解决选考科目确定时间过早及其所可能造成的"有意忽略某选考科目"的问题。但学生选考科目的确定依据问题,本来即涉及各种主客观因素,只能通过创造软硬件条件尽力解决、完善。

总之,高考制度不仅复杂、灵敏,牵一发而动全身,而且其中还内含着若干两难矛盾。在中国这样一个高度重视教育、重视考试的国家,社会大众对于高考改革尤为关注。浙江新高考改革,在其推进过程中应当格外重视一线实践中的问题及各利益相关者的意见,通过联动共进、舆论宣导及目标监控等策略力争取得兼顾科学性、公平性与效率的改革成效。[①]

本篇发表于《教育与考试》2016年第3期

[①]刘海峰,李木洲. 兼顾公平与科学的高考改革[J]. 中国考试,2015(9):3-9.

浙江省新高考综合改革：问题与建议

作为全国首批试点省份之一，浙江省新高考综合改革是中国高考招生史上力度最大、影响最为深刻的一次改革，具有重要创新价值。高考招生制度具有高竞争性、高利害性、高风险性，随着综合改革的系统推进，浙江高考招生制度改革的利弊效应逐渐显现，并且已经成为一项影响全省教育发展全局的重要改革议题，一项影响全省舆情走向的重大民生关切。

一、新高考综合改革中的四个重要问题

1. 高中教学秩序与学生考试压力问题

浙江省新学考与选考时间安排在每年4月与10月，这种制度设计为教学秩序带来了相当大的难度与挑战。根据本课题组的调研结果，地方市县教育局负责人以及高中校长普遍不认同这种时间安排，认为对于教学组织造成非常大的不利影响。其次，由于在高二即可参加学考与选考，不少高中基于应考策略"赶进度"，在高一下学期及暑假期间加大了备考力度，结果造成学生在高一与高二期间的课业负担与考试压力巨大。不少一线高中教师反映，"传统高考像斩首，新高考像凌迟"，"原来是高三紧张一年，现在是三年都很紧张"。造成学生高一、高二课业负担与考试压力大的制度根源，主要在于选考开考时间过早。

2. 基于考生群体异质性的分数不等值问题

该问题表现有二：一是同一科目不同次考试之间的分数不等值问题。在新高考选考制度下，由于不同次考试之间考生群体异质性的原因，分数不等值问题变得更加突出，导致出现"田忌赛马"似的竞争策略。二是不同科目之间的分数不等值问题。如果某一选考科目某次出现高能力、高水平考生

"扎堆"报考,那么优秀考生就可能获得低分;而对于报考人数少,总体能力、水平较低或一般的选考科目来说,中等考生却可能得到高分。换言之,同一次考试不同科目的相同等级分数,其含金量可能不同;不同次数不同科目的相同等级分数,其含金量可能不同。

3. 选考科目的区分度问题

根据浙江新高考选考等级赋分规则,卷面成绩排名前28%的考生,赋分都在82分及以上,意味着近三分之一的考生能以80分以上的成绩计入高考总分。在2017年新高考招生中,同分情况可能比较普遍,考生成绩分布可能呈现扁平化,语、数、外成为影响高考总成绩的关键科目。等级赋分在一定程度上会影响学科特别拔尖者的相对优势,在原始分的区分度较大的情况下,等级赋分有可能缩小原始分的差距(如物理);在原始分的区分度较小的情况下,等级赋分则会扩大原始分的差距(如化学)。如何控制选考科目的区分度及其与同一学考科目的关系成为浙江省新高考综合改革中的一个重要两难问题。

4. 学科专业录取要求与考生知识基础匹配问题

按照新高考招生改革方案,高校专业(类)设限选考科目范围最少为零门,最多为3门。2017年在浙江省招生高校的所有专业(类)中,不限选考科目的占54%,设限选考科目的占46%,其中设限范围为1门的占5%,2门的占8%,3门的占33%。在高考选考制度设计下,一个重要难题是学科专业录取要求与考生知识基础匹配问题。与之紧密相关的是,未设定选考科目要求的专业(类)所招收生源,其群体内部必定存在选考科目差异,这意味着其学科知识结构与基础的差异。在此背景下,这些专业所录取新生的专业(类)课程如何设置,如何开展教学等,成为学科专业录取要求与考生知识基础间的匹配及相关衍生问题。

二、完善新高考综合改革的政策建议

1. 建议推迟高考选考时间安排,选考科目考试限制在高三学年,同时将选考时间安排减少至两次

在高二上学期即可参加选考科目的考试造成两大弊端,一是大多数考生因感仓促而不报考,从而造成某一科目报考人数过少、考试竞争不充分的问题;二是直接造成高二与高三考生"跨级竞争、共同赋分"的问题。随着考

生的选择日趋理性，多数考生将选择在高三参加选考，但仍可能有少数考生选择在高二进行选考，如此必然造成高一、高二阶段教学组织困难以及效率低下的问题。有鉴于此，建议推迟选考科目的考试时间，同时将选考时间安排减少至两次，既有助于减轻学生高一、高二学年的课业负担与考试压力，又可以有效避免考试竞争不充分问题，并且还有助于大幅度降低同一科目不同考次以及不同科目之间的分数不等值风险。

2. 调整学考、选考科目的考试时间：从每年4月、10月改为1月、6月

现行学考、选考科目考试时间安排在每年4月与10月，为适应这种时间安排，普通高中开始探索学段制教学安排，即每学年分为两个学期，四个学段。但将学考、选考安排在学期中间考试，造成高中教师需要中途重新分配教学任务、调整课程进度，学生需要重新选课、调整学习状态等难题。为此，建议将学考、选考科目考试时间调整至每年的1月与6月，也即学期末进行，可以有效减少学考、选考时间安排不合理而对高中教学秩序造成的冲击，避免四学段制对教学计划与教学进度的干扰效应。

以上的两方面政策调整，事实上也是全省大多数市县教育局负责人、高中校长以及广大一线教师普遍的呼声，不仅具有广泛的民意基础，而且具有可操作性。建议从2017级高一入学新生即开始实施调整之后的新学考、选考政策。

3. 增大选考科目的等级分值区间，提高考试区分度

浙江高考选考科目的分值设置，与同样作为首批试点地区的上海相比，更为科学合理。但与语、数、外三门必考科目相比，选考科目的分值区间仍然较小，不仅造成选考科目的区分度不足，而且在事实上过度弱化了选考科目的地位。从长远影响来看，这种分值设置可能对浙江省物理、化学等基础理科拔尖人才的培养与选拔带来难以估量的不利影响。为此，建议提高高考选考科目"加试题"的比重与分值，同时将等级赋分区间从现在的40-100分提高到60-120分或60-130分。这种政策调整，可以从根本上提高选考科目的地位，引导考生加大对选考科目的重视程度，从而有助于物理、化学等基础理科拔尖人才的培养，并且几乎没有任何负面影响，尤其是不会对语、数、外学科产生任何实质性的不利影响。

本篇与冯涛合作，曾发表于《公共政策内参》第17530期

后　记

　　中国自古以来注重考试选才，考试在社会中占据重要位置。科举制产生以后，考试在社会中的地位与影响愈发显著。隋唐至明清，作为"抡才大典"的科举考试成为社会的一个重心。科举考试在中国历史上前后存在时间长达1300年之久，对当时的政治、教育、文化等各方面均产生了广泛而深刻的影响。迨至清末，在中西冲突的大背景下，出于发展新式学堂等需要，清政府最终于1905年下诏正式停止科举考试。

　　科举制首先是一种政治制度或说选官考试制度，但同时也具有教育考试的性质。在一定意义上说，科举考试是考"官"与考"学"合二为一的一种考试。科举考试废除后，考"官"与考"学"渐相分离，科举本身也被长期视为一种反动、腐朽的封建取士制度。然而，无论是官员选拔还是教育选才，都不可能脱离一种制度化的考选制度。进入民国，新的文官考试很快得以重新建立。同样，教育领域也不可能彻底抛弃考试，入学、毕业往往都需要以考试作为基本的制度保障。

　　在近代文官考试与教育考试中，不仅可以看到科举考试的痕迹及影响，而且有时候还十分明显。以文官考试为例，当时所使用的不少概念都来自科举考试。而近代文官高等考试的发展脉络，也在一定意义上重演了科举分区定额的历史轨迹。即：最初实行自由竞争，由于各省教育、文化发展水准存在明显差异，结果造成被录取者往往集中于几个教育、文化大省，而不少边疆省份甚至无一人录取的极端情况。在此背景下，实行分区定额的呼吁此起彼伏，并最终被写入政府法律。再比如，民国时期的高校招生考试，开始普遍实行自主考试，后来一度逐渐发展成为一种统一招考。同时，当时也曾有人提出应当注重高校招生的区域均衡问题。此种注重区域均衡选才的考量，实际上正是科举时代的一种宝贵经验。

高考作为当代教育考试中最受重视的一种考试,同样可以说与科举考试具有很多的类似之处。实际上,今天有关高考改革的很多争论在科举考试中也都存在,而且往往具有惊人的相似之处。比如,关于高考存废之争、分省定额还是自由竞争之争、高考与户籍"捆绑"关系问题、统一高考利弊等等,在科举时代均可找到类似的讨论。也正因此,科举考试与高考改革研究,可以相得益彰、互为借鉴。

本书由上篇和下篇构成,前者包括10篇论文,后者包括11篇论文,分别主要为科举考试、高考改革等相关研究。其中,上篇中的《中国近代博士学位制度探索历程考论》一文,表面看似与科举考试没有关系,但实际上该文是在探讨近代"科举学位"的基础上,考证中国近代博士学位制度探索历程。或者,在一定意义上,也可以说此文主要探讨了学位制度如何从科举学位发展至现代学位。借助史料,可以发现在近代博士学位制度探索过程中有着十分鲜明的科举印痕。《科举废止后江南贡院处置过程钩沉》一文主要探讨江南贡院的处理过程,但同时也部分涉及江南乡试。因此,两篇论文一并收录。

本书下篇内容,主要涉及高考科目改革、高考形式改革、高考招生区域公平、高考移民、随迁高考以及新一轮高考综合试点改革等。不同论题,前后成文时间不同,但写作风格还算大体一致。

学贵专精,持之以恒。笔者自触碰学术研究以来,一直以科举考试与高考改革为主要研究方向。科举考试研究必须首先获得史料,因而需要"坐冷板凳""钻故纸堆"。否则,若是没有史料,可能一句话都写不出来。有的史料,由于种种原因,可能永远也查不到。但无论如何,只要肯下功夫,就相对可以挖掘到更多的东西。相对而言,高考改革研究则需要贴近现实,一定要在充分了解实践的基础上才能写出"接地气"的文章。

特别感谢我的导师刘海峰教授。跟随刘老师读书期间,从他的课堂上、学术沙龙上以及平时的接触中,我学到了很多做人、做事、做学问的道理。时间越过越快,蓦然发现从我跟刘老师读书算起,已经有15年的时间了。这么多年来,刘老师对我传道、授业、解惑一直未曾停止。我学术上的进步与成长,着实离不开他的关怀与指导。

感谢吉林大学出版社的朱进编辑。拙著能够得以顺利出版,离不开他的热心支持与帮助。

特别感谢我的家人。正是有了家人的全力支持,我才能够安心工作,本拙著才能得以顺利完成。

　　囿于学识及能力,拙著错误恐在所难免。在此,也恳请各位读者不吝赐正。

刘希伟
2019年10月8日